W0382667

JANE BIRKIN

DU MÊME AUTEUR

Biographies

Édith Piaf, cris du cœur, La Libre Édition, 2023.
Florent Pagny, chanter encore et toujours, L'Archipel, 2023.
Patrick Bruel, au fil des mots, L'Archipel, 2022.
Julien Doré, à fleur de pop, L'Archipel, 2022.
Serge Lama, la rage de vivre, L'Archipel, 2022.
Jacques Dutronc, l'insolent, L'Archipel, 2021 ; Archipoche 2023.
Johnny Hallyday, femmes et influence, Mareuil, 2020.
Sophie Marceau, en toute liberté, Mareuil, 2019.
Patrick Bruel, des refrains à notre histoire, L'Archipel, 2019.
Sheila, une histoire d'amour, City, 2018.
Michel Sardou, sur des airs populaires, City, 2018.
Jean-Jacques Goldman, vivre sa vie, City, 2017.
Johnny immortel, L'Archipel, 2017.
Françoise Hardy, un long chant d'amour, L'Archipel, 2017.
Julien Doré, løve-trotter, Carpentier, 2015.
Johnny, la vie en rock, L'Archipel, 2014, édition augmentée 2015.
Johnny live, L'Archipel, 2013.
Sardou, vox populi, Didier Carpentier, 2013.
Sheila, star française, Didier Carpentier, 2012.
Juliette Binoche, instants de grâce, Grimal, 2011.

(suite en fin d'ouvrage)

FRÉDÉRIC QUINONERO

JANE BIRKIN

À fleur de peau

l'Archipel

La présente édition est une version revue et mise à jour de *Jane Birkin, La vie ne vaut d'être vécue sans amour* (L'Archipel, 2016).

Notre catalogue est consultable à l'adresse suivante : www.editionsarchipel.com

Éditions de l'Archipel,
92, avenue de France
75013 Paris

ISBN 978-2-8098-4921-9

Copyright © L'Archipel, 2023.

« Je suis trop remplie du passé, il n'y a plus de place. »

Anna, personnage incarné
par Jane Birkin dans *Boxes*

Prologue

Même si « les parcours sans faute n'existent pas[1] », il fallait s'efforcer avant de partir de ne rien laisser au hasard, faire de son mieux pour que tout soit presque parfait. Avec élégance, comme *à la légère*. Assumer jusqu'au bout le rôle de « muse de Gainsbourg », alors qu'elle était plus justement son double féminin, sa « face B », et sublimer son œuvre à travers le monde. En même temps, mesurer sa chance : « Je ne sais même pas si cela a existé qu'un compositeur écrive pour quelqu'un de ses vingt ans jusqu'à sa mort[2]. » *The Independent* a rappelé après son décès que son « empathie intelligente [avait] vendu le génie difficile de Serge Gainsbourg au monde ». Se convaincre, en retour, qu'il aurait été fier d'elle. Puis, dans la foulée, démontrer qu'elle ne lui devait pas tout, qu'elle existait aussi par elle-même – et comment !

En janvier 2017, déjà, la Cinémathèque française lui consacrait une rétrospective, la présentant dans ses plus beaux rôles, entre humour et gravité, de la pin-up rigolote auprès de Pierre Richard dans les comédies de Zidi jusqu'à la femme sombre des films de Doillon et de Rivette. « Peut-être que certaines personnes, qui préféreraient te ranger définitivement dans un rôle de muse charmante, réaliseront enfin que tu es une artiste complète à la curiosité en alerte », lui a écrit dans une lettre post-mortem son ami Étienne Daho, réalisateur et compositeur de son dernier disque *Oh ! Pardon tu dormais*… Alors qu'elle témoignait son amour à Kate, son aînée, à travers trois chansons bouleversantes, ses deux autres filles la célébraient tour à tour, Charlotte dans un très beau film documentaire, Lou par un discours émouvant lors des Victoires de la Musique qui lui décernaient un prix d'honneur.

Après cela, Jane Birkin pouvait partir en paix. Comme son cher Serge, elle est morte seule, chez elle. On l'a retrouvée inanimée dans son fauteuil, à son domicile parisien, le 16 juillet 2023 au matin.

L'annonce de sa mort a suscité une vive émotion dans ce pays qui l'avait adoptée. Jane B. appartenait à une époque bénie, où tout était encore à inventer, à rêver, à espérer, à révolutionner. Jeune ingénue anglaise arrivée à Paris avec sa petite fille dans un panier en osier, elle a formé un couple mythique avec Serge Gainsbourg, issu d'une famille d'expatriés russes, au lendemain de Mai 68, rive gauche à Paris (« Venez voir/On dirait Jane et Serge/Sur le pont des Arts[3] », a chanté l'ami Souchon) et tous deux s'étaient naturellement inscrits dans notre culture populaire. Le président de la République, apprenant son décès, fera allusion à ce lien unique qu'elle avait tissé d'un fil d'or avec son pays d'adoption, n'hésitant pas à la qualifier d'« icône française » pour cette liberté qu'elle incarnait, une liberté nouvelle pour l'époque, ses « engagements ardents » et un répertoire qui égrenait « les plus beaux mots de notre langue », quand bien même elle les estropiait parfois.

Elle était fière d'être des nôtres, elle était notre « Jane B. » mais ça lui plaisait beaucoup qu'on l'appelle « Jeannette », parfois, dans la rue, comme le faisait Serge dans l'intimité. Ça la rendait légitime. La citoyenne engagée, investie dans de nombreux combats solidaires ou humanitaires, ne manquait pas cependant de rappeler qu'il est plus facile de s'intégrer quand on est anglaise plutôt que maghrébine. On l'aimait pour sa générosité, sa simplicité. Sa grâce et son élégance parvenaient à tout faire accepter d'elle, y compris le répertoire tissé de provocations qui a construit son personnage avec Gainsbourg et qui allait avec l'ivresse des années 1970. Mais était-elle vraiment provocatrice ? On l'aimait pour sa fantaisie, son humour, sa sincérité franche et lumineuse. « Nous voulions être toi, ou Serge, ou Françoise (Hardy), ou Jacques (Dutronc). Des lumières dans la nuit », réagit Étienne Daho à l'annonce de la mort de son amie. Il y avait chez elle quelque chose d'aimable et de rassurant. On était attaché à elle, à cet accent *british* qu'elle n'a jamais perdu (« C'est toi, il faut que tu gardes ça », lui disait Gainsbourg), à la douceur et à la fragilité de sa voix, reconnaissable entre mille. On aimait la chanteuse, l'actrice, l'artiste libre, la mère qui posait dans la presse avec ses enfants, puis la femme d'engagements.

« Sans Jane », titre *Libération*, qui sait jouer avec les mots, le lendemain de sa mort. On s'était habitué à elle, comme à une amie, une parente éloignée. On ne s'imaginait pas combien on l'aimait, combien elle va nous manquer. « Jane qui s'en va, c'est un morceau entier de notre vie, plein d'émotion, de troubles, de rêves, de rires, de souvenirs qui s'effondre », réagit un journaliste de *La Dépêche*. Le parvis de l'église Saint-Roch est couvert de fleurs, le 24 juillet, jour de ses obsèques. Près de deux mille personnes sont réunies à l'extérieur, qui suivent la messe sur un écran géant. « Merci de nous avoir tant aimés », lance Charlotte Gainsbourg, émue. « Ce monde de demain, bien paisible et raisonné, ça m'emmerde déjà », déclare Lou Doillon, en larmes, après avoir remercié sa maman de ne pas avoir été « ordinaire, raisonnable et docile ». Et Daho écrit, en s'adressant à elle : « Il sera inimaginable de vivre dans un monde sans ta lumière. »

Comme le chantait Henri Tachan, disparu le même jour : « Ce ne sont pas les morts qui nous font le plus mal, mais le chagrin de ceux qui restent[4]. »

1

Comme la vague irrésolue

Le 12 décembre 2013, il est un peu plus de 21 heures quand Jane Birkin monte sur la scène de La Rodia à Besançon. Tour à tour grave et légère, émouvante et joyeuse, parfois prompte à plaisanter, elle ressuscite ce mercredi soir ses amours mortes qui n'en finissent pas de mourir. Ignorant le tumulte extérieur, elle chante, danse, tournoie dans sa robe rouge comme un petit oiseau frêle prêt à s'envoler. Pendant les intermèdes, elle parle d'elle, de sa vie, des gens qu'elle aime, de son plaisir d'être là. Elle distribue des mercis sans compter, reconnaissante et heureuse, avant de s'éclipser sur la pointe de ses pieds nus, accompagnée par les dernières notes d'une « Javanaise » reprise en chœur par toute l'assemblée. Dans cette bonbonnière où sept cents fidèles ont pris place, on pourrait se croire à l'abri du monde et de ses tragédies. Cependant, en coulisse, l'atmosphère a viré au sombre dès le début du spectacle. Un coup de fil adressé au régisseur lui apprenait l'atroce nouvelle : la fille aînée de la chanteuse, Kate Barry, quarante-six ans, venait de se tuer en tombant de la fenêtre du quatrième étage de l'appartement parisien qu'elle était en train d'aménager, rue Claude-Chahu. Reprise dans les médias après la découverte d'anxiolytiques et d'antidépresseurs au domicile de la jeune femme, la thèse du suicide attendra près de deux ans avant d'être confirmée dans une interview par Lou Doillon.

Le tour de chant commencé, on le laisse finir. Mais on s'active vaillamment pour assurer le retour immédiat de la chanteuse à Paris, dès sa sortie de scène. On rassemble les affaires et organise un départ en catimini, afin d'éviter tout débordement, salutations, embrassades, autographes. Le public, apprenant à son tour la nouvelle, comprendra. Les trois dernières dates de la tournée sont annulées : le vendredi 13 décembre à Brest, les 17 et 19 à Revin et à La Souterraine. Le voyage d'*Arabesque*, relancé dix ans après sa création, s'achève alors dans cette cité comtoise où au seuil des années 2000 il a été rêvé, conçu et répété avec des musiciens du cru, avant de prendre son envol autour du monde. Besançon demeurera aussi pour Jane Birkin un lieu de sinistre mémoire, puisque inévitablement attaché au souvenir de la tragique disparition de Kate.

Ce sont ses deux autres filles, Charlotte et Lou, qui ont souhaité le lui dire. Cela semble naturel. Les mots lui ont explosé dans la tête. Perdre un enfant n'est pas supportable. Ce n'est pas dans l'ordre des choses.

Désespoir. Solitude. Insouciance envolée. Le chagrin de l'absence qui prend à la gorge. Jane Birkin se recroqueville chez elle, percluse de remords. Les parents ne sont-ils pas les piliers d'une famille, supposés secourir, protéger ? « Je me sentais responsable de tout, je me sentais au centre de tout. La confiance s'est brisée. Je n'ai pas su protéger[1]. »

Elles se ressemblaient tant. Quand un journal avait demandé, selon le principe du portrait chinois, à Jean Rolin, l'un des grands amours de Kate, à quel paysage il l'identifiait, il avait répondu : « Un joli petit arbuste un peu décoiffé sur fond de lande écossaise ou galloise[2]. » Le descriptif s'accorde tout aussi bien à Jane.

La mort de Kate la renvoie à sa propre jeunesse. « Je suis pratiquement née avec Kate. Je suis venue en France avec elle. Chaque souvenir est teinté d'elle[3]. »

> « Tu as lâché ma main
> Comme si de rien
> N'était, de l'été c'est la fin,
> Les fleurs ont perdu leurs parfums
> Qu'emporte un à un
> Le temps assassin[4]... »

Se défaire de l'absence, s'en détacher, s'en éloigner. Jamais. Elle est définitive. Rien ne sera plus comme avant. « Ça change une vie. Complètement[5]. »

Se souvenir alors du temps partagé. Les souvenirs, comme des instantanés. Gardés intacts, rassemblés autour de soi dans un savant fouillis, pour les préserver de l'oubli. S'y raccrocher. Comme un naufragé à un radeau de fortune. Des journées entières passées à regarder les murs tapissés de photos de famille. Les images et les objets s'animent, prennent vie. Et tout revient en foule, faisant autant de bien que de mal.

La vie s'accroche à des lieux. Et les lieux parlent si on sait écouter. Ils gardent la trace des événements, des êtres aimés.

L'hôtel Esmeralda... La rue de Verneuil... Les Noëls à Chelsea... La maison normande... Les bains de mer à Cabourg... Les vacances d'automne à Venise... La rue de la Tour et la rue Jacob, rive gauche, à Paris... Les périples autour du monde...

Puis la maison « folle » de Lannilis, près de Brest... En ces lieux battus des vents, pouvoir dialoguer avec les « fantômes » qui circulent en liberté. « Toujours là même si nous ne pouvons plus jamais retrouver exactement le tracé d'un nez, d'un front, d'un joli cou[6]. » Se promener sur les dunes de Sainte-Marguerite pour s'enlever « les araignées de la tête[7] ».

Fermer les yeux et retrouver l'enfance, « seul pays qui vaille la peine d'être revisité[8] ». L'île de Wight, ses plages sauvages à perte de vue… L'idéal de bonheur terrestre. Avec ce rêve diffus de s'y réveiller à douze ans, juste un instant. Un instant seulement, qu'importe s'il faut mourir ensuite…

Enfin, se remettre d'aplomb. Se dire qu'on peut survivre à tout. Ne pas capituler. Et, par temps calme, se relever. Comme la vague arrivée de loin, portée par la brise, qui frôle le rocher et hésite à s'écraser sur la rive. Celle-là qui va et vient, irrésolue.

2

Les pirates de l'île de Wight

Longtemps Jane Birkin a vécu dans la peur panique de perdre l'amour des autres, chaque parcelle d'elle-même investie dans le souci de plaire. Assujettie de son propre chef à n'exister qu'à travers le regard des êtres aimés, avec l'angoisse lancinante de ne pas être à la hauteur, au point de se sentir minable et si peu méritante. Elle a longtemps cru en cette idée qu'on l'aimait pour ce qu'elle était capable de réaliser, par amour et sous influence, plutôt que pour elle-même.

Comme si les causes de cette dépendance affective remontaient plus loin que sa propre mémoire, Jane Birkin a souvent raconté les circonstances particulières de sa venue au monde, le 14 décembre 1946, à 11 heures (elle a longtemps préféré se rajeunir d'un an parce que « 1947 c'est une meilleure année pour le vin[1] »), à la London Clinic, qui fait l'angle de Devonshire Place et de Marylebone Road. À sept mois de grossesse, à une époque où les couveuses n'existent pas, on accueille avec une certaine inquiétude ce bébé dépourvu de cils et de cheveux, « un vrai œuf à la coque », que l'on recouvre délicatement d'un linge humide et couche dans une boîte à chaussures posée sur un radiateur. Beaucoup de monde s'empresse autour du berceau de fortune. Sans doute faut-il surveiller ce petit être vulnérable avec une attention toute particulière, notamment la nuit, afin qu'il ne sombre dans un sommeil définitif. Aussi, à leur retour chez eux, les parents se trouvent-ils désemparés face à une enfant qui confond le jour et la nuit, et ils épuisent tous les conseils des médecins de Harley Street, y compris celui d'ajouter une cuillerée de cognac dans son biberon ! Ici se trouve l'explication des insomnies récurrentes futures de Jane Birkin : elle ne peut dormir sans boules Quies et masque sur les yeux, allongée sur le ventre par peur d'être poignardée pendant son sommeil. « Je ne suis pas devenue alcoolique, mais je continue à trouver la nuit merveilleuse[2]. »

Nonobstant, son enfance se déroule calme et protégée, au sein d'une famille unie, dans la pratique éducative de la bonne bourgeoisie britannique. Élevée par une gouvernante, elle est ensuite placée dans un établissement privé de Henley-on-Thames, dans l'Oxfordshire, puis à l'école de Miss Kolstefer, à Kensington : « Une école à la fois excentrique et stricte. Excentrique dans la manière d'enseigner mais stricte sur les bonnes manières. Les matières sur lesquelles la directrice insistait, c'était l'histoire, la littérature, l'anglais. Elle trouvait qu'il fallait connaître les cultures des autres pays, les autres religions[3]. » Pendant les vacances, la famille Birkin réside dans un cottage sur l'île de Wight, au sud de l'Angleterre. Pour Jane, le bonheur va durer, immuable, jusqu'à son entrée à l'internat à l'âge de douze ans.

Judy Campbell, idole des troupes britanniques

Aux yeux de Jane Birkin, sa mère incarne un modèle de femme parfaite. Il faut dire que Judy Campbell (Judith Mary Gamble pour l'état civil) a été l'une des plus belles et élégantes actrices de sa génération.

Prédisposée à une carrière théâtrale, elle voit le jour le 31 mai 1916 à Grantham, dans le Lincolnshire, issue d'une mère comédienne, Mary Fulton (née Worger), et d'un père dramaturge, John Arthur Gamble, qui signe ses œuvres « J. A. Campbell ». Ce dernier dirige en outre le premier cinéma de la ville et le Royal Theatre où sa fille, après avoir reçu une éducation stricte dans un établissement religieux, débute à l'âge de dix-neuf ans. La pièce, écrite par Frederick Lonsdale, s'intitule *La Fin de Mme Cheyney (The Last of Mrs. Cheyney)* – elle a fait l'objet de deux adaptations cinématographiques, dont l'une avec Joan Crawford dans le rôle vedette. Judy Campbell n'y tient qu'un rôle figuratif. Ce n'est que cinq ans plus tard que sa carrière prend un tournant aussi décisif qu'inattendu. Devenu un lieu de divertissement populaire pendant les années de guerre, le théâtre privilégie la légèreté des comédies musicales et, à compter du 11 avril 1940, sur la scène du Comedy Theatre de Londres, se joue la revue *New Faces*, sur un livret du parolier britannique Éric Maschwitz et du pianiste américain Manning Sherwin. Judy Campbell est *a priori* engagée pour un monologue de Dorothy Parker, mais son metteur en scène lui donne finalement à chanter « A Nightingale Sang in Berkeley Square » (« Place Berkeley, un rossignol chantait »), une ritournelle née au Lavandou, dans le sud de la France, à la faveur d'une improvisation de ses auteur et compositeur, alors en vacances. D'abord hésitante car elle n'a aucun talent de chanteuse et craint que sa petite voix rauque ne porte guère dans un théâtre où l'usage d'un microphone est prohibé, Judy Campbell accepte de relever le défi. Bien lui en prend, puisque sa prestation moitié chantée moitié parlée, servie par une subtile et gracieuse mise en scène, fait un triomphe. Elle lui vaut en outre de rencontrer Noel Coward, l'un des plus populaires comédiens et dramaturges du moment, l'équivalent anglais de Sacha Guitry. Ébloui par sa performance, cet homme de goût à la distinction érudite s'immisce dans sa loge pour l'inviter à souper au Savoy Grill, où il la supplie de chanter à nouveau pour les autres convives. « Il faut beaucoup de talent pour chanter quand on n'a pas de voix », lui dit-il. Judy Campbell sera son égérie – elle incarnera Joanna dans *Present Laughter*, Ethel dans *This Happy Breed* et Elvira dans *Blithe Spirit* – et connaîtra un égal succès dans des pièces de George Bernard Shaw, Arthur Miller et Eugene O'Neill. Elle aura pour illustres partenaires Laurence Olivier, Ralph Richardson, John Gielgud… Cecil Beaton, photographe culte, devant l'objectif duquel ont posé toutes les grandes stars du XXe siècle, la désigne comme « la plus belle femme d'Angleterre ». Quant à sa ritournelle entêtante, plus tard reprise par Vera Lynn et Frank Sinatra, elle concourt, lors de spectacles organisés par l'ENSA (Entertainment National Service Association), à égayer le moral des soldats des forces alliées cantonnés en Grande-Bretagne et assoit définitivement sa popularité.

Pourtant, Judy Campbell fait bientôt la rencontre de David Birkin, un officier de marine et aristocrate dont elle tombe follement amoureuse au point de lui sacrifier sa carrière : « Elle était dangereusement belle et mon père l'a bouclée dans une ferme assez loin de Londres pour qu'elle ne puisse jouer avec Noel Coward selon son gré[4] », raconte Jane. Elle l'épouse le 9 novembre 1943, puis donne naissance deux ans plus tard à leur premier enfant, Andrew. Suivront Jane, et Linda, de quatre ans sa cadette.

Jane a toujours beaucoup admiré sa mère, au point de trimballer encore aujourd'hui au fond de son sac le programme d'un de ses vieux tours de chant, mais cette admiration s'est longtemps révélée sinon distante, du moins pudique. En réalité, Jane était fascinée par la beauté fatale et ténébreuse de Judy Campbell, par son élégance naturelle et son talent, au point de se sentir inférieure et complexée : « Ma mère, une femme d'une beauté divine, venait me chercher à l'école avec une voiture de sport mauve, décapotable. Elle portait des lunettes noires et des tenues de star, rouges ou fuchsia. Face à son éclat, je me sentais comme une petite souris... grise[5]. » Leur relation, plus tard solidifiée lorsque Jane évaluera à son tour la complexité d'être mère (Judy Campbell sera une grand-mère très présente et complice), a longtemps été ombragée par celle, prégnante, envahissante, qui unissait la fille et le père : « Je me souviens qu'à trente ans, brusquement, j'ai eu envie qu'elle me regarde vraiment, qu'elle me dise qu'elle me trouvait belle. C'était comme une nécessité. Elle a été très touchante parce qu'elle a dit qu'elle m'aimait depuis toujours, mais que mon père m'aimait d'un amour si jaloux, si exclusif qu'elle s'était souvent sentie exclue. Elle m'a dit : "Je ne voulais pas me mettre entre toi et le soleil !"[6] » Finalement, avec le temps elles finiront par se ressembler : « Je suis devenue, comme elle, une résistante qui veut voir les plantes fleurir l'année prochaine. [...] Ma mère m'a donné le droit à la frivolité. C'est beaucoup mieux de dire que tout va bien, même si ça ne va pas, et curieusement ça va mieux[7]. »

David Birkin, passeur de l'ombre

Né le 12 novembre 1914 à Nottingham, de l'union d'Olive Isobel Russell, fille d'un révérend héritier du sixième duc de Bedford, et Harry Laurence Birkin, lieutenant dans une unité de hussards de l'armée britannique issu d'une famille d'industriels de la dentelle, David Leslie Birkin étudie à la prestigieuse et très stricte école de Harrow, puis au Trinity College (Cambridge), avant d'embrasser une carrière militaire au service de la Réserve de volontaires de la Marine royale.

En 1939, David Birkin a vingt-cinq ans. Il a intégré l'École des timoniers, après deux ans passés comme matelot télégraphiste, expérience ponctuée de plusieurs séjours à l'hôpital à cause d'opérations des sinus et des yeux. Il désespère de participer à l'effort de guerre et craint de devoir éprouver le même regret que son père qui, militaire de carrière, n'a pu pour des questions d'âge être mobilisé, ni en 1914, ni en 1939. D'autant qu'une commission médicale a jugé David Birkin inapte à toute forme de service militaire. Il songe alors à s'enrôler dans la Royal Navy, où il entrevoit la possibilité d'officier en qualité d'opérateur radio après l'obtention d'un certificat technique de cette spécialité. « La chance me sourit enfin, racontera-t-il. L'ami d'un ami, qui avait ses entrées à la Navy, promit de m'aider et de me prendre à son bord si je réussissais à me faire engager... C'est ainsi que je partis pour Dartmouth comme matelot. Malheureusement, les médecins militaires remarquèrent la cicatrice que je porte au front, trace, hélas, bien visible des opérations subies à la suite de ma sinusite chronique. Je mentis effrontément et prétendis être tombé de bicyclette quand j'étais jeune. Là-dessus, nouvelle malchance ! J'attrapai la rougeole et l'on m'envoya à l'hôpital[8]... » À la faveur d'une forte motivation, de faux certificats médicaux et de sérieuses compétences, on lui accorde bientôt le titre d'officier pour la 15e flottille de *motor gun boats* (MGB) de Dartmouth et l'opportunité de mener des opérations de transport maritime vers la Bretagne à l'initiative du réseau d'évasion « Shelburne », branche du SOE (Special Operation Executive, « Direction des opérations spéciales »).

« Il a passé ses examens de capitaine en toute hâte, raconte sa fille, puis a suivi quelques cours d'espionnage à Londres. On lui a filé un bateau de pêcheur pour sa première mission quelques jours plus tard[9]. »

Le Réseau « Shelburne » fut créé en novembre 1943 par deux agents de l'Intelligence Service, les Canadiens Lucien Dumais et Raymond Labrosse. On recruta alors une dizaine d'hommes et de femmes de Plouha, dont la mission consistait à récupérer des aviateurs alliés, tombés sur le sol français en territoire occupé, et permettre leur évacuation par la mer. Ainsi, entre janvier et août 1944, par des nuits sans lune, les corvettes anglaises de la Royal Navy procédaient avec l'aide précieuse de ces résistants bretons à plusieurs transferts entre la côte bretonne et le port de Dartmouth, au sud de l'Angleterre. Le convoi partait de la maison de Joseph et Marie Gicquel, dite « maison d'Alphonse », où étaient rassemblés l'ensemble des aviateurs – Radio Londres avait diffusé le message codé : « Bonjour tout le monde à la maison d'Alphonse », qui donnait le signal qu'une opération allait être menée le soir même* –, et parcourait neuf kilomètres à travers un champ de mines et un site sauvage, marqué par des falaises abruptes, jusqu'à l'anse Cochat. Défiant au péril de sa vie la menace d'une forte présence allemande postée sur la pointe de la Tour, David Birkin était chargé de guider la corvette jusqu'au point précis d'ancrage, d'où furent exfiltrés avec succès une centaine de pilotes alliés – la plage de l'anse Cochat sera plus tard nommée « plage Bonaparte » en mémoire de cette

* La « Maison d'Alphonse » fut brûlée au lance-flammes par les Allemands, après le dernier convoyage.

extraordinaire opération d'évasion réussie. « Ses hommes devaient couper le moteur et naviguer à la rame à travers les récifs, explique Jane Birkin. Ils s'approchaient si près du rivage qu'ils voyaient les cigarettes des soldats allemands. Ils déchargeaient les résistants anglais et français qui venaient en mission et repartaient avec des parachutistes anglais vers Londres, avant que le soleil ne se lève[10]. »

« [David Birkin] a à son crédit vingt-huit opérations dans les eaux ennemies comme officier de navigation de l'expédition et a, à neuf occasions, été spécifiquement cité par le commandant de l'expédition », rappelle sir Brooks Richards dans un ouvrage très complet, *Flottilles secrètes*, sur les liaisons clandestines en France (et en Afrique du Nord) pendant la Seconde Guerre mondiale. Et de préciser : « Comme une navigation précise et un excellent pilotage sont des caractéristiques essentielles de ces opérations clandestines et compte tenu du fait que le lieutenant Birkin est handicapé par une tendance au mal de mer et par une affection chronique des sinus qui lui cause fréquemment de vives douleurs, sa performance n'en est que plus remarquable[11]. »

« Pour lui les plus grands héros étaient les Bretons[12] », souligne cependant Jane Birkin. Outre leur détermination patriotique, David Birkin admirait la capacité morale des résistants français à vivre sous la surveillance étroite de la Gestapo, avec l'angoisse permanente d'être dénoncés par un voisin : « Il m'a raconté le courage des résistants qui cachaient des aviateurs dans leur grenier alors que la Gestapo prenait l'apéro dans le bar en bas, et l'angoisse quand il y avait dix coquilles d'œufs dans la poubelle alors que l'on déclarait avoir dîné à deux[13] ! », raconte Jane, qui attendra 1967 pour connaître précisément quelle a été la nature des voyages clandestins de son père pendant la guerre[14]. En février de cette année-là, motivé par un souci de vérité historique, l'ancien capitaine de corvette décide d'effectuer « un pèlerinage » sur les côtes bretonnes où il n'est jamais revenu depuis la guerre. Son voyage est précipité par la demande de Roger Huguen, historien spécialiste de la Seconde Guerre mondiale en Côtes-d'Armor et Bretagne*, mis en relation avec David Birkin par l'Australien Lloyd Bott, premier lieutenant de la vedette MGB 502. « Roger Huguen a informé David Birkin de la diffusion à la télévision française d'un feuilleton intitulé *Quand la liberté venait du ciel*, dans lequel figurait un épisode, “Les Passeurs de la mer”, qui évoquait de façon fortement romancée le réseau “Shelburne”**, raconte le cinéaste et documentariste Rolland Savidan. Sa venue s'est organisée de manière très rapide, en quarante-huit heures, dans le but de faire la lumière sur cette page de l'Histoire et rendre justice aux acteurs du réseau de résistance[15]. » David Birkin transmet alors à Roger Huguen ses carnets de navigation et ses notes personnelles, ainsi qu'un film exceptionnel

* Roger Huguen avait publié une thèse sur les réseaux d'évasion des aviateurs, de 1940 à 1944, valorisant l'action du réseau « Shelburne » à partir des rivages de Plouha. En 1986, grâce aux éléments précieux transmis par David Birkin, Roger Huguen put dans son livre *Par les nuits les plus longues*, publié aux éditions Ouest-France, faire toute la lumière sur les opérations clandestines menées par la 15e flottille à travers la Manche. En 1994, à l'occasion de la commémoration du cinquantième anniversaire de la Libération, il réalisa avec le documentariste plérinais Rolland Savidan *Passeurs de l'ombre – La Résistance en Bretagne avec le réseau d'évasion « Shelburne »*, film remastérisé et complété en 2010 à l'initiative de la Cinémathèque de Bretagne. Il est mort en février 2012, à l'âge de quatre-vingt-un ans.

** Produit par l'ORTF et adapté d'un livre de Paulette Gaston (éditions Denoël), le feuilleton de treize épisodes *Quand la liberté venait du ciel* est diffusé sur la première chaîne tous les dimanches à 19 h 30, entre le 29 janvier et le 23 avril 1967.

qu'il a lui-même tourné en 16 mm le 25 août 1944, lors des dernières opérations de la 15e flottille*. « Trois jours après la fin des hostilités, raconte la presse locale au moment de sa venue, l'officier de la Royal Navy était retourné en Bretagne avec ses camarades de combat. Ils avaient refait ce voyage sentimental une dernière fois pour revoir en plein jour les lieux de leurs exploits, pour serrer la main de ceux et celles dont ils n'avaient jusqu'alors qu'entrevu le visage. Et David Birkin allait filmer la rencontre sur une plage du Nord-Finistère (dans la région de Bougourouan) des officiers britanniques et des résistants français[16]. »

Le film, jusqu'ici tenu secret, fait figure d'événement. « En réalité, indique l'historien lannionais Michel Guillou, l'Intelligence Service britannique ne souhaitait pas ébruiter l'histoire du réseau "Shelburne" tant que durait la guerre froide, car il était envisagé de réactiver en cas de besoin ce genre d'opérations. Ce fameux feuilleton romancé de 1967, en motivant la réaction de David Birkin, a en quelque sorte agi comme déclencheur[17]. »

La venue du héros anglais fait forte impression. Il apparaît à la une des journaux locaux, photographié avec son épouse Judy Campbell à son arrivée à l'aéroport de Saint-Brieuc. Pour lui, c'est l'occasion de retrouver ses anciens compagnons, passeurs de l'ombre, en particulier Joseph Mainguy, dit « Job », avec qui il va tisser une grande amitié. À la fin de la guerre, Job Mainguy reçut l'une des décorations les plus prestigieuses de la Résistance : l'Order of British Empire.

---

* Ce film unique, sous le titre *L'Autobus de la Manche*, fait partie des bonus du DVD *Passeurs de l'ombre – La Résistance en Bretagne avec le réseau d'évasion « Shelburne »*.

Il fit don au capitaine Birkin de sa précieuse lampe de poche, avec laquelle il émettait des signaux pour guider les navires anglais dans la nuit noire.

Par la suite, Jane Birkin accompagnera souvent son père en Bretagne. À sa mort, elle continuera à entretenir cette amitié avec les anciens résistants bretons. « À chaque fois qu'elle venait en Bretagne, où elle a acheté sa maison, elle allait voir Job Mainguy qu'elle considérait comme son deuxième père, rapporte Rolland Savidan. J'ai des photos d'elle, avec Job et Marie Mainguy. Mais elle reste très discrète sur le sujet. D'autant que l'histoire est souvent déformée, quelquefois au détriment de personnes plus méritantes dont on ne parle pas. C'est une éthique qui lui est propre : elle ne veut surtout pas s'accaparer les mérites de son père. Elle a accepté de témoigner après la disparition de Job Mainguy et des principaux résistants bretons pour le devoir de mémoire, tout en restant discrète sur la question. Elle met un point d'honneur à ne pas exploiter cela. Et c'est ce qui fait la force de son propos[18]. »

En parallèle au réseau « Shelburne », le réseau « Var » menait des opérations de transfert d'hommes et de matériel par voie maritime commanditées par le SOE. Quelques historiens, contredits par d'autres, car aucun rapport précis de cette opération n'a été préservé[19], assurent que dans la nuit du 25 au 26 février 1944 le capitaine David Birkin aurait conduit depuis Dartmouth, en Cornouailles, jusqu'au large de la pointe de Beg-an-Fry, un dénommé Jacques Morland ou « Monsieur Jacques », dont la véritable identité était François Mitterrand. « La vedette qui a fait l'opération cette nuit-là est le MGB 502 commandé par le capitaine Peter Williams[20] », indique l'historien Michel Guillou. Il a été écrit que François Mitterrand et deux hommes ont pris place dans un canot pneumatique de quatre mètres de long jeté à l'eau et, avec deux marins qui ramaient, se sont dirigés vers la côte dans l'obscurité. Michel Guillou le confirme et précise : « C'est John Motherwell, un officier canadien, qui avec un autre homme a mené Mitterrand à terre à bord d'un doris. Ils ont été gênés au retour pour retrouver la vedette à cause d'un vent de brume qui empêchait la visibilité. Comme on n'a pas le carnet de route de l'opération, rien ne nous permet d'affirmer que le navigateur était David Birkin[21]. »

Jane Birkin elle-même émet une réserve quant à l'identité de la vedette : « C'était mon père ou son sister-ship car il y avait deux bateaux qui partaient cette nuit-là. L'un pour Beg-an-Fry, l'autre pour l'Aber-Wrac'h[22] », mais elle ajoute que l'information lui vient de Mitterrand lui-même, lequel, devenu président de la République, fit attribuer la Légion d'honneur à David Birkin pour officialiser cet événement, à une époque où son passé sous l'Occupation suscitait des controverses*. François Mitterrand a souvent évoqué cet épisode, sans citer nommément son sauveur : « J'ai accosté à bord d'une petite barque à un endroit dont j'ignorais totalement le nom, dit-il lors d'une intervention à Morlaix en 1978. Je n'ai appris que plus tard qu'il s'agissait de Beg-an-Fry. À Guimaëc, un résistant m'attendait et il m'a caché dans une petite barque avant de me conduire à Morlaix sous un chargement de poissons[23]. » Lors de sa visite en Grande-Bretagne en octobre 1984, afin

* Le président François Mitterrand remet la croix de chevalier de la Légion d'honneur à David Birkin en 1985. Quatre ans plus tard, Jane Birkin la refuse pour son propre compte par ces mots : « Mon père a été un héros, et seuls les héros reçoivent la Légion d'honneur. »

de célébrer l'entente cordiale entre les deux pays, le président s'est rendu à Dartmouth pour y témoigner à nouveau de son passé de résistant et de sa reconnaissance à l'Angleterre. Il est apparu entouré d'une délégation d'anciens résistants et d'officiers de la Marine à bord d'une vedette effectuant une promenade dans la rade du port. Filmé en contre-plongée dans le reportage d'époque, on le voit à l'avant du bateau, discutant avec David Birkin[24].

À la fin de la guerre, la famille s'installe dans la campagne anglaise du Berkshire, à une vingtaine de minutes à l'ouest de Londres, puis se rapproche de la capitale pour des raisons de commodité. David Birkin souffre d'une maladie pulmonaire, conséquence des nuits froides passées à naviguer au gré des courants qui n'ont fait qu'aggraver ses problèmes respiratoires. La proximité des hôpitaux est indispensable. « Lorsqu'il crachait du sang, c'est moi qui avais le droit de tenir le mouchoir, se rengorge Jane. Il avait subi quatre-vingts interventions et, à force, les hôpitaux me sont devenus tellement familiers que je m'y sens *at home*[25]. »

À la mort de son père, escortée par d'anciens résistants encore vivants qui l'ont connu, dont Job Mainguy, Jane Birkin dispersera une partie de ses cendres tout au long des plages du Finistère (l'autre partie sera dispersée de façon symbolique auprès des os des Tutsis assassinés, à Kigali, au Rwanda, où elle ira chanter) et jettera des fleurs à la mer. Elle choisira alors de s'installer dans la région, près de Lannilis, afin d'être au plus près de sa mémoire et aller se recueillir parfois « sur la plage où il arrivait avec son bateau[26] ».

Du point de vue de sa fille, David Birkin est le modèle du père idéal. Elle lui doit ce prénom de Jane, choisi en référence à un dessin animé où l'héroïne ressemblait à Calamity Jane. Sa mère préférait Georgina, qu'il trouvait trop snob. Les deux parents tombèrent d'accord sur le second prénom, Mallory. Dans les traits de son père, Jane Birkin retrouvait les siens. « Je suis le portrait de mon père tout craché[27] », chante-t-elle. Elle voulait lui ressembler pleinement. Avoir son courage, sa bravoure. Elle aimait l'épater, qu'il fût fier d'elle. « À dix ans, j'ai sauté du sixième étage au bout d'une sangle d'évacuation prévue en cas d'incendie. Personne ne voulait la tester, cette putain de ficelle ! Moi, j'ai foncé. J'ai foncé avant même qu'il me le demande ! J'ai plongé par la fenêtre alors que j'ai une vraie peur panique du vide[28]. » En même temps, Jane a l'intime conviction qu'elle ne mérite pas l'amour qu'on lui porte : « J'ai été trop aimée dans mon enfance. J'avais toujours peur que ça s'arrête[29]. » À ce père vénéré, qui au lendemain de la guerre a exercé le rôle d'officier de probation auprès de jeunes délinquants, elle doit aussi son implication dans les questions sociales et humanitaires, cette façon de concevoir l'existence dans l'idéal de la fraternité humaine et de la justice. À partir de 1963, David Birkin s'est engagé auprès d'Amnesty International. C'est avec lui que Jane descend manifester pour la première fois dans la rue, alors qu'elle n'a que douze ans : « Nous participions à un grand rassemblement contre la peine de mort. Il nous demandait aussi de penser aux autres. La vie était facile pour nous, cela nous donnait des devoirs envers autrui[30]. »

Les enfants d'hiver

« Il y a un pays
Invérifiable
Inaccessible

Comme les morts
J'ai passé ma vie à le rechercher
Comme un film en Super 8
Je rembobine ma vie
Ces enfants sur la plage noire
Au regard triomphant
C'était nous[31]... »

Les vacances à l'île de Wight... En 2010, pour un reportage télévisé[32], Jane Birkin accepte de franchir le pas et de retourner sur les lieux enchanteurs où elle a grandi, avec l'appréhension de ne pas y retrouver l'image idyllique qui la hante et les sensations associées au souvenir. « Elle avait à la fois peur et très envie d'y aller, confirme Gilles de Maistre, le réalisateur et initiateur du périple. Elle sait que c'est la dernière fois qu'elle le fera, en tout cas c'est ce qu'elle sous-entend[33]. » Pour l'accompagner, elle exige la présence de son frère Andrew, qui a été son fidèle compagnon de jeu, son modèle, son presque jumeau et, sans doute, le premier amour de sa vie. Un amour réciproque et platonique, volontiers romantisé par Andrew : « On ne peut pas lutter contre cet amour-là, c'est le plus beau : l'amour impossible[34]. » Plus tard, dans le film *Le Jardin de ciment (The Cement Garden)*, adapté du roman de Ian McEwan, Andrew Birkin évoquera ce désir trouble d'un adolescent pour sa sœur, laquelle sera incarnée par sa nièce Charlotte Gainsbourg.

Enfant, Jane est à ce point dévouée à son frère qu'elle s'applique à lui ressembler, non seulement sur le plan physique, en adoptant l'allure d'un garçon manqué – « Je m'étais coupé les cheveux moi-même. À seize ans, je n'avais toujours pas mes règles et ma mère, désespérée, m'avait traînée chez le médecin. Peut-être ai-je inconsciemment retardé ma puberté pour ressembler le plus possible à mon frère[35] » –, mais aussi dans les spécificités de force et de courage qu'on attribue plus volontiers aux garçons. Car leurs jeux sont essentiellement d'endurance, dignes d'aventuriers : grimper aux arbres, construire des cabanes, explorer des maisons abandonnées, se bagarrer parfois. « Je ne l'ai jamais vue pleurer, atteste Andrew. Quand je lui faisais les tortures indiennes, je n'ai jamais pu obtenir qu'elle demande grâce[36]. »

« Une fois, dit Jane, on m'a déguisée en fille pour donner un bouquet de fleurs à la reine. Le prince Philip m'a demandé si j'avais fait pousser les fleurs moi-même, je n'ai pas su quoi dire[37]. »

Tout jeune déjà, Andrew se passionne pour la photographie et la mise en scène ; il prend naturellement Jane pour modèle, celle-ci se prêtant à toutes sortes d'excentricités pour la beauté de l'art, comme s'allonger au milieu d'une voie ferrée juste avant que ne passe le train. « J'aimais bien me mettre en danger pour lui, dit-elle. Là, je me suis rendu compte que je serais actrice et lui metteur en scène[38]. »

Leur sœur Linda participe aux jeux, mais demeure à l'écart de ce duo complice. « Ma sœur Linda était une vraie fille, jolie[39] », dit Jane. Étant la cadette, Linda se montre plus craintive. Comme le jour où ils jouent aux pirates et l'attachent, grelottante de froid, dans une épave de bateau de la Seconde Guerre mondiale échouée sur la plage, sous l'œil de la caméra Super 8 de leur mère. Cinquante ans plus tard, lors de leur retour aux sources organisé pour la télévision, Jane et Andrew retrouveront l'épave du bateau au même endroit sur le rivage. De même, à la faveur de ce portrait télévisé, les pirates de l'île de Wight dénicheront des pièces de monnaie qu'ils avaient cachées sous une cascade.

Les vacances se déroulent tantôt à Wight, tantôt à Nottingham où les grands-parents paternels ont une grande propriété.

« C'était la vie rêvée, soupire Jane Birkin. On inventait des histoires, on les jouait. Mon premier film, je l'ai tourné comme actrice à treize ans. Mon frère était le metteur en scène. Il l'a refait quand j'avais seize ans et lui dix-sept. Il a présenté son film à Harrow et il a fait payer l'entrée à ses camarades six *pence*. On l'avait obligé à couper une scène où j'embrassais un garçon dans une barque. C'était pourtant parfaitement innocent. Comme mon frère était très malin, il a mis sur l'affiche "censuré", ce qui a fait venir plus de spectateurs. C'était mes véritables débuts d'actrice. Auparavant j'avais joué dans un film familial où mon père tenait le rôle d'un contrebandier. J'avais alors douze ou treize ans. Puis j'ai joué le rôle d'une tuberculeuse qui mourait sur les rochers de Brighton. C'était très dramatique et j'aimais ça [...] Les meilleurs films que je ferai jamais, ce sont ceux-là, ceux de mon frère[40]. »

Jane Birkin garde le souvenir précis d'une rupture dans sa relation gémellaire avec Andrew, sonnant le glas de l'enfance : elle a dix-sept ans, elle apparaît en haut d'un escalier dans une robe turquoise que lui a prêtée sa mère pour se rendre à un bal ; Andrew se tient en bas des marches, elle attend un compliment, mais il la regarde et soupire : *« It's over »* (« C'est fini »).

En 2007, c'est en pensant à Andrew que Jane jouera *Électre* au théâtre des Amandiers, à Nanterre : « C'est un texte magnifique. Le père d'Électre a été tué par sa mère et son amant. Elle est inconsolable et attend son frère pour le venger. Et ils tueront leur mère. Dans ce rôle, ce qui m'a le plus intéressée, et j'ai d'ailleurs fait tout ça pour lui, c'est le parallèle avec mon vrai frère, que j'aime par-dessus tout. Mais il n'est pas venu d'Angleterre pour me voir. En même temps, comme il fallait, pour jouer ce rôle, se mettre dans un état d'attente de son frère, le fait qu'il ne vienne pas m'a aidée à pleurer tous les soirs. Il fallait bien trouver des excuses pour pleurer[41]... »

La nostalgie est partie intégrante de l'histoire de Jane Birkin. La nostalgie et la mélancolie. Ce sont des états intimes dans lesquels elle se complaît. « Souffrir de se souvenir, voilà le délice[42] », comme chante l'ami Alain Souchon, avec son complice Laurent Voulzy. « En grandissant, dit Jane, j'ai eu l'impression de perdre quelque chose et, si j'ai eu des enfants si jeune, c'est sans doute pour retrouver à travers eux ce moment de grâce[43]. »

En 2008, pour illustrer son album *Enfants d'hiver*, elle choisira une photographie d'elle à douze ans, sur la plage de l'île de Wight, cheveux courts et regard droit, l'allure garçonne : « J'aime l'idée d'un amour qui m'aurait connue avant que le déguisement social ne commence, avec le vrai visage de mes douze ans... Car c'est un âge magique[44]. »

Numéro 99

Douze ans, c'est un âge-butoir dans la vie de Jane Birkin. Comme son frère est interne depuis l'âge de six ans (Andrew a été placé dans l'école où étudia son père, à Harrow, et elle ne le voit que pendant les vacances), elle souhaite partager un sort commun et demande à être pensionnaire à son tour. Sa mère décide alors de la placer avec sa petite sœur dans un établissement de jeunes filles proche de leur maison de vacances, sur l'île de Wight. Par la suite, elle lui en tiendra grief, injustement : « Je lui reprochais de m'avoir envoyée avec ma sœur Linda en internat pendant dix ans. Elle me disait que c'était faux. Elle avait raison, j'ai retrouvé des papiers de l'école, en fait c'était deux ans et demi. Mais j'avais l'impression que ça avait duré dix ans, que c'était le bagne[45]. »

Obéissant à un règlement intérieur draconien, les pensionnaires évoluent deux par deux et en rang serré dans leur uniforme – une cape bleu marine, doublée de rouge –, désignées par un numéro, comme des prisonnières : Jane Birkin est le « 99 », sous la surveillance étroite d'une nurse allemande, Miss Van de Vane. Elles ne peuvent communiquer avec leur famille par téléphone, simplement par courrier les six premiers mois, et n'ont de vacances que deux fois l'an. Lors, Jane éprouve le sentiment de vivre coupée du monde et des siens, y compris de Linda qui n'est pas dans le même pavillon. « Nous étions logées dans de petites maisons indépendantes. Il fallait courir le matin pour regagner la maison mère, souvent il m'arrivait de tomber, je trouais ainsi mes bas que je devais recoudre le soir avant de me coucher. C'était un engrenage infernal qui faisait que j'étais tout le temps en retard. Au bout de quatre retards, nous étions pénalisées gravement[46]. » Même punition en cas de mauvaise note ou d'indiscipline d'un seul membre du groupe : c'est le groupe tout entier qui est sanctionné ! Un mal-être s'installe alors de façon insidieuse chez l'adolescente, fait d'un sentiment de culpabilité et de mésestime de soi. « Pour une fille de douze ans, c'était terrible comme responsabilité. Tu as l'impression que si tu ne fais pas bien, tu coules l'Angleterre[47]. »

Interdiction par ailleurs de parler pendant les repas. À 20 heures, extinction des lumières. Insomniaque, Jane attend dans le noir avec angoisse : « J'étais toujours la dernière à m'endormir, je demandais : "Vous dormez ?" Mais personne ne répondait[48]. » Miss Van de Vane et une autre nurse, nommée Miss Thomas, veillent diligemment sur les dortoirs, au cas où les occupantes se livreraient à des actes homosexuels.

« À part le pompier qui faisait aussi jardinier, il n'y avait aucun garçon dans l'école, explique Jane Birkin. Alors, les filles jetaient leur dévolu entre elles. C'était très pudique. Des passions où il ne fallait pas se dévoiler, comme des jeux interminables[49]. »

C'est une autre Jane, du nom de Wellplay, qui a sa préférence. Elle est son aînée de quatre ans, se coiffe avec des nattes et dirige le groupe dont elle fait partie. Jane Birkin dépose en douce des petits mots dans le casier de Jane Wellplay et s'applique à lui nettoyer ses chaussures. Pour lui plaire, comme le règlement intérieur interdit fermement l'usage du rouge à lèvres, elle se colore la bouche avec des Smarties rouges. Le jour du départ de son amie, elle demande l'autorisation de danser avec elle. Elle a préparé un petit papier, avec un cœur dessiné, qu'elle lui glisse discrètement dans la poche. Plus tard, elles se reverront au Canada où Jane Wellplay s'est installée comme vétérinaire et dira ne pas se souvenir de cet amour d'adolescence.

Jane Birkin n'a pas d'autre amie. Les autres filles se moquent d'elle. Elles l'observent à travers les parois de la douche en la pointant du doigt et la traitant de *half-caste*, ce qui par définition renvoie à un concept ethnique et se traduit « métis », mais qui dans la bouche des camarades pensionnaires de Jane Birkin tend à railler son androgynie.

> « Les autres filles ont de beaux nichons
> Et moi, moi je reste aussi plate qu'un garçon
> Que c'est con[50] ! »

Jane Birkin est convaincue que les seins sont le principal atout de séduction d'une femme. Le désespoir qui l'envahit est parfois si prégnant qu'elle serre très fort contre elle son fidèle confident, Monkey, un singe en peluche gagné par un oncle à une loterie, et s'en remet à son journal intime. Le 10 octobre 1959, elle écrit : « Je me sens comme un sac mort, tant le monde me déteste ; j'ai l'impression de reculer, de m'éloigner de plus en plus de moi-même. Les ampoules qui éclairent la salle d'étude sont en train de me rentrer dans la tête. Oh ! Si seulement il y avait une chambre où je pouvais hurler et me taper la tête contre les murs[51] ! » Pour apaiser son mal-être, elle lit les romans de Charles Dickens : « Quand on est malheureux, il faut lire *David Copperfield*. Les descriptions des gens sont tellement poilantes : le monde des petites personnes, des banquiers, des clercs… C'est aussi drôle qu'un film de Billy Wilder[52] ! »

Puis, à seize ans, elle trouve le courage d'avouer à ses parents qu'elle est malheureuse dans cet internat, cependant qu'elle commence à se laisser gagner par une sorte d'autosatisfaction, née de la compensation de la détresse qui l'envahit par le plaisir de la formuler par écrit dans son journal. « Adolescente, j'aimais beaucoup me traîner par le bas. Mes journaux intimes étaient très tristes. Il devait y avoir une sorte de complaisance dans le malheur puisque je laissais les traces des larmes sur la page[53]. » Judy Campbell, qui a repris son activité d'actrice à Londres et ne trouve plus guère le temps de venir à Wight, rapatrie sa fille auprès d'elle. L'adolescente réintègre l'école de Kensington pour y achever son année scolaire.

67 *bis* boulevard Lannes, Paris

L'année de ses dix-sept ans, Jane Birkin est envoyée à Paris par ses parents. Elle y séjourne cinq mois. Pour apprendre le français, on l'inscrit au cours de Mademoiselle Anita, qui comme son nom ne l'indique pas dirige une institution religieuse pour les jeunes filles de la bonne société internationale, sise rue de l'Amiral-d'Estaing, près de la place des États-Unis. Une comtesse du nom de Puget héberge Jane avec six autres pensionnaires au 67 *bis* boulevard Lannes, dans l'hôtel particulier où réside Édith Piaf. Nous sommes en 1963, au moment où en Angleterre une culture pop est en train de révolutionner toute forme d'expression. Sensibilisée par la mode, Jane Birkin arbore un look qui surprend le quidam parisien. Elle écrit dans son journal : « Aujourd'hui je suis allée voir la dame avec qui je vais vivre pour apprendre le français. Elle est très gentille, grosse et sympathique. Je l'aime beaucoup. Papa m'a acheté un chapeau comme un garçon. Il faut que je marche beaucoup pour échapper à un bonhomme français qui me regarde depuis cinq minutes fixement. Je ne savais pas que j'avais l'air si étrange, mais je suppose que c'est le chapeau. Ma jupe se relève tout le temps avec le vent. C'est agaçant parce que ça montre mon porte-jarretelles[54]. »

Le 10 octobre, Édith Piaf meurt à Grasse et son corps est rapatrié dans la nuit à son domicile parisien. Sitôt la nouvelle diffusée par la radio, les grilles de l'immeuble sont prises d'assaut par la foule. Pendant deux jours, un défilé incessant d'anonymes se mêle à celui des intimes. Un service d'ordre efficace procède au filtrage à l'entrée, sur présentation d'un laissez-passer. Sur son passage, Jane Birkin entend des gens chuchoter : « C'est Françoise Hardy. » Elle trouve la comparaison flatteuse. Serge Gainsbourg compte parmi les célébrités venues saluer une dernière fois Édith Piaf. Jane et lui se sont peut-être croisés sans se voir. Mais le destin veille.

3

Affaires d'amour

Jusqu'alors Jane Birkin avouait un penchant pour l'écriture. Mais un voyage en Italie avec son père en 1964 va décider de sa vocation d'actrice. Après Venise et Florence, le séjour s'achève à Rome chez son cousin par alliance et parrain, le réalisateur Carol Reed, qu'elle accompagne sur les plateaux des Studios Cinecittà où il tourne *L'Extase et l'Agonie* (*The Agony and the Ecstasy*). Le film, une grosse production qui dépeint la complexité de la relation entre Michel-Ange et le pape Jules II, autour de la conception de la fresque du plafond de la chapelle Sixtine, réunit Charlton Heston et Rex Harrison. Jane Birkin se tient à l'écart parmi les techniciens, éblouie par les acteurs, les costumes, les décors, le jeu des lumières. Germe alors dans son esprit l'idée jusque-là inenvisageable de faire elle-même du cinéma. « Je n'avais jamais pensé suivre les traces de ma mère et devenir comédienne. Elle était brillante, très belle, elle attirait tous les hommages. Moi, à côté d'elle, j'étais plate, pas jolie. Il n'y avait aucun espoir pour moi de réussir dans ce métier. [...] C'est en voyant tourner ce film que j'ai commencé à changer d'optique[1]. » Carol Reed, à qui elle fait part de ce désir soudain et s'inquiète de ses chances de réussir, lui répond : « L'important, ce n'est pas d'être bon ou non, c'est que la caméra tombe amoureuse de vous. C'est tout, c'est une affaire d'amour entre la caméra et vous[2]. »

Débuts au théâtre et au cinéma

De retour à Londres, Jane Birkin s'en remet à un ami de sa mère, Hugh « Binkie » Beaumont, directeur et producteur de théâtre, dont l'influence est telle qu'on le surnomme « l'éminence grise » du théâtre West End. Judy Campbell a souvent travaillé en complicité avec cet homme, associé de Noel Coward et John Gielgud, avant de mettre sa carrière d'actrice entre parenthèses pour élever ses enfants. « Je suis la raison pour laquelle vous n'employez plus ma mère depuis seize ans », lui dit malicieusement Jane Birkin en guise de présentation. Beaumont apprécie la fraîcheur de l'actrice postulante et lui recommande de se présenter à un casting pour une pièce intitulée *The Prime of Miss Jean Brodie*, dont l'action se déroule dans une école pour jeunes filles. Il l'encourage en outre à exploiter son naturel, ses défauts comme ses qualités, et surtout à ne pas perdre son temps dans les cours d'art dramatique. « Ils vont vous gâcher, lui dit-il. Il y a en vous une parcelle de fragilité qu'il ne faut pas détruire[3]. »

Forte de ces conseils, Jane décide de se lancer à l'aventure. Sa mère l'aide à travailler une scène extraite de *The Lady's Not for Burning*, une comédie romantique de Christopher Fry, mais le jour du casting, elle perd tous ses moyens, oublie son texte et se trompe de lieu de rendez-vous. La voici qui pousse la porte du Haymarket Theatre, où l'on auditionne pour une pièce de Graham Greene, *Carving a Statue*, mise en scène par Peter Wood.

« Nous étions une trentaine de filles, toutes plus belles et expérimentées que moi. J'avais une toute petite voix, je ne savais pas m'exprimer. Elles étaient en blue-jean, mâchaient du chewing-gum, elles étaient tout à fait décontractées. Ma mère avait eu la bonne idée de m'affubler d'une jolie robe très voyante, avec une énorme rose piquée sur la poitrine! Cette incroyable tenue aggravait, bien sûr, les complexes qui me paralysaient au point que j'étais absolument paniquée[4] ! »

Son poids plume joue en sa faveur. Son partenaire, Dennis Waterman, doit la porter pendant la pièce : on fait l'essai, il parvient à la soulever sans effort. Elle obtient le rôle. S'est-on soucié du son de sa voix ? Aucune importance, car c'est un rôle de sourde-muette! « Il me faut une fille innocente et pure, exactement comme toi », tranche Peter Wood, en précisant que son personnage meurt écrasé par un autobus à la fin du premier acte.

La pièce se joue au Royal Brighton pendant cinq mois, à partir du 31 août 1964. C'est un succès, en partie lié au scandale suscité par son thème : un sculpteur, joué par sir Ralph Richardson, s'applique à façonner les parties génitales de Dieu. Le public anglais est d'autant plus outré que l'acteur vient d'être anobli par la reine.

Lors des premières représentations, Jane Birkin souffre d'une vilaine blessure au genou, conséquente d'une chute. L'infection gagne du terrain, mais l'actrice néophyte fait preuve d'une rare opiniâtreté et joue tous les soirs, sans défaillir. Engagée à l'essai, elle craint que son rôle ne soit confié à sa doublure. Finalement, elle échappe à une septicémie grâce à une habilleuse qui alerte le metteur en scène.

À la même période, Jane Birkin débute au cinéma par une brève apparition dans *The Knack... and How to Get It* (*Le Knack... et comment l'avoir*) de Richard Lester, surtout connu pour avoir filmé les Beatles dans *A Hard*

Day's Night et *Help!* Le film, sur le thème de la liberté sexuelle dans le Londres psychédélique de l'époque, remporte la Palme d'or au Festival de Cannes 1965 et un succès mondial. Mais il ne contribue pas à lancer la carrière de Jane Birkin qui, comme ses compatriotes Jacqueline Bisset et Charlotte Rampling, également figurantes, n'est pas créditée au générique. À noter que le compositeur du thème musical s'appelle John Barry.

John Barry, sa Jaguar et sa femme « type E »

La première fois que John Barry croise le regard de Jane Birkin, c'est dans la lumière rougeoyante de l'ascenseur qui monte à l'Ad Lib, un night-club aménagé au dernier étage d'un immeuble sur Leicester Square. S'y retrouvent les stars de la musique, du cinéma, de la photographie et de la haute couture, tout le gratin du show-business londonien. Si l'on a quelque espoir de se faire un nom, il est recommandé de s'y montrer. Cette nuit-là, le compositeur à la mode, qui a orchestré avec bonheur le thème de Monty Norman dans *James Bond contre Dr. No* et qui, depuis, enchaîne les contrats – son nom sera plus tard associé à d'autres James Bond, ainsi qu'au générique légendaire de la série télévisée *Amicalement vôtre* et aux bandes originales des films *Macadam Cowboy*, *Out of Africa*, *Danse avec les loups*... –, est séduit par la beauté juvénile de l'actrice néophyte et lui propose de se rendre à un casting pour une comédie musicale dont il a écrit la partition sur des paroles de Trevor Peacock, *Passion Flower Hotel*. Après quoi, il ne se soucie plus d'elle pendant toute la soirée. Il a l'esprit ailleurs, occupé à remonter le moral à son ami, David Bailey, le photographe mythique de *Vogue*, malheureux parce que sa muse, la sublime Jean Shrimpton, célèbre mannequin qui va inspirer le personnage joué par Vanessa Redgrave dans *Blow-Up*, vient de partir pour l'Amérique – la belle ne va pas tarder à tomber dans les bras de leur ami commun, Terence Stamp, présent cette nuit-là à l'Ad Lib Club. « Nous étions tous désolés pour lui, raconte John Barry. Mais quelques semaines plus tard, il est revenu accompagné de Catherine Deneuve et plus personne n'avait alors envie de le plaindre[5]. »

Peu après, alors qu'il vient de composer la musique du film *King Rat*, de Bryan Forbes, et qu'il rentre de Los Angeles par un vol de nuit, John Barry apprend que le casting de *Passion Flower Hotel* a lieu à Green Park. Il se souvient d'un jour de printemps ensoleillé. Un jour délicieux, puisqu'il est associé dans sa mémoire à sa véritable rencontre avec Jane Birkin.

« Aucune ne sait chanter ni danser, mais elles sont toutes agréables à regarder », dit John Barry pour justifier le choix de la distribution.

Le thème s'accorde avec la révolution pop et sexuelle inhérente à cette période des *mid-sixties* : six jeunes filles d'un pensionnat s'interrogent sur le moyen de perdre leur virginité et fomentent un plan pour mettre à contribution les garçons d'une école voisine.

En cette année 1964, le quotidien *Daily Mail* réunit sur une même photographie une cinquantaine de jeunes femmes « à suivre » : Jane Birkin côtoie les chanteuses Marianne Faithfull et Nico, la comédienne Francesca Annis et la future photographe Gabrielle Crawford, qui s'appelle encore Lewis, son nom de jeune fille. « On dirait une photo de classe : nous sommes là, naïves, avec nos uniformes stricts… on devine les bigoudis en mousse de la veille[6] ! », commente Jane. L'audition pour *Passion Flower Hotel* a lieu six mois après la photo. Elles s'y présentent toutes les deux, chacune de son côté, mais

Gabrielle n'est pas retenue. Gabrielle Lewis s'illustre alors comme disc-jockey au Pickwick Club, autre lieu branché des noctambules dans le West End où un soir le destin lui joue un agréable tour : « Le compositeur John Barry était venu avec Michael Crawford et la fille qui deviendrait la sœur que je n'avais jamais eue. Il venait de terminer le tournage de *The Knack... and How to Get It*, réalisé par Richard Lester, avec Michael, John Barry pour la musique, et un tout petit rôle pour miss Jane Birkin. Nous avions à peine dix-sept ans [...] Nous nous retrouvions tous à l'Arethusa, un bar ultra-branché, pour boire des cocktails et dîner[7]. » Jane et Gabrielle deviennent spontanément amies. Une amitié profonde et durable*. « Il n'y a rien d'équivalent à une meilleure copine, dit Jane. [...] C'est comme avoir un ange sur son épaule[8]. »

Passion Flower Hotel se joue dans sa version initiale de trois heures au Palace Theatre de Manchester à partir du 30 juillet 1965. Les réactions sont louangeuses. « Trevor et moi avons été soudainement considérés comme les Cole Porter du nouveau théâtre anglais, commente John Barry, et je me rappelle avoir pensé, *Seigneur, cela ne peut pas être aussi facile,* parce que nous faisions salle comble tous les soirs[9]. » Puis, le spectacle dans une version réduite se déplace au Prince of Wales de Londres le 24 août pour cent quarante-huit représentations, jusqu'au 1er janvier 1966. Si le public suit, la critique est plus circonspecte et déplore un manque

* Deux livres de photographies de Gabrielle Crawford – *Jane Birkin*, Éditions Flammarion, 2004, et *Attachments (Pièces attachées)* (photos légendées par Jane Birkin), *op. cit.* – témoignent de l'amitié des deux femmes. Gabrielle Crawford commencera sa carrière de photographe en 1967, à Broadway, sur le tournage du film musical *Hello Dolly*, réalisé par Gene Kelly, avec en vedettes son mari Michael Crawford et Barbra Streisand.

de structure, conséquent des sévères coupes faites dans le script original. Mais le charme des comédiennes opère, en particulier celui de Jane Birkin dans le rôle de Mary Rose, qui arpente la scène en bombant le torse et chantant: *« I must, I must / Increase my bust »* (« Je dois, je dois / Développer ma poitrine »). Ainsi, ses défauts physiques, source de ses complexes, sont-ils appréciés comme des atouts par le *Financial Times*: « Félicitations à Jane Birkin qui a précisément le type de physique qui marque les esprits de King's Road: de chatoyants cheveux tombant sur les épaules, les immenses yeux et la moue de Shrimpton, de ravissants genoux et des chaussettes à mi-mollet. Et elle bouge magnifiquement. »

John Barry, qui vient de divorcer d'avec sa première femme, partage le même avis. La relation entre le compositeur et la jeune actrice, de treize ans sa cadette, excède bientôt le cadre professionnel. Barry en éprouve une certaine fierté: « J'allais la chercher chez elle dans une Jaguar blanche type E et elle s'amusait à grimper sur le capot et ramper jusqu'à moi pour me dire par la fenêtre: "Je t'aime, John, je t'aime." J'étais donc avec cette belle petite créature de dix-sept ans, affalée sur le capot de mon E-Type. C'était terriblement romantique[10]. » Dans les coulisses du théâtre, leur romance est le sujet favori des conversations. Les acteurs s'amusent à taquiner Jane Birkin, tout à coup emportée par l'élan fleur bleue d'une amoureuse débutante. « Je suis passée de l'internat à John Barry[11] ! », aura-t-elle coutume de dire. Elle peine à croire que cet homme brillant et séducteur ait jeté son dévolu sur elle, alors qu'elle trouve ses partenaires de scène, Francesca Annis ou Pauline Collins, beaucoup plus jolies. « Jane avait l'allure d'une collégienne et ne correspondait pas au genre [que John] aimait, confirme l'acteur et producteur Michael Caine, ami de

John Barry. Les femmes qu'il avait pour habitude de fréquenter étaient plutôt voluptueuses et sensuelles, je ne veux pas dire que Jane ne l'était pas ou n'avait pas ces qualités-là, mais pas en apparence en tout cas. Son truc à elle, c'est qu'elle était amusante. Toujours prête à rire. Et je pense que c'est cela qui a attiré John, car il était sujet à la morosité. Il avait parfois l'air triste et vous ne saviez pas très bien pourquoi. Mais Jane était pétillante, si bien que nous pensions qu'elle n'était peut-être pas son type de fille, mais qu'elle serait parfaite pour lui[12]. »

Amoureux fou de Jane, John la demande bientôt en mariage. David Birkin ne voit pas la chose d'un œil conciliant, d'autant que Barry a la réputation d'un tombeur : « John a négocié mon mariage avec mon père dans le jardin, raconte Jane. Mon père voulait que j'attende un peu avant d'épouser John parce que j'étais trop jeune. Il voulait qu'on me fasse encore la cour. Mais John était tellement pressé, il a fini par le persuader. John finissait toujours par persuader tout le monde. » Le jour même du mariage, cependant, David Birkin intercepte sa fille à l'entrée de la mairie et lui glisse dans le tuyau de l'oreille : « Décide-toi. Tu as encore une minute pour dire non[13]. » Mais elle n'a pas le choix, parce qu'elle aussi est amoureuse. Et parce que, dans ce cas de figure, le mariage est le contrat obligatoire aux yeux de Judy Campbell : « Ma mère m'avait dit qu'il ne fallait jamais coucher avant le mariage. Je ne comprenais pas bien pourquoi. À Chelsea, tout le monde couchait avec tout le monde… J'étais la vierge la plus âgée du Swinging London (j'avais presque dix-huit ans). Alors, quand John Barry a demandé ma main, j'étais trop contente. J'étais dingue de cet homme qui me faisait penser à Mahler, lorsqu'il dirigeait l'orchestre philharmonique dans la BO de *La Poursuite impitoyable*[14]. »

La cérémonie a lieu à Chelsea le 10 octobre 1965. « L'homme du *James Bond Theme* se marie », titre le *London Evening Standard*, tandis que *Newsweek* associe de façon offensante la Jaguar du marié et sa femme « type E ». La lune de miel traditionnelle ne peut avoir lieu, en raison de l'emploi du temps de la jeune épousée qui joue au théâtre six soirs par semaine. John Barry lui offre en compensation un week-end romantique à Rome. Les premiers temps qui suivent le mariage sont idylliques. Flattée d'être l'épouse d'un artiste brillant et respecté, Jane Birkin fréquente à son bras le gratin londonien. Elle pose sous l'objectif de David Bailey, le photographe le plus couru de Londres, qui comptait parmi les invités à son mariage avec trois autres amis de John, les comédiens Terence Stamp, Michael Caine et Michael Crawford, et son portrait apparaît dans les pages glacées du *Vogue* anglais.

Michael Crawford a épousé son amie Gabrielle. « Commence alors une "quadro" affaire, commente Jane, on sortait tous les soirs ensemble, dans des restaurants sur King's Road, dans des clubs, on finissait avec les poubelles, tôt le matin[15]. »

Très vite, cependant, Jane Birkin et John Barry s'installent dans une vie de couple conventionnelle : « Nous sortions bien dans quelques boîtes de nuit, mais la plupart du temps, je me contentais de l'accompagner au Royal Albert Hall écouter Mahler dirigé par Rostropovitch, de lui faire couler ses bains, de lui faire réchauffer sa soupe et de m'assurer que ses œufs brouillés arrivaient à bon port dans l'appartement où il composait[16]. » La forte personnalité de son mari aggrave la faible estime que Jane Birkin a d'elle-même et ses complexes physiques : « Je dormais avec un crayon de maquillage sous l'oreiller pour pouvoir me redessiner les yeux en cachette. J'étais terrorisée à l'idée qu'il me voie au naturel, parce que je trouvais mes yeux trop petits! La nuit, je portais encore mon appareil dentaire et John disait qu'il avait l'impression de coucher avec un cheval de course[17] ! »

Aussi, lorsque John Barry apprend que sa femme envisage de tourner une scène déshabillée pour Michelangelo Antonioni, il ironise : « Tu n'oseras pas. Déjà avec moi, tu éteins la lumière. » Elle entend la remarque comme un défi à relever : « J'ai si peu de courage que pour épater les gens, je deviens capable de faire ce qui m'horrifie le plus[18]. »

Jane *Blow-Up* Birkin

Michelangelo Antonioni vient de signer un contrat pour trois films avec la Metro Goldwyn Mayer et le producteur italien Carlo Ponti. Et c'est à Londres, capitale de la révolution pop et de toutes les audaces, qu'il souhaite filmer son histoire, en pénétrant le milieu élitaire des *swingers*. « C'est l'histoire d'un photographe de mode, et Londres offre en ce moment la réalité la plus juste pour la raconter, dit-il. Il y a quelque chose d'incomparablement libre dans l'air de cette ville, et le désarroi ici paraît plus vivant qu'ailleurs. Londres concentre le meilleur et le pire du monde[19]. »

Remarquée dans *Passion Flower Hotel*, Jane Birkin est reçue dans un premier temps par Antonioni lui-même, « un monsieur très tranquille, qui dit les choses les plus drôles avec un visage parfaitement grave[20] ». Il l'observe attentivement, la trouve trop jeune pour incarner son héroïne (qui sera finalement campée par Vanessa Redgrave), mais intéressante pour un rôle subalterne. Convoquée pour un bout d'essai aux studios Pinewood, elle est conduite par un assistant italien jusqu'à un immense plateau de tournage. Comme elle est trop grande sur ses chaussures à talons, on lui demande de se mettre pieds nus. Puis, elle doit se cacher derrière un gigantesque panneau blanc et passer la tête subrepticement, comme pour regarder une chose interdite. Ensuite, on lui remet un fusain et lui ordonne d'écrire son nom sur le panneau blanc. « J'écris Jane Birkin dans un coin du panneau. On m'interrompt : "Non, en capitales !" Je dessine un *J* géant. Le fusain se casse, le fusain n'arrête pas de se casser. "Chaque fois que vous avez écrit deux lettres, retournez-vous." Je commence : *JA*. Je me retourne. Je continue : *NE*, *BIR*. Soudain, l'assistant italien vocifère : "Pourquoi écrivez-vous votre nom sur le mur ?" Je réponds : "J'exécute un ordre." Alors l'assistant se met à hurler : "Je connais votre catégorie de filles. Toutes des égoïstes, qui veulent se voir en grand, qui se prennent pour le centre de l'univers." J'éclate en sanglots[21]. » C'est alors qu'on crie : « Coupez ! » C'est la voix d'Antonioni. Il a eu ce qu'il voulait. Il apparaît dans la lumière et lui dit qu'elle est engagée pour le rôle d'un apprenti mannequin. Un rôle très court : elle n'apparaît que le temps d'une scène. Antonioni lui donne deux pages de texte et précise qu'elle doit tourner nue. Elle donnera sa réponse après en avoir parlé à son mari.

Le premier clap de *Blow-Up* est donné le 1er mai 1966. La scène où apparaît Jane Birkin est tournée en trois jours dans un studio de photo de Ladbroke Grove, un quartier excentrique de Londres. Il s'agit d'un intermède érotique très coloré dans le film, un batifolage à trois – Jane Birkin, Gillian Hills et David Hemmings – dans des bandes de papier peint. « C'était en plein hiver : il faisait un froid de chien. Des chenapans grimpaient aux réverbères pour nous regarder. Pourtant, ce fut une espèce de happening, que trois caméras filmaient sans arrêt. On a recommencé trois fois la scène[22]. » L'obsession esthétique du film, visant à souligner la superficialité des êtres, justifie l'extrême exigence d'Antonioni : « On a visité un nombre incroyable de boutiques du côté de Carnaby Street, peut-être une vingtaine, raconte Jane Birkin. Rien ne [lui] plaisait. Il a demandé qu'on peigne à la main deux robes dont les couleurs ne lui plaisaient pas. Les collants, même chose, il était très précis, très exigeant. Moi, il m'a fait teindre en blonde alors que j'étais châtain, et Gillian Hills le contraire[23]. »

Film d'ambiance, inclassable, réflexion sur la puissance subjective de l'image, « rêverie nourrie d'émanations mortelles » dans laquelle Claude-Jean Philippe, critique à *Télérama*, voit « un signe de notre décadence, de notre marche vers l'abîme[24] », *Blow-Up* sort à Londres en décembre 1966. L'année suivante, le film reçoit la Palme d'or à Cannes et consacre Antonioni sur la scène internationale. La prestation de Jane Birkin est furtive, mais s'inscrit comme un événement sulfureux : la première apparition de poils pubiens dans un film occidental non classé érotique ! « Quand le film est sorti, le scandale a éclaté, se souvient-elle. J'ai envoyé ma mère, parce que je n'osais pas y aller moi-même ; elle m'a dit : "C'est comme deux enfants dans une piscine, je ne trouve rien de choquant, c'est plutôt gai." Ça m'a réconfortée un peu. J'étais enceinte de neuf mois (de Kate) et quand j'ai voulu aller à la projection privée, on ne m'a pas laissée entrer[25]. »

La presse anglaise la surnomme « Jane *Public Hair* » ou « Jane *Blow-Up* Birkin ». Traduit en français, *blow-up* a plusieurs sens : agrandissement, vue éclatée, explosion… Si la notoriété de Jane Birkin « explose » à la faveur de ce film, lui offrant une visibilité mondiale, le scandale qu'elle suscite ne lui vaut qu'une figuration dans *Kaleidoscope* de Jack Smight et un rôle secondaire dans *Wonderwall* de Joe Massot, avec Jack MacGowran, qu'elle adore. Sa carrière ne prendra essor qu'un an plus tard, en France, avec un nouveau scandale. Mais n'anticipons pas.

Jane et son couffin

Kate voit le jour le 8 avril 1967. « Un immense bonheur qui a changé ma vie[26]. » John Barry, déjà père de deux enfants de deux femmes différentes, est en même temps honoré à Hollywood : Meilleure musique et Meilleure chanson pour *Born Free (Vivre libre)*, un film de James Hill. La presse titre alors : « John Barry a eu deux Oscars et une fille ». « J'aurais préféré que ma fille soit avant les Oscars, mais bon[27]... », soupire Jane.

De son côté, Gabrielle Crawford accouche d'une petite Lucy qui a pour marraine et parrain Jane Birkin et John Barry. La cérémonie du baptême est à marquer d'une pierre blanche : « Kate hurlait, elle m'avait vomi dessus, John Barry ne me parlait plus, une petite affaire anglaise bien cosy[28] », raconte Jane.

Le couple bat de l'aile. « J'avais tellement peur qu'il parte avec quelqu'un que je lui menais une vie insupportable, dit Jane. Je jetais des pots de confiture contre la porte quand il s'en allait. Je ne pouvais pas imaginer qu'il ne me quitte pas[29]. » Il lui semblait qu'être enceinte la protégerait de toute trahison : « Porter un enfant, c'est comme avoir un ami en moi, ne pas être en compétition, même si les autres femmes qui tournent autour de mon mari sont plus belles – mais pas plus drôles, c'est ce qu'on espère[30] ! » Pourtant, malgré la naissance de Kate, le chant des sirènes d'Hollywood appelle bientôt John Barry, ainsi qu'une nouvelle petite amie. Un soir d'hiver, Jane Birkin quitte la maison conjugale avec sa fillette soigneusement emmitouflée dans son couffin en osier, elle appelle ses parents et le lendemain, retrouve en pleurs sa chambre de jeune fille.

En février 1968, le cinéaste français Pierre Grimblat arrive à Londres, en quête de l'héroïne de son prochain film…

4

« Jane et Serge sur le pont des Arts[1] »

« Gainsbourg et son Gainsborough
Vont rejoindre Paris
Ils ont laissé derrière eux
La Tamise et Chelsea
Ils s'aiment et la traversée
Durera toute une année[2]... »

Cette fameuse année au chiffre sexuellement évocateur, Serge Gainsbourg la voyait venir, amusé, il l'attendait avec gourmandise, la convoitait, s'y préparait secrètement tandis que les pavés volaient et que la « révolution » de Mai glissait sur lui comme les volutes bleues de ses Gitanes. Il dira avoir suivi les événements en charmante(s) compagnie(s) dans une suite de l'hôtel Hilton, « sur le tube cathodique et avec l'air conditionné[3] ». Et c'est en ce mois contestataire que le dandy provocateur rencontre Jane, vingt-deux ans, son ingénue libertine. Une rencontre désastreuse, *a priori*, et une traversée qui durera bien plus d'une année.

Mais revenons quelques mois plus tôt...

Slogan ou la rencontre du couple mythique

À la fois homme de radio, chef de la créativité chez Publicis et directeur artistique des disques Philips,

Pierre Grimblat souhaite revenir à ses premières amours : le cinéma. Coureur invétéré, il traverse en outre une période sentimentale troublée et s'en épanche auprès de son ami François Truffaut, qui lui répond : « Faites-en un film, vous allez transposer sur des personnages ! » Melvin Van Peebles, écrivain et réalisateur afro-américain, installé depuis peu à Paris*, lui prête main-forte pour l'écriture du scénario et, au terme d'après-midi studieux passés dans une arrière-salle du bar de La Coupole, à Montparnasse, se découpe en plans-séquences et fragments, comme un film de vacances, l'histoire d'amour passionnelle entre Serge, quarante ans, homme marié et publiciste à la mode, et Évelyne, jeune fille de dix-huit ans, libre comme l'air, rencontrée lors du Festival de Venise. Le prénom du héros est tout trouvé, puisque Pierre Grimblat voit en Serge Gainsbourg l'alter ego idéal : « Il avait une tête venue d'ailleurs, moi aussi. [...] Je lui offris son premier rôle de séducteur[4]. » En complément, il lui demande de composer la musique du film.

Pour jouer la jeune fille qui lui fait tourner la tête, le cinéaste envisage d'abord Marisa Berenson, alors à l'apogée de sa carrière de mannequin et de modèle**.

---

* Pigiste au *Figaro littéraire* et à *France-Observateur* (futur *Nouvel Observateur*), avant de rejoindre l'équipe de *Hara-Kiri*, Melvin Van Peebles se fait connaître en France en 1965 par une bande dessinée illustrée par Wolinski, *La Reine des pommes*, d'après un roman de son ami Chester Himes. Son nom reste surtout associé à un film manifeste, sorti aux États-Unis en 1971, *Sweet Sweetback's Baadasssss Song* (1971), œuvre fondatrice de la Blaxploitation, c'est-à-dire l'émergence d'un mouvement cinématographique fait par et pour les Noirs.

** C'est grâce à Helmut Berger, qui lui présente Luchino Visconti, que Marisa Berenson démarrera une carrière de comédienne en 1971, en tournant *Mort à Venise*. Elle se retrouve bientôt à l'affiche de deux autres grands films : *Cabaret* de Bob Fosse (1972) et *Barry Lyndon* de Stanley Kubrick (1975).

Serge Gainsbourg, malheureux comme les pierres d'avoir été quitté par Brigitte Bardot, approuve ce choix : il se voit déjà au bras de cette superbe créature, conjuguant le besoin de se rassurer sur son pouvoir de séduction et le plaisir malicieux de narguer celle dont il est encore fou amoureux. Pourtant, Marisa Berenson apparaît trop aristocratique aux yeux de Pierre Grimblat, qui cherche plutôt une sauvageonne à la fraîcheur ingénue et un rien perverse : « J'ai cherché ma sauvageonne *via* tous les directeurs de casting d'Europe. D'abord en France, en Italie, puis en Allemagne. Pour les auditions, j'avais emmené la cassette de Burt Bacharach, "I'll Never Fall In Love Again", qui me servait de repère pour bien garder en tête l'univers sophistiqué que ma jeune diablesse devait conquérir puis détruire[5]. »

Sa quête le conduit finalement à Londres à la fin avril. Des dizaines de filles, toutes plus belles les unes que les autres, défilent dans le studio de Chelsea où a lieu le casting. Mais c'est Jane Birkin qui retient son attention. Si l'on en croit Just Jaeckin, futur réalisateur du plus gros succès du cinéma érotique, *Emmanuelle,* et photographe réputé dans les années 1960, il aurait joué un rôle salutaire dans la destinée de l'actrice, en servant d'intermédiaire entre elle et Pierre Grimblat et, par ricochet, Serge Gainsbourg : « À l'époque j'étais chef opérateur et je tournais avec Hugh Hudson, qui était alors metteur en scène de films publicitaires et avait sa propre société de production à Chelsea. Soudain, je vois une jeune fille aux cheveux longs et en minijupe, avec de grands yeux bleus magnifiques, descendre de l'étage. Elle tournait là une pub avec Brian Jones. Ce fut très bref, un moment fugitif, comme un rêve. Je lui dis : *"How are you ?"* Elle me répond en français : "Très, très bien." C'était Jane Birkin. Quelque temps après,

Pierre Grimblat me dit qu'il cherche une comédienne bilingue franco-anglaise, rigolote et séduisante, pour être l'héroïne de son prochain film, avec Serge Gainsbourg. Il vient à Londres. On se retrouve à déjeuner dans un restaurant, sur King's Road. Le hasard fait que Jane déjeunait au même endroit. Je dis alors à Pierre, tout en désignant Jane : "Ne cherche pas plus longtemps. La voilà ton héroïne."[6*] »

« J'aperçois, attablée avec une autre fille, un visage mangé par de longs cheveux qui m'intrigue, poursuit Grimblat. J'envoie un mot par le garçon : "Pour rôle important dans un film, casting cet après-midi." Le mot me revient aussi sec, avec griffonné : "Je suis convoquée à 4 heures." Je regarde ma liste. À 4 heures, une nommée J. Birkin. Deux autres filles étaient déjà passées et reparties. On m'annonce la suivante et avant-dernière. Il est 4 heures. J'appuie sur la touche "I'll Never Fall in Love Again" et fais signe qu'on la fasse entrer dans le studio. Et la musique, depuis des semaines si souvent lancée dans le vide, se pose enfin sur elle. J. Birkin. Aussi échevelée qu'au restaurant. Laissant entrevoir un regard bleu de jeune fauve, une mini, minijupe, des ballerines qui l'amènent, légère, jusqu'au petit bureau qu'on m'a installé[7]. »

L'œil acéré de Grimblat se pose sur les jambes interminables, légèrement arquées vers l'intérieur, et lui lance à brûle-pourpoint : « Vous êtes vraiment obligée de

* Par la suite, contacté par Just Jaeckin pour composer la musique d'*Emmanuelle*, Serge Gainsbourg déclinera l'offre et le regrettera, vu le succès extraordinaire remporté par le film. Il signera celle de *Goodbye Emmanuelle*, troisième volet de la série, réalisé par François Leterrier, qui aura moins d'impact, et celle de *Madame Claude*, de Just Jaeckin, en 1977, dont le thème au violon « Yesterday Yes A Day », parolé et interprété par Jane Birkin.

montrer des jambes pareilles ? » Frondeuse, elle répond dans un français teinté d'un fort accent anglais : « Non, pas si vous me payez l'opération[8] ! » Il aime son insolence et l'invite à venir à Paris le surlendemain pour des essais. Là, on lui confie trois scènes qu'elle apprend par cœur, sans rien comprendre. Lors de l'audition, elle est déstabilisée par la présence désagréable de Serge Gainsbourg, fortement déçu de ne pas avoir Marisa Berenson pour partenaire et déterminé à témoigner de sa méchante humeur. Elle ne sait pas prononcer son nom, elle comprend « bourguignon » – il existe un Serge Bourguignon acteur et cinéaste, il a obtenu un Oscar à Hollywood en 1963 pour son film *Les Dimanches de Ville-d'Avray* et fait tourner Bardot l'année précédente dans *À cœur-joie*. « Mais comment pouvez-vous accepter de tourner un rôle en France alors que vous ne parlez pas un mot de français ? », lui lance-t-il avec mépris. Elle fond en larmes. Et continue de jouer sa scène, comme si sa vie en dépendait, ce qui convainc Grimblat de l'engager. « Jane pleurait sur son sort. Elle confondait tout : la fiction et la réalité, la vie et le scénario. [...] J'en ai conclu qu'elle était fabuleuse[9] », dira Gainsbourg. Pourtant, alors que le tournage commence à la mi-juin, retardé par les événements, il persiste à ne faire aucun effort de civilité.

À ce moment-là, Andrew Birkin est envoyé à Paris par le cinéaste Stanley Kubrick, dont il est l'assistant, afin de réaliser des photos de monuments en lien avec l'histoire napoléonienne pour un projet de film sur l'empereur – qui n'aboutira pas. Il pose ses valises à L'Esméralda, un petit hôtel de la rue Saint-Julien-le-Pauvre, à l'ombre de la cathédrale Notre-Dame. Jane rejoint naturellement son frère et s'installe avec Kate et une nounou dans le même hôtel, qui la séduit par ses vieilles pierres et boiseries, ainsi que la décoration de ses chambres avec du mobilier chiné aux Puces. Elle se lève tous les jours dès potron-minet pour travailler son texte et perfectionner son français avec le maître d'hôtel vietnamien de Pierre Grimblat. Le soir, elle rentre effondrée et se console dans les bras de son frère. Andrew se souvient d'avoir vécu là, avec Jane, un rapprochement affectif aussi fort que celui qui les unissait du temps de leur enfance : « Nous nous sommes sentis très proches avec quelque chose d'impalpable, de non dit. Nous n'en avons pas parlé sur le moment, seulement des années après. Ce qui est étrange, c'est que cela correspondait au moment où elle a rencontré Serge[10]. »

L'ambiance sur *Slogan* est donc au vinaigre. Une semaine passe. Le vendredi soir, inquiet pour le bon déroulement de son film, Grimblat organise un dîner chez Maxim's où il omet sciemment de se rendre, laissant ses héros seuls, en tête à tête. Tous deux ont ce point commun d'avoir été quittés par la personne aimée, ils sont tristes. « Qu'est-ce que vous n'avez jamais fait ? Tout ce que vous désirez, je vous promets de l'exaucer », lance un Gainsbourg grand seigneur à la fin du dîner. Jane a besoin de se changer les idées, elle est prompte à accepter toutes les invitations à s'amuser. Et la soirée se poursuit dans toutes les boîtes à la mode. Jane découvre un homme séduisant : « Il était adolescent, ambigu, contradictoire, romantique, sensible[11]. » Chez Régine, elle l'entraîne sur la piste de danse pour un slow. Piètre danseur, il lui marche sur les pieds. Sa maladresse l'attendrit. À son tour Serge se laisse séduire par cette fille drôle et émouvante, sexy et décontractée, qui déambule dans les lieux les plus chic de Paris avec son blue-jean, ses baskets et son cabas en osier rempli de livres et de cahiers noircis de notes. Au petit matin, comme elle refuse qu'il la ramène à son hôtel, il commande au chauffeur de taxi de poursuivre jusqu'au Hilton où il a ses habitudes. Elle fait mine d'ignorer la gaffe du réceptionniste : « La même chambre que d'habitude, monsieur Gainsbourg ? » Et le trouve à nouveau touchant quand il tire les rideaux et tamise la lumière, avant de s'allonger tout habillé sur le lit où il s'endort comme une masse, copieusement imbibé. Elle file au Drugstore voisin et revient avec le *single* d'un hit qu'elle avait dansé devant lui chez Régine, « Yummy Yummy Yummy » des Ohio Express, et le lui glisse discrètement entre les orteils, en guise de remerciement. Elle apprécie moins que le même scénario se reproduise une semaine plus tard, mais sait se montrer patiente.

En attendant, leur complicité nouvelle améliore la qualité du tournage de *Slogan,* dont les scènes extérieures se réalisent bientôt sous le soleil de Venise. Dans la cité des Doges, Serge offre à Jane une image représentant l'église Santa Maria della Salute, avec écrit au dos, de sa main : « L'amour doit être pur et impur. » Lors, chaque automne, une fois les touristes partis, comme un rituel amoureux, Jane et Serge viendront séjourner à Venise. Jane se souvient des trajets en wagons-lits et passe en revue les différents hôtels où ils sont descendus : « On a commencé dans un petit hôtel bien humble pour *Slogan*, ensuite on logeait à l'hôtel Europa, puis Serge a décidé que ce serait le Gritty, parce qu'il y avait une petite suite qui donnait sur le canal et sur la Salute. Et il réservait la dernière semaine avant que le Gritty ne ferme, pour que personne ne touche à notre chambre à coucher jusqu'à la saison suivante. C'était une idée très romanesque[12]. » Capable de dépenser sans compter, Gainsbourg fonctionne au coup de cœur. Jane dit de lui qu'il est un « vieux pessimiste avec des enthousiasmes d'adolescent ».

Sur le tournage de *Slogan*, Pierre Grimblat exulte. Lors, ce n'est plus tant l'histoire de Serge et Évelyne qui s'anime dans le viseur de sa caméra, mais le début de l'idylle entre Serge et Jane. Soudain il n'y a plus qu'eux et leur amour naissant, à la fois pudique et impudique, car imprimé sur la pellicule, leurs visages radieux et leurs voix pour la première fois unies en chanson :

« — Tu es vil tu es veule tu es vain
Tu es vieux tu es vide tu n'es rien
— Évelyne tu es injuste Évelyne tu as tort
Évelyne tu vois tu m'aimes encore[13]... »

Le tournage s'achève le 16 août. Jane Birkin repart en Angleterre et révèle à ses parents cette promesse d'amour tout neuf. Resté seul dans sa chambre d'hôtel, Serge Gainsbourg passe la nuit à pleurer devant une bougie allumée. Au matin, selon la légende, il expédie à sa nouvelle égérie un télégramme dont il garde copie. Ce texte deviendra plus tard une chanson d'adieu, qu'il donne d'abord à Catherine Deneuve, puis reprend à son compte sur l'album *Mauvaises nouvelles des étoiles*, avant que Jane se la réapproprie* :

« Je voudrais que ce télégramme
Soit le plus beau télégramme
De tous les télégrammes
Que tu recevras jamais[14]... »

---

* « Overseas Telegram » est créé en 1981 par Catherine Deneuve sur l'album *Souviens-toi de m'oublier*, écrit et composé par Serge Gainsbourg. L'année suivante, Gainsbourg l'enregistre pour son deuxième album reggae, *Mauvaises nouvelles des étoiles*, qui marque sa rupture avec Jane Birkin. Enfin, on trouve la version de Jane sur l'album *Baby Alone in Babylone* en 1983.

La Piscine

L'absence est de courte durée. Jacques Deray, qui l'a remarquée sur le tournage de *Slogan* où il rendait visite à Pierre Grimblat, la ramène sur le continent pour qu'elle incarne la fille de Maurice Ronet dans *La Piscine*. Le film réunit en vedettes Romy Schneider et Alain Delon et se tourne dans une villa de Ramatuelle, sur les hauteurs de Saint-Tropez. Un casting impressionnant d'acteurs, parmi lesquels la jeune débutante s'impose timidement: «Je me souviens encore de Théo Meurisse qui n'était pas encore chef décorateur, à l'époque*! Armé de son décamètre, il passait à côté de moi et s'en allait faire le point sur Alain Delon. "Et moi, je vais être floue", lui disais-je. Alors, Théo, en rigolant, me répondait: "Le point sur l'argent, Jane, le point sur l'argent!"[15]» Les relations n'en sont pas moins harmonieuses: «Romy Schneider a été adorable. Alain Delon rivalisait de gentillesse avec ma fille, car il avait un fils du même âge. Quant à Maurice Ronet, un parfait gentleman[16].» La savoir entourée de ces deux séducteurs ne rassure guère Serge Gainsbourg, qui marche sur des charbons ardents. La situation n'est pas pour déplaire à Jane: «Il était très jaloux, ce qui indiquait clairement qu'il était amoureux. Il faisait tous les deux jours l'aller-retour en train[17].» Selon le choix de Gainsbourg, le couple s'installe dans une suite au Byblos, un des plus grands hôtels de luxe de Saint-Tropez. Jane y fait venir ses parents et son frère, afin de leur présenter son amoureux. Sur le miroir de la chambre, Gainsbourg a écrit «je t'aime» au rouge à lèvres et dessiné des petits cœurs. Pour épater Delon,

* Théobald Meurisse, dit «Théo», mènera par la suite une brillante carrière de décorateur de plateau. Il sera notamment le chef décorateur du film de Gainsbourg, *Je t'aime moi non plus*.

il a loué une Cadillac Fleetwood. Mais le flambeur se rend ridicule, car le luxueux carrosse ne passe pas dans les rues étroites de la ville. Jane y pend les couches de Kate et hisse le landau sur le toit, au grand désespoir de Serge. « On nous prenait pour des gitans mexicains venus de Santa Fe[18] », dit-elle. De son côté, Andrew photographie les amoureux enlacés à la terrasse des cafés et sur la plage. Il va devenir inséparable du couple formé par Gainsbourg et sa sœur, et réalisera de nombreux clichés qui raconteront mieux que des mots l'histoire intime de ces amoureux mythiques.

« Je suis tombée amoureuse de Serge. Andrew est tombé amoureux de Serge. Serge est tombé amoureux d'Andrew. Nous étions un trio[19] », résume Jane Birkin.

Mais cet amour tout neuf reste fragile. Chacun panse encore ses plaies, ainsi que le constate Jane : « Un soir, à Saint-Tropez, on a dîné au restaurant avec Serge. Soudain, Brigitte Bardot est entrée, et il est devenu blanc. De mon côté, à Londres, un jour que John Barry s'est éloigné dans la rue en tenant la main de Kate, Serge m'a surprise penchée à la fenêtre, en larmes. Et, peu à peu, avec le temps, on arrive à superposer une image à une autre[20]. »

Gainsbourg officialise sa rupture avec Bardot par procuration, en donnant « Comment te dire adieu » à chanter à Françoise Hardy et « La vie est une belle tartine » à Dominique Walter, avec ce texte allégorique qui évoque un suicide manqué par un heureux coup du sort :

> « J'étais couché sur la voie
> En attendant la BB*

* Serge Gainsbourg fait ici un subtil jeu de mots avec les célèbres initiales de son ex-partenaire et un type de locomotive à deux bougies monomoteurs.

Mais quelques mètres avant moi
Le train bleu a déraillé[21]... »

Déjà peu confiante en ses pouvoirs de séduction, Jane se demande comment se substituer au souvenir de Bardot, incarnation de la beauté absolue, dans l'esprit et le cœur de Serge. Pour la rassurer, il l'emmène au musée du Louvre : « Il m'a montré ces statues antiques avec de petits seins très hauts et un bassin large. Un peu comme moi. Et il m'a expliqué que c'était son idéal de beauté[22]. » Un idéal pictural. « Les seins me font peur. Toi, tu es un Cranach. » Serge raconte à Jane qu'à l'époque où il peignait, ses portraits de femmes étaient toutes à son image, menues et androgynes. Il lui dit qu'il l'a imaginée et peinte avant de la connaître. « C'est sous son regard que je me suis sentie belle[23] », dit-elle. Lorsqu'ils sortent en amoureux, elle consent pour lui plaire à porter des robes de soirée. De son côté, elle le transforme à son goût : pour la séduire, il se laisse pousser les cheveux et adopte la barbe de trois jours, savamment entretenue, porte les chemises ouvertes, une pierre précieuse en tour de cou plutôt qu'une cravate et des Repetto blanches sans chaussettes.

Rive gauche à Paris

Revenu à Paris, le couple occupe une chambre à L'Hôtel, au 13 rue des Beaux-Arts, anciennement hôtel d'Alsace, où séjourna Jose Luis Borges et mourut Oscar Wilde. Cependant, la décoratrice et antiquaire anglaise Andrée Higgins, connue des germanopratins, s'applique à aménager la maison en duplex du 5 *bis* rue de Verneuil, dans le 7e arrondissement, dont Serge Gainsbourg a fait l'acquisition à la fin décembre 1967 sur les conseils de son père Joseph. L'arrivée de Jane, après le départ de

Bardot, a été accueillie avec bonheur et effusion par Olia et Joseph Ginsburg, de même que par les sœurs Liliane et Jacqueline. Habituée à la rigueur britannique, Jane en garde un souvenir insolite et ému : « Quand Serge m'a présentée à ses parents, j'ai eu l'impression de pénétrer dans un univers très chaleureux, presque oriental. Un endroit où l'on s'embrasse sur la bouche, où l'on se serre entre les bras, où on te donne à manger tout le temps. Plus gentil, tu meurs ! Kate, à qui le père de Serge écrivait régulièrement, et moi avons tout de suite été acceptées[24]. »

Jane et Serge vivront ensemble pendant onze ans dans ce quartier de la rive gauche.

Plus tard, marchant sur les pas de leur passion mythique, Alain Souchon chantera :

> « La vie c'est du théâtre et des souvenirs
> Et nous sommes opiniâtres à ne pas mourir
> À traîner sur les berges venez voir
> On dirait Jane et Serge sur le pont des Arts
> Rive gauche à Paris[25]… »

5

« Un duo en râles mineurs »

Serge Gainsbourg a trouvé son égérie. « Sa face B, sa version féminine » (la définition est de Jane). Sur le prélude numéro 4 en *mi* mineur (opus 28) de Frédéric Chopin, il lui écrit un texte à la construction calquée sur le poème final de *Lolita* de Vladimir Nabokov*. Elle chante d'un filet de voix étranglé :

> « Signalement
> Yeux bleus
> Cheveux châtains
> Jane B.
> Anglaise
> De sexe féminin[1]... »

Puis, il lui propose de reprendre en duo « Je t'aime... moi non plus ».

L'érotisme triomphant

Jane Birkin n'ignore pas que l'inspiratrice de ce slow érotique est Brigitte Bardot. Elle en connaît la genèse : un jour, à sa demande, Gainsbourg offre à Bardot « la

---

* Le texte original de Vladimir Nabokov est le suivant : « Perdue : Dolorès Haze / Signalement : bouche écarlate, cheveux "noisette" / Âge : cinq mille trois cents jours. »

plus belle chanson d'amour qu'on ait jamais écrite». Question de point de vue. Si le thème est l'amour, on évoque ici son versant sexuel. Un «amour à la Gainsbourg», diront les Italiens pour parler de sodomie, dont il est ici clairement fait allusion, quoique l'auteur s'en défende: «Je vais et je viens / Entre tes reins». Amour «physique et sans issue*». Où la femme se déclare et l'homme s'en sort d'une pirouette. La formule provient d'un célèbre trait d'esprit de Salvador Dalí, ouvrant la conférence *Picasso et moi* donnée à Madrid en 1951: «Picasso est espagnol, moi aussi. Picasso est un génie, moi aussi. Picasso est communiste, moi non plus...»

«Serge n'a jamais pu résister à un bon mot. Mais le fond sonnait toujours juste[2]», fait remarquer Jane Birkin.

«"Je t'aime... moi non plus", c'est le plus court aphorisme sur l'incommunicabilité», affirme Gainsbourg deux ans après le succès du disque[3]. Et de préciser bien plus tard, au cas où le sens profond aurait échappé à l'auditeur: «L'explication c'est que la fille dit "je t'aime" pendant l'amour et que l'homme, avec le ridicule de la virilité, ne le croit pas. Il pense qu'elle ne le dit que dans un moment de plaisir, de jouissance. Cela m'arrive de le croire. C'est un peu ma peur de me faire avoir. Mais ça c'est aussi une démarche esthétique, une recherche d'absolu[4].»

Pour la musique, Gainsbourg a adapté à l'orgue un instrumental précédemment composé pour le film *Carré de dames pour un as*, de Jacques Poitrenaud, et

---

* L'expression, citée dans «Je t'aime... moi non plus», sera plus tard reprise dans une chanson de l'album *Lost Song* de Jane Birkin et lui donnera son titre («Physique et sans issue»).

joué la même année (1966) à la guitare dans *Les Cœurs verts* d'Édouard Luntz.

Séduite, Brigitte Bardot enregistre le duo avec son amant, dans les studios de Barclay, sous la direction musicale de Michel Colombier. Nous sommes en décembre 1967. On raconte que le titre aurait été diffusé une fois sur les ondes d'Europe 1 et suscité le courroux du mari de l'actrice, qui est alors le playboy milliardaire Günther Sachs. Quoi qu'il en soit, Bardot se rétracte. À sa demande et pour éviter un drame conjugal, le duo scandaleux est remplacé par « Bonnie & Clyde » sur l'album à paraître et l'enregistrement, édité à dix exemplaires sur acétate (disque souple), se retrouve consigné dans un coffre-fort chez Polygram[5]. Gainsbourg promet solennellement à Bardot de ne jamais reprendre la chanson avec une autre partenaire. « Elle est à toi. C'est un cadeau. » Promesse d'amour trahie.

Birkin, qui connaît la version de Bardot – « Je l'avais entendue une fois chez [Gainsbourg], j'étais très troublée, sa voix à elle était érotique, sa voix à lui émue[6] » –, hésite avant de se substituer à elle. Pas longtemps, car beaucoup d'actrices papillonnent autour de Gainsbourg, en particulier Mireille Darc à qui le duo a été proposé et qui se révèle une postulante redoutable. « Il adorait faire chanter les jeunes actrices et il exposait ensuite leurs disques dans un petit meuble anglais, raconte Jane. Je me suis dit que si l'une d'elles chantait avec lui cette chanson hautement érotique dans un studio d'enregistrement grand comme une cabine téléphonique – je les imaginais ainsi –, je le perdrais. J'ai accepté de l'enregistrer uniquement par jalousie, par trouille[7] ! »

Et cette chanson, Jane Birkin va la faire sienne. Jusqu'à faire oublier toutes les autres versions (on en recense plus d'une trentaine dans toutes les langues), y compris celle de Bardot*. Les tourtereaux enregistrent au studio de Marble Arch, à Londres, en novembre 1968. Arthur Greenslade remplace Michel Colombier à la direction musicale. À la demande de Gainsbourg qui est facilement ému par les voix pures et aiguës des chorales d'enfants, Birkin attaque la note une octave au-dessus. Avec ces intonations fragiles, à la limite de la cassure, qui s'accordent parfaitement à la composition musicale, que Gainsbourg qualifie de liturgique. Des rumeurs fantaisistes circulent à la suite du succès du disque, on va jusqu'à raconter que le couple a enregistré ses ébats intimes, ce à quoi Gainsbourg rétorque que la chanson aurait alors couvert une face de 33 tours ! En réalité, si l'on en croit Birkin, chacun a gravé sa voix séparément dans une cabine. « On a fait deux prises, prétend-elle. Je me souviens qu'ensuite [Gainsbourg] dirigea avec des gestes de chef d'orchestre mes soupirs amoureux[8]. »

« — Je vais et je viens
Entre tes reins
Je me retiens
— Non ! Maintenant
Viens[9] ! »

À leur retour de Londres, quand ils font écouter la bande à Georges Meyerstein, le patron de la filiale française de Philips, celui-ci leur demande de retourner illico en studio pour faire un album entier : « Je veux bien aller en prison, mais pas pour un *single* ! »

---

* En 1986, Brigitte Bardot autorise la commercialisation de sa version, remixée par Dominique Blanc-Francard et Philippe Lerichomme, à condition que les bénéfices des ventes soient reversés à son association pour la défense animale. Les temps ont changé et les mœurs évolué : la chanson ne choque plus personne et le disque n'obtient guère de succès.

Il n'y aura cependant qu'un seul vrai duo, « Je t'aime… moi non plus » (sur « 69 année érotique », Birkin se contente de répéter le titre au refrain), sur le 33 tours *Jane Birkin – Serge Gainsbourg* qui alterne chansons de l'un et de l'autre*. Gainsbourg reprend pour son compte des titres de sa composition déjà connus, créés par lui-même ou par certains de ses interprètes attitrés**, et offre quatre chansons inédites à Birkin : deux d'inspiration fantaisiste, « 18-39 », évocation de l'entre-deux-guerres sur un air de *ragtime*, et « Orang-outang », clin d'œil à son fidèle singe en peluche ou/et trait d'autodérision de la part de l'auteur dont on a si souvent moqué le physique simiesque ; le plus sombre « Le canari est sur le balcon », sur le thème du suicide, qui comme « Je t'aime… moi non plus » provient d'un thème d'ambiance composé pour le film *Les Cœurs verts* ; et (déjà évoqué) l'autoportrait « Jane B. ».

« Tandis que sur Londres lentement descend la nuit
Sur le guéridon auprès de la fille endormie
On peut lire griffonné au crayon
Rien que ces quelques mots : le canari est sur le balcon[10]. »

« Serge dictait, j'écrivais phonétiquement[11] », dit Jane. Sur la pochette de l'album, comme sur celle du *single*,

* Choquée par « Je t'aime… moi non plus », la reine Juliana des Pays-Bas obtient de la maison mère Philips (d'origine hollandaise) l'arrêt de l'édition du 45 tours et du 33 tours, lequel fait l'objet d'un nouveau pressage où le duo compromettant est remplacé par « La Chanson de slogan ». Gainsbourg, en bons termes avec Lucien Morisse, patron du label Disc'AZ, lui vend alors « Je t'aime… moi non plus », qui est réédité aussitôt. En Angleterre, c'est le label Major Minor qui reprend le titre dès lors que Fontana en arrête la production.

** Sur cet album, Gainsbourg interprète seul « L'Amour », « Élisa », « Les Sucettes », « Manon » et, avec Anna Karina, « Sous le soleil exactement ».

Gainsbourg s'efface au profit de sa nouvelle égérie : il veut la faire connaître des Français et l'interviewe lui-même dans « Quatre temps », l'émission produite par son ancienne interprète attitrée Michèle Arnaud et présentée par Michel Drucker. « Dès notre première collaboration, il m'a mise en avant, confirme Jane. Sur la couverture du disque *Je t'aime... moi non plus*, il a préféré afficher mon visage... avec mes grandes dents[12] ! »

Pour tester la chanson en public, Gainsbourg la fait jouer un soir dans le restaurant de L'Hôtel, rue des Beaux-Arts. La réaction des dîneurs, demeurés bouche bée et couverts levés, suffit à le rassurer. « On tient un tube », glisse-t-il discrètement à sa compagne. Et quel tube ! Le monde entier s'en offusque. Chanson érotique ? On dit même pornographique !

L'album sort en France à la fin janvier 1969, tandis que *La Piscine* de Jacques Deray se joue dans les salles de cinéma. Le *single* suit, en février, estampillé d'un autocollant « Interdit aux moins de dix-huit ans » qui attise bien plus qu'il ne dissuade. Cependant, les chansons choisies pour assurer la promotion sont « Élisa » et « Jane B. ». On n'entend « Je t'aime... moi non plus » qu'à la radio, tard le soir, notamment sur France Inter dans le « Pop Club » de José Artur, dont Birkin et Gainsbourg enregistrent le générique au printemps. Mais son succès dans les night-clubs fait exploser les ventes, d'abord en France au printemps et en été, avant de couvrir le marché international.

L'Express parle de « duo en râles mineurs » et consacre bientôt un dossier à « l'invasion érotique », considérée comme phénomène de société[13] (dans la foulée de « Je t'aime... moi non plus », bientôt parodié par Jacqueline Maillan et Bourvil sous le titre « Ça », Johnny Hallyday triomphe avec le torride « Que je t'aime » et Les Charlots s'amusent de la tendance avec « Sois érotique »). On lit dans *Il Giornale d'Italia* : « En l'espace de trois ou quatre minutes, Serge Gainsbourg et Jane Birkin émettent autant de soupirs, de plaintes et de grognements qu'un troupeau d'éléphants en train de s'accoupler. » Le pape crie au scandale. L'Église catholique européenne et les ligues puritaines lui font écho. *L'Osservatore Romano*, journal du Vatican, parle d'« obscénité » et réclame l'arrêt de la diffusion du disque, ce qui est chose faite à compter du 25 août. Le stock est alors saisi par la police, le distributeur italien condamné à deux mois de prison avec sursis et le *single* se vend au marché noir jusqu'à cinquante mille lires l'unité, ou incognito dans des pochettes de Maria Callas ! Un scénario équivalent se joue en Espagne à compter du 13 septembre quand le ministre de l'Information et du Tourisme monte au créneau, de même qu'en Suède, aux Pays-Bas, au Portugal, au Brésil. La chanson est également prohibée sur la plupart des radios américaines, ainsi qu'en Angleterre où la BBC ne joue qu'une version orchestrale intitulée « Love at First Sight », par le groupe de studio Sounds Nice. Pourtant, « Je t'aime… moi non plus » par Jane et Serge s'installe en tête des *charts* britanniques le 12 octobre, après avoir stationné pendant plusieurs semaines à la deuxième place derrière « Bad Moon Rising » du Creedence Clearwater Revival. Le cas est exceptionnel : jamais un titre français n'a été numéro un en Grande-Bretagne dans sa version originale !

Le Liverpuldien Ian McCullogh, futur chanteur des groupes Echo & the Bunnymen et Electrafixion, est un petit garçon de dix ans au moment de la sortie du disque, il se souvient : « Même sans comprendre les paroles, on voyait bien que "Je t'aime…" avait quelque chose de très sensuel. La combinaison de décadence, de salace et de fulgurance était géniale. Même si c'était en français, on comprenait ce "Je t'aime…" : il avait l'air très innocent, mais en même temps c'était un disque que les parents n'aimaient pas vraiment. Et qu'ils n'aimaient pas que j'écoute. La première fois que j'ai entendu "Je t'aime… moi non plus", je me rappelle avoir pensé que c'était une des meilleures chansons que j'avais jamais entendues. Elle est très maligne, retorse, mais ça tient aussi au français. Si ça avait été en anglais, ça n'aurait pas fonctionné, ça n'aurait pas été aussi sexy[14]. »

Seule l'Amérique demeure hermétique à l'érotisme à la Gainsbourg : malgré une promotion de l'artiste et de sa compagne en mars 1970 de New York à Chicago, « Je t'aime… moi non plus » ne dépasse pas la cinquante-huitième place au *Billboard Hot 100*.

Gainsbourg n'est pas peu fier. Et il exulte d'être décrié par le pape, qu'il désigne comme son meilleur attaché de presse ! « Je pensais en vendre vingt-cinq mille, j'ai dû en vendre trois millions et demi, quatre millions, dit-il à la télévision dans l'émission de Denise Glaser. Je passe à la caisse après. On va encore me traiter de cynique, mais je regrette, c'est un métier où on passe à la caisse !… Cette chanson a fait ma fortune, ce n'était pas provoqué, j'ai fait cette chanson parce que je la trouvais belle et la plus érotique qui soit[15]. »

A posteriori et sans l'avoir prémédité, il réalisera à quel point sa chanson a dépassé sa fonction initiale et marqué les esprits au-delà des frontières. « J'ai su beaucoup plus tard que cette chanson libertine avait acquis un sens politique dans l'Espagne franquiste, le Portugal de Salazar et même en Amérique latine, commente Jane Birkin. En passant sur les ondes avant que ces dictatures ne l'interdisent, elle était devenue une sorte d'hymne de liberté[16]. »

Brigitte Bardot accuse mal le coup : « Je crus mourir lorsque j'entendis l'enregistrement de cette chanson interprétée par Serge et Jane. Mais c'était dans l'ordre des choses ! Je n'en voulus jamais ni à l'un ni à l'autre. Au contraire, je m'en voulus à moi, de ma lâcheté, de mon manque de décision, de ma façon de croire que tout m'était dû, du mal que j'ai pu faire inconsciemment et qui me retombait, comme un pavé, sur le cœur[17]. »

C'est moins la réaction de Bardot que celle de ses parents qui préoccupe Birkin. Elle s'arrange pour leur faire entendre la chanson, sans les soupirs et feulements de plaisir qu'elle est censée simuler : « Quand j'ai mis le disque devant eux, j'ai sciemment levé l'aiguille du pick-up… mais mon frère est arrivé et l'a rebaissée[18] ! » Mais leur amour est à l'épreuve de tout, y compris des séries de photos érotiques faites pour le magazine *Lui*, dans le seul but de réaliser l'un des fantasmes de Gainsbourg, qui assure la mise en scène et en espace, ravi de jouer à la poupée. Se souvient-il de cette autre Jane, célèbre héroïne d'une bande dessinée de Norman Pett et coqueluche des militaires anglais pendant la Seconde Guerre mondiale parce qu'elle se retrouvait quasi nue à la fin de ses aventures* ? Gainsbourg écrit néanmoins de sa plume ce qu'il pense être un hommage : « Antibardot, antifonda, un peu Antinoüs, Antinéa, Jane, mon petit androgyne, ils vont t'aimer, eux non plus, t'épingler à côté de Mick Jagger, de Marilyn, de Jean Harlow, de Bertha von Paraboum, ces petits soldats dans leur caserne grise, au petit matin hivernal. Tu vas leur ruiner la santé[19]… »

---

* Cette bande dessinée était publiée dans le *Daily Mirror*. Le dessinateur, Norman Pett, s'inspirait d'un modèle vivant, Christabel Leighton-Porter, un mannequin.

« Je pense que ma mère était choquée, reconnaît Jane Birkin, mais elle m'a défendue comme une lionne. Je ne pouvais pas faire pire que me faire attacher nue à un radiateur pour le magazine *Lui**. Et même pas pour un film, juste pour passer le temps. Mon père aussi m'a défendue. J'ai juste remarqué que le livre de photos qui est paru à cette époque-là avait diminué de moitié. Ils avaient enlevé toutes les photos de moi nue ! Mais, comme ils adoraient Serge, c'est passé[20]. » Elle dira plus tard, avec l'irrésistible franchise qui la caractérise : « Je fais les choses de manière simple car je les fais sur le moment. Quand je pose nue menottée à un radiateur, je trouve cela tout à fait normal. Je réalise seulement ce que j'ai fait quand je dois, des années après, signer des autographes sur mes grosses fesses blanches[21]. » Et elle sera surprise de lire sous la plume de l'illustre écrivain américain Jim Harrison, auteur en 2002 d'une autobiographie intitulée *Off the Side*[22], qu'elle demeure pour lui l'objet d'un fantasme inoubliable, en particulier grâce à une photo de son postérieur nu (« le plus beau postérieur de la Création », écrit-il) qu'il avait découpée, adolescent, dans une revue et punaisée au mur.

Inséparables

Le couple Gainsbourg-Birkin suscite un énorme intérêt médiatique, en raison de sa soudaine et sulfureuse notoriété, ce qui n'est pas pour déplaire à Serge qui collectionne les unes de presse de Jane – lui dit : « couvrantes » –, de *Jours de France* à *Rock & Folk*, en passant par *Mlle Âge Tendre*. « Chaque fois que j'avais la

* Jane Birkin confond sa première séance de 1969 avec celle réalisée en 1974 pour la même revue, où elle est en effet photographiée dans des positions aguicheuses, menottes aux poignets, attachée à un lit ou un radiateur.

couverture d'un magazine, dit Jane, j'avais l'impression de lui faire un cadeau[23]. »

Amoureux, ils ne se quittent plus. Le 26 juillet au Colisée, sur les Champs-Élysées, leur arrivée à la première de *Slogan* fait sensation, surtout à cause de la tenue de Jane, nue sous une minirobe transparente. Le film, sorti en salles le 27 août, bénéficie du succès triomphal de « Je t'aime… moi non plus ». La critique est mitigée, qui souligne toutefois la grâce et la sincérité de Jane Birkin. Avec le temps, on y retrouvera le charme désuet d'une époque, marquée par la libération des mœurs et la naissance à l'écran du couple mythique, lequel est gratifié en novembre du Triomphe du cinéma français, l'ancêtre des Césars. « Leur manière de se dévorer à corps joie du regard et de s'entre-déchirer sans trêve fait plaisir à voir. Ce film a la saveur douce-amère d'un enfant du *pop art* et de la pilule », résume André Bercoff dans *L'Express*.

Jane Birkin obtient un petit rôle aux côtés du jeune Alain Noury dans *Sex Power* (initialement baptisé *L'Homme cœur*), le premier film réalisé par Henry Chapier, qui surfe également sur la vague hippie et raconte le voyage initiatique d'un adolescent à la recherche de lui-même. Dans le courant de l'été, elle rejoint à Nice l'équipe de *Trop petit mon ami*, un polar d'après un roman de James Hadley Chase. « Pour ce film, qui avait pour distributeur la Metro Goldwyn Meyer, on cherchait une actrice qui parle parfaitement l'anglais, se souvient son réalisateur Eddy Matalon. Après une série d'essais infructueux, Jane Birkin nous avait été recommandée par Pierre Grimblat, qui l'avait dirigée dans *Slogan*. On a tourné le film en deux langues, et comme Jane ne maîtrisait pas très bien le français, on l'avait doublée. À l'époque, ça ne gênait pas. Mais aujourd'hui, c'est devenu invendable parce qu'on ne tolérerait pas d'entendre Jane parler avec la voix d'une autre. Curiosité amusante, le monteur du film était Jacques Doillon qui a travaillé pour moi sur plusieurs projets. J'ai même produit par la suite des courts-métrages de Jacques. Il a fait le montage de la version anglaise de *Trop petit mon ami*. Il a donc découvert Jane Birkin à ce moment-là, dans la salle de montage, sans présager de ce qui arriverait après. C'est Françoise Garnault qui avait monté la version française et c'est William Sheller, ami de Françoise, qui en avait composé la musique[24]. »

Jane Birkin fait ensuite une halte en Angleterre pour *May Morning* de l'Italien Ugo Liberatore – également intitulé *May Morning in Oxford*, *Delitto a Oxford* ou encore *Alba Pagana*, le film ne sortira pas en France. Serge Gainsbourg est du voyage, ainsi que David et Andrew Birkin. Tous trois veillent sur Kate, qui appelle Gainsbourg « papa ». Les images filmées à la caméra Super 8 restituent la joyeuse complicité qui règne entre eux tous, en balade au palais de Blenheim, près d'Oxford : David et Serge scellent leur lien familial en arborant la même chemise mauve « définitivement à la mode », dans le pur style Carnaby Street[25]. « Nous passions beaucoup de temps avec mes parents, qui trouvaient Serge vraiment joyeux, raconte Jane. Il avait de très bons rapports avec mon père. Ces deux-là avaient compris qu'ils avaient plutôt intérêt à s'entendre. Je les regardais le soir prendre leurs Mint Jack ensemble, je leur demandais s'ils avaient pris leurs somnifères et ils me répondaient que non d'une voix de plus en plus traînante. Ils étaient comme deux hiboux[26]. » Parfois retiré dans le silence de sa chambre à l'Albert Hotel,

Serge échafaude en pensant à Jane un projet de conte musical, *Histoire de Melody Nelson*… Le soir, il lui lit des extraits de *Madame Bovary* de Gustave Flaubert ou d'*Adolphe* de Benjamin Constant, en particulier la lettre à Ellénore. « Il pleurait tellement que je pensais qu'il ne s'en remettrait pas[27] », dit Jane.

Le 24 septembre, on les retrouve ensemble à l'affiche du film d'André Cayatte *Les Chemins de Katmandou*, dont René Barjavel, associé au scénario et aux dialogues, fera par la suite un roman. Spécialisé dans les sujets dramatiques fondés sur des faits réels, Cayatte aborde ici une thématique très à la mode, exacerbée au lendemain de la révolution manquée de 1968, à savoir celle d'une jeunesse nourrie de l'œuvre de Jack Kerouac, en quête d'un ailleurs où trouver des valeurs de liberté, de paix et de fraternité, loin du quotidien bourgeois conservateur et des normes d'une société jugée décadente. Cependant, le cinéaste en donne une vision sombre et désespérée – « Katmandou, dit-il alors, c'est le pourrissoir de toute une jeunesse et de ses illusions[28] » –, sans éviter l'écueil des clichés inhérents à cette époque et d'une fin moralisante. Jane Birkin y incarne une jeune hippie britannique qui sombre lamentablement dans la drogue et qu'un jeune idéaliste (joué par Renaud Verley), déçu par l'échéance des événements de Mai 68 et parti au Népal à la rencontre de son père, tente – en vain – de sauver. Grimé d'une fine moustache et de cheveux gris, Serge Gainsbourg apparaît dans un rôle secondaire et caricatural d'ignoble individu, escroc et violeur. Il compose également le thème musical, dont « When I Woke Up This Morning », chanté par Jane.

« Cayatte se passionne et accumule des situations vraies, des thèmes contemporains, qu'il rend invraisemblables et mélodramatiques en voulant convaincre, écrira Jacques Siclier dans *Télérama*, lors de la première diffusion télévisée du film. La vie n'a pas le côté simpliste, exemplaire dans le bon ou le mauvais sens qu'il lui donne dans ses films et Cayatte ne sait pas non plus manipuler la fiction. Le mal de la jeunesse de 1968, son besoin d'idéal, l'hypocrisie des adultes, la fausse morale bourgeoise, le phénomène hippie, l'attrape-nigaud tragique de la mystique hindoue sombrant dans le fléau de la drogue… cela fait beaucoup trop de sujets qui tournent à la confusion malgré la générosité évidente du propos[29]. »

« Quand le *More* de Barbet Schroeder est sorti, acclamé par les critiques qui ont rejeté *Les Chemins de Katmandou*, j'ai réalisé que j'avais participé à un film très conventionnel[30] », reconnaît Jane Birkin, qui garde cependant l'agréable souvenir d'avoir découvert les Indes auprès de son amoureux, admiré ses paysages et goûté ses spécialités, y compris le haschich local à l'effet fracassant : « Un soir, nous avons acheté du hash pour essayer. Nous ne savions absolument pas comment le fumer. Alors on a tout simplement roulé une cigarette de hash pur ! Nous avons été très gravement malades. Serge a failli mourir. Un médecin est venu et lui a fait une piqûre. Sans cela, une heure plus tard il était mort. Moi je n'étais guère plus brillante. Je m'arrachais la peau du visage pour chasser les araignées (imaginaires) qui le recouvraient. Délicieuse soirée[31] ! »

La misère environnante a passablement gâté leur plaisir, ainsi qu'en témoigne l'actrice qui s'interroge peut-être sur le sens de l'action humanitaire et entrevoit déjà la possibilité d'un engagement personnel : « Il était impossible de se réjouir de la beauté des choses. On nous distribuait nos rations alimentaires, qu'on mangeait dans des voitures à air conditionné. Une fois, j'ai vu par la vitre une femme qui regardait en salivant. Alors tu ouvres la fenêtre et tu donnes tout, ce n'est pas parce que tu es généreux, c'est parce que tu es horriblement gêné, tu te sens coupable d'avoir à manger[32]. »

Le tournage achevé, les amoureux s'offrent tout de même une escapade romantique et luxueuse de deux semaines au Lake Palace à Jaipur...

Il est encore question de drogue dans *Cannabis*, un mauvais polar qui réunit à nouveau Jane et Serge et se tourne entre New York et Paris à partir du 20 octobre. Le réalisateur Pierre Koralnik avoue avoir répondu à une commande de producteurs qui souhaitaient exploiter la popularité du couple (Gainsbourg est en outre réclamé pour composer la bande originale du film, dont Birkin murmure l'un des thèmes : « Jane dans la nuit ») : « D'emblée, on m'a imposé un roman policier de F. S. Gilbert, *Et puis s'en vont*. Les droits avaient été achetés, il fallait l'utiliser en y casant au mieux le couple Birkin-Gainsbourg. Ce film, *Cannabis*, je l'ai tourné comme un exercice de style à grande échelle. Soyons francs : l'intrigue policière est terriblement banale, elle ne permet aucune profondeur psychologique[33]. » Koralnik avait déjà réalisé la comédie musicale *Anna*, première production en couleurs de la télévision française, sur une idée de Gainsbourg, auteur-compositeur et acteur aux côtés d'Anna Karina et Jean-Claude Brialy. Il bénéficie donc d'une proximité amicale avec le couple et profite de l'aubaine pour filmer des scènes d'amour très osées, ce qui met Jane Birkin dans une situation fort gênante. Elle le regrettera par la suite, d'autant que le personnage de jeune écervelée sexy et exubérante qu'on lui accole de façon systématique est éloigné de sa propre nature. « Si j'ai pu passer pour un symbole sexuel, dit-elle, en tout cas je n'ai jamais planifié ma carrière dans ce sens-là. Les scènes de nu, c'est difficile. L'embarras, c'est d'être belle et inerte. Pour ça, il faut être sculpturale et je n'ai pas les critères[34]. »

Le public féminin ne s'y trompe pas, qui ne lui manifeste aucune agressivité. Parce que Jane n'est pas star pour deux sous, sexy mais pas hautaine, scandaleuse mais peu sûre d'elle. « J'ai réalisé que Bardot suscitait la jalousie, alors que moi, c'était plutôt la sympathie[35]. » Elle se rend mieux compte de cette différence de considération en tournant *Don Juan 73* de Roger Vadim, dont elle partage la vedette avec l'ancienne muse de Gainsbourg : « À cause d'un coup de fil qui l'avait bouleversée, Bardot avait pleuré et passé une nuit blanche. Le lendemain, des gens étaient contents de la voir désarmée, vieillie et malheureuse. Elle représentait un danger ambulant pour les couples – alors que moi pas du tout. Elle était si belle… D'ailleurs, pendant ce film, j'ai cherché des erreurs sur son corps, et il n'y en avait pas ! Elle était également désarmante de non ambition, ce que je trouvais formidable. Moi non plus, je n'avais pas d'ambition… Ma chance a été de rencontrer des gens qui en ont eu pour moi[36]. »

Gainsbourg est de ceux-là. Évidemment. Nous le retrouvons à ses côtés en juillet 1970 dans *Le Roman d'un voleur de chevaux (Romance of a Horsethief)*, un film tourné en Yougoslavie, avec Yul Brynner et Eli Wallach, mais dont l'action se passe en Pologne et traite de la résistance juive face aux cosaques russes. Le cinéaste Abraham Polonsky, victime du maccarthysme, revient cette année-là au cinéma sous sa véritable identité après une interdiction de travailler imposée par Hollywood et dix-sept ans passés à écrire des scénarios sous pseudonymes ou accepter que d'autres auteurs soient crédités pour ses scripts[37]. Pendant le tournage à Ilok, un petit village aujourd'hui rayé de la carte, Gainsbourg manifeste un intérêt affirmé pour la caméra. « Faites donc un film ! Vous avez l'œil ! », lui intime Polonsky, avec qui l'entente est cordiale. L'idée va faire son chemin… L'ambiance se révèle joyeuse, même si Jane avoue avoir été jalouse de l'actrice Marilù Tolo, qui adressait des œillades langoureuses à son compagnon tandis qu'il jouait au piano une valse lente de sa composition, « La Noyée », dont le texte est inspiré du poème « Ophélie » d'Arthur Rimbaud, l'un des auteurs favoris de Gainsbourg. C'est à ce moment-là qu'elle décide d'avoir un nouvel enfant : « J'étais tellement jalouse que je suis allée à Dubrovnik, d'où j'ai pris l'avion pour l'Angleterre afin de consulter mon gynécologue et commencer un bébé immédiatement[38]. » Yul Brynner, que Jane avait connu à Londres et qui se trouve être l'un des premiers rôles du film, sera le parrain de la petite Charlotte…

En attendant, Jane et Serge sont contactés par des producteurs locaux pour un autre film subventionné par le gouvernement, *Le Traître* de Milutin Kosovac*, qui aborde le thème de la Résistance pendant la Seconde Guerre mondiale – Birkin y joue une infirmière qui tente de faire traverser les lignes ennemies à des résistants blessés, alors que les hostilités font rage à Sarajevo, et Gainsbourg campe l'un de ces blessés, marin de profession** –, et le séjour en Yougoslavie se prolonge de quelques semaines. Ils y resteront finalement quatre mois.

À leur retour à Paris, avec les cinquante mille francs empochés pour le film de Polonsky, Gainsbourg s'offre

---

* Ce film plutôt navrant est également connu sous le titre de *Dix-neuf filles et un matelot*, ou encore *Ballade à Sarajevo*.

** Serge Gainsbourg compose également la musique du film, réalisée avec un orchestre symphonique.

la Rolls-Royce Phantom dont il rêvait, une luxueuse voiture de collection de 1928, l'année de sa naissance. « Vert bronze, avec des garde-boue laqués noir et le haut du capot en acier poli[39] », crâne-t-il, « une manière de carrosse pour conte de fées moderne[40]. » Le carrosse de Melody Nelson… « Ça l'amusait de l'avoir payée en "argent communiste", commente Jane. Serge ne savait pas conduire, alors il s'en est servi comme cendrier[41]. » Il revendra la voiture quelques années plus tard, gardant en souvenir le bouchon du radiateur.

5 *bis* rue de Verneuil

Jane et Serge retrouvent le 5 *bis* rue de Verneuil, encore en cours d'aménagement, où ils se sont installés entre-temps devant l'insistance de Jane qui ne supportait plus de vivre à l'hôtel. Le lieu est à l'image de Serge, ce qui convient pleinement à Jane, même si elle ne perd pas de vue l'objectif d'acquérir un jour une maison aménagée selon ses propres goûts. Gainsbourg s'identifie au dandy et esthète Des Esseintes, héros du roman *À rebours* de Joris-Karl Huysmans (cité dans la chanson « Litanie en Lituanie », offerte à Birkin en 1990), son livre de chevet, et choisit le noir comme couleur dominante, un noir intense, des murs en tissu tendu au plafond, jusqu'au téléphone et à la chaîne Hi-Fi. « Le noir n'est pas triste, dit Gainsbourg. C'est le no man's land des sentiments[42]. » Le noir forme aussi un écrin de luxe autour de chaque objet insolite disposé avec un soin maniaque et éclairé d'un trait subtil de lumière : une tarentule sous un globe de verre, un crabe articulé, un écorché grandeur nature du XVIIIe siècle entre le piano demi-queue Steinway (noir) et la porte de la cuisine…

Jane s'est réservé un petit espace pour elle à l'étage, une chambre qui a l'allure d'une loge de théâtre, où le jour filtre par la grande verrière du toit : « Pour pouvoir bouder quand j'avais envie, dit-elle. Mettre du désordre aussi. Chez Serge tout est tellement en ordre que j'avais souvent la sensation d'être moi-même une sorte de désordre ambulant. J'adorais offrir des objets à Serge, mais au moment précis où je les lui donnais, ils ne m'appartenaient plus parce qu'il les posait d'une certaine manière géniale qui mettait tellement en valeur mon cadeau que je n'aurais plus jamais osé y toucher[43]. »

Des photos aux murs accompagnent la montée de l'escalier jusqu'à l'étage : « Il voulait vivre dans un univers Bardot : il avait fait encadrer les photos sublimes, grandeur nature, signées Sam Levin, explique la décoratrice Andrée Higgins, et dans le couloir menant à sa chambre il avait projeté de disposer une série de photos plus petites, en noir et blanc, éclairées dans des angles inattendus. À l'arrivée de Jane il les échangea pour des portraits de Marilyn[44]. »

Le temps sera long pour meubler et agencer l'espace, ainsi qu'en témoigne Jane Birkin : « Dans cette maison, au début, on a couché sur des lits de camp parce que Monsieur ne trouvait pas les lits qu'il s'était mis en tête de trouver. Cela a duré deux ans ! On ne mangeait pas non plus, parce qu'il ne trouvait pas les fourchettes et les couteaux qui lui convenaient[45]. »

6

Melody du bonheur

« — Tu t'appelles comment ?
— Melody
— Melody comment ?
— Melody Nelson
— Tu es anglaise ?
— Oui Monsieur, anglaise[1]. »

Une dédicace faite à Jane Birkin en 1968 sur un livre à couverture rouge, *Chansons cruelles* (Éditions Tchou), que Gainsbourg lui avait offert car elle ignorait tout de lui, laisse penser que l'idée de *Melody Nelson* lui trottait déjà dans la tête trois ans avant sa création : « À Jane, quelques chansons cruelles dont "Je t'aime… moi non plus". Il manque ici les chansons de Mallory, que j'écrirai pour toi, également *Histoire de Melody Nelson…* »

Gainsbourg tint parole, même si la gestation fut longue et délicate. « Il travaillait sur mes tournages, dans les chambres d'hôtel ou bien sur ses genoux. Mes navets n'auront donc pas servi à rien ![2] », se félicite Jane. Après le triomphe planétaire de « Je t'aime… moi non plus », Gainsbourg ne peut se résoudre à de l'à-peu-près. Quand Jean-Claude Desmarty, directeur artistique du projet, lui souffle lors d'un déjeuner l'idée de réaliser un album concept à la manière des Anglo-Saxons, il sait déjà qu'il va écrire une histoire inspirée de Jane. L'œuvre est ambitieuse, elle se veut un compromis entre la pop et la musique classique. Si Gainsbourg met la barre aussi haut, c'est par amour, pour épater celle qu'il aime. Il n'oublie pas que Jane a été mariée à John Barry, l'un des compositeurs les plus réputés au monde. Sa jalousie motive son inspiration. « J'ai essayé de prouver à une jeune Anglaise qu'un Français pouvait tout aussi bien se débrouiller qu'un Anglais en *pop music* », lance-t-il tel un enfant malicieux[3].

Pour l'aider dans cette entreprise, il fait appel à l'arrangeur et directeur d'orchestre surdoué Jean-Claude Vannier, avec qui il a composé en 1969 la musique du film de Robert Benayoun *Paris n'existe pas*. Au départ du projet, Gainsbourg n'a guère que le titre – *Histoire de Melody Nelson* – et de vagues idées musicales : « Il avait juste une suite d'accords et le thème principal, celui de la valse qui deviendra "Valse de Melody", témoigne Jean-Claude Vannier. Nous disposions d'un piano et avons décidé de creuser dans cette voie. Coup de chance, j'avais dans mes tiroirs une musique qui est devenue "Ballade de Melody Nelson"[4]. »

Les bases rythmiques sont enregistrées à Londres du 21 au 23 avril 1970, avec des musiciens du cru*. Mais l'essentiel du travail se fait entre le 14 et le 11 mai à Paris, au studio des Dames, avec l'ingénieur du son Rémy Aucharles qui en garde un souvenir idyllique : « Il y avait une atmosphère de jubilation en studio. Pour

* Un mystère entoure l'identité des musiciens anglais qui ont participé à l'album. Le *line-up* officiel diffère selon les sources. On a évoqué Herbie Flowers, qui signera bientôt la fameuse double ligne de basse de « Walk on the Wild Side » de Lou Reed, ou encore Brian Odgers. « On sait qu'il y a eu plusieurs séances, deux ou trois jours, avec des musiciens différents. Je me souviens que Big Jim Sullivan, guitariste proprement délirant, était là, mais pour le reste… », témoigne Jean-Claude Vannier (*Standard*, 1er mars 2012).

les musiciens, l'expérience semblait unique. Et c'était le début de l'histoire entre Jane et Serge. Ils portaient des mèches de leurs cheveux en guise d'alliance. Ils s'aimaient, c'était contagieux[5]. »

L'auteur peine toutefois à accoucher de l'intrigue de *Melody Nelson*. « Les paroles piétinaient, témoigne Jean-Claude Vannier. Il avait juste trois lignes par-ci, trois lignes par-là. Serge plongeait dans le *Dictionnaire de rimes* d'Albin Michel, celui avec une couverture bleue qui comportait en préface un essai sur la poésie avec des sonnets de José Maria de Heredia. Il s'est alors débrouillé pour que les textes de *Melody Nelson* forment des sonnets, pour que les mots aient une intensité dramatique, une "forme dangereuse" à la Heredia. D'après lui, cette structure poétique le faisait entrer dans la case écrivain. Ensuite, l'écriture de *Melody Nelson* est devenue exponentielle : c'était un peu *Bécassine aux sports d'hiver, au zoo*[*]... Mais toujours pas d'histoire. On avait conscience qu'on s'attaquait à quelque chose de paranormal[6]. »

Gainsbourg s'accorde une pause de quatre mois, durant laquelle il tourne et compose pour le cinéma. Puis, le travail reprend en janvier 1971 au studio des Dames, où Vannier rameute une formation de soixante-dix choristes des Jeunesses musicales de France. Entre-temps, Gainsbourg a consulté les films Super 8 et albums photos de l'enfance de son inspiratrice afin de nourrir le personnage de Melody : « Chez mes parents, il cuisinait ma mère pour savoir où situer l'intrigue, raconte Jane Birkin. Mes parents ne venaient pas de

* Sortie en 2011, une réédition dite « deluxe » de *Histoire de Melody Nelson* offrira, outre des versions alternatives de l'œuvre, un inédit d'une minute intitulé « Melody lit Babar », dans l'esprit de ces premières tentatives d'écriture, façon Bécassine.

Londres, mais de Sunderland. Ma mère trouvait cette ville *so boring*, mais Serge aimait bien la consonance du nom. [...] Puis, avec la découverte de Mondo Cane, Serge a greffé sur son intrigue cette histoire de culte que les Papous de Nouvelle-Guinée vouent aux avions[7]. » L'intrigue s'écrit alors d'un mouvement de plume, finalement concentrée autour du personnage masculin et narrateur, un quadragénaire en Rolls et en mal d'amour qui s'égare dans une sorte de no man's land et renverse de sa bicyclette une lolita de « quatorze automnes et quinze étés », « adorable garçonne » et « délicieuse enfant » aux cheveux rouges dont il tombe amoureux. Mais leur relation ne dure que le temps d'une étreinte dans un vague « hôtel particulier » et Melody, souhaitant revoir Sunderland, s'envole dans un avion-cargo de nuit et meurt en plein ciel.

« Ça l'amusait qu'on le voie avec une petite, commente Jane Birkin. Fille ou garçon ne changeait d'ailleurs pas grand-chose, il s'imaginait en Dirk Bogarde dans *Mort à Venise*. Sur les films de vacances pris par mes parents, je ressemble terriblement à un garçon[8]. »

Une fois le thème posé, un mois se passe pour élaborer les textes dans un langage inspiré, onirique et érotique, entre tradition poétique et modernité.

La « délicieuse enfant » aux cheveux rouges, sur un fond bleu de ciel, avec pommettes et taches de rousseur pour la rajeunir, c'est Jane Birkin qui l'incarne sur la pochette, son jean dégrafé et le singe en peluche Monkey posé sur le nombril afin de dissimuler son ventre arrondi par quatre mois de grossesse. Gainsbourg a fait appel au photographe Tony Frank, dont il avait pu estimer le talent lors d'une précédente session organisée par sa maison de disques et avec qui s'est instaurée une relation de confiance et d'amitié.

« J'ai rencontré Serge à la fin des années 1960, raconte Tony Frank. On buvait des coups ici et là, puis sa maison de disques m'a demandé d'aller chez lui pour faire une pochette d'album. C'était en 1968. En fait, on ne se connaissait pas vraiment et comme nous étions deux timides, le contact a été un peu difficile. D'autant que je n'avais pas dormi de la nuit. On a fait cette séance de photos dans la cour de sa maison, rue de Verneuil. Il a été si content du résultat que la séance a servi à illustrer quatre pochettes. Et l'une des photos est restée sa préférée, à tel point qu'il voulait la mettre sur son passeport, mais avec une cigarette à la bouche c'était un peu délicat. Tout le monde a un agrandissement de cette photo : Jane, Charlotte, Bambou. Ensuite, j'ai fréquemment bossé avec lui. Souvent, on allait déjeuner ensemble et on parlait peinture. J'ai fait mes premières photos de Jane pour un 45 tours en noir et blanc, à la demande de Serge. Je suis parti à Londres une fois avec eux, pour faire un sujet pour *Salut les Copains* où ils apparaissaient en mariés. J'ai fait ces photos qui amusaient beaucoup Serge, à Hyde Park. D'autres séances ont eu lieu un week-end en Normandie, dans la maison de Jane, puis un soir *Chez Régine*, un après-midi à la foire du Trône avec Kate… À ce moment-là, Serge avait déjà le projet de *Melody Nelson* en tête et il m'a proposé de retenir un studio pour en réaliser la pochette. C'était au début de l'année 1971. Je suis retourné à Londres et je me suis imprégné de l'ambiance du disque en passant quelques jours dans les studios d'enregistrement. Puis la séance a eu lieu à Paris, rue Legendre. Serge voulait illustrer la pochette d'une photo de Jane Birkin, dans le rôle de Melody Nelson. Comme il s'agissait d'une petite gamine aux cheveux rouges, Serge est parti chercher une perruque chez Carita. À son retour, Jane pleurait car il avait traîné en route et qu'elle était inquiète. Pour détendre l'atmosphère, il a déconné en se mettant la perruque sur la tête. Contrairement à ce qu'on croit, Serge n'était pas un mec sombre, mais quelqu'un qui adorait faire le pitre. Pour cette séance, il était assez directif car il savait précisément ce qu'il voulait. Je cadrais dans mon appareil, mais il restait près de moi pour diriger Jane. Il agissait comme un metteur en scène. Jane s'était maquillée elle-même. Il y avait un côté artisanal qui était très sympa. La séance a été rapide, ça a duré une heure environ. Le lendemain, je leur apportais les épreuves[9]. »

Jane Birkin prête aussi sa voix à l'héroïne, le temps d'articuler son nom – Gainsbourg adore la prononciation anglaise, avec l'accent tonique sur les premières syllabes –, ainsi que son rire, enregistré à son insu lors d'une partie de chatouilles avec son frère Andrew, sur la plage intitulée « En Melody » : « J'étais fâchée quand j'ai su qu'il avait utilisé mon rire parce qu'à un moment donné, je braille comme un âne. Ça, c'est parce que mon frère était sur moi en train de me chatouiller les aisselles, comme quand j'étais petite[10]. »

L'album arrive dans les bacs le 24 mars 1971. Vingt-huit minutes d'écoute. C'est court, mais intense. « Nous étions tous persuadés d'avoir participé à quelque chose de révolutionnaire[11] », dit Jane. À l'instar de Claude Nougaro qui qualifie l'œuvre de « poème symphonique de l'âge pop, mélodie funèbre pour une enfant à bicyclette », la critique musicale l'accueille en termes louangeurs. Pourtant, malgré les encarts publicitaires achetés dans la presse quotidienne et les affichettes placardées sur les murs de Paris, les ventes n'excèdent pas le seuil des vingt mille exemplaires pendant sa première année d'exploitation.

« Quand Serge a vu que cela ne faisait pas frissonner les foules, il a laissé tomber. Je crois même qu'il n'a jamais interprété un seul de ces morceaux sur scène[12] », commente Jean-Claude Vannier.

L'album bénéficie toutefois d'une mise en images par un orfèvre en matière de réalisation audiovisuelle : Jean-Christophe Averty. Tourné en novembre et diffusé le 22 décembre à la télévision, ce film musical est un modèle d'avant-gardisme à une époque où la création numérique relève de la science-fiction : grâce au talent du vidéaste, nos deux héros évoluent par incrustation dans un décor-image, constitué de dessins psychédéliques originaux ou de peintures surréalistes du Belge Paul Delvaux en osmose avec l'œuvre gainsbourienne. Mais cette promotion exceptionnelle pendant les fêtes de Noël a peu d'effet sur les ventes de l'album, qui attendra la période reggae de l'artiste pour être Disque d'or et encore quelques années supplémentaires avant d'être culte auprès des Anglo-Saxons*.

L'enfance prolongée

Dépité par le désintérêt du public pour cet album dont il est si fier, Gainsbourg cherche alors à réitérer pendant l'hiver le succès de « Je t'aime… moi non

* En 2004, le site américain Pitchfork classe l'album *Histoire de Melody Nelson* à la vingt-et-unième place des cent albums les plus importants des années 1970. En 2006, l'album est joué intégralement en public au Barbican Centre de Londres par le BBC Concert Orchestra, avec les participations de Mick Harvey, Badly Drawn Boy, Jarvis Cocker (Pulp), Brigitte Fontaine et Gruff Rhys (Super Furry Animals), sous la direction de Jean-Claude Vannier. Ce spectacle est ensuite donné à la Cité de la musique (Paris) en 2008, avec l'orchestre des concerts Lamoureux et les participations de Mathieu Amalric, Clotilde Hesme, Daniel Darc, Brian Molko (Placebo) et Alain Chamfort (*cf. L'Intégrale Gainsbourg, l'histoire de toutes ses chansons*, Éditions Fetjaine, 2011).

plus », en imaginant « une suite verticale » intitulée « La Décadanse ». Une campagne de presse accompagne le lancement de cette danse décadente, volontairement scandaleuse, en décembre au club Saint-Hilaire de François Patrice, à Paris, puis en janvier 1972 au Midem, à Cannes.

« Le principe consistait, après trois cents ans de face à face, à retourner son partenaire contre soi, explique Jane Birkin. C'était confortable mais surtout très *show-off*. Un homme exhibe sa femme à la femme qui se trouve en face de lui et qui elle-même est tenue par son mari[13]. »

En clair, il s'agit d'un hymne à la sodomie, à peine camouflé sous une orchestration liturgique avec orgue et violons. Et, sans mauvais jeu de mots, ça ne prend pas. Lors donc, la savoureuse fantaisie pâtissière, « Les Langues de chat », susurrée avec gourmandise par Jane Birkin en face B du disque*, passe inaperçue :

> « Je cherche un p'tit papa gâ-
> Teau qui m'ferait des langues de chat
> Afin qu'mes nuits s'éclairent au chocolat
>
> J'aimerais bien un p'tit biscuit Lu
> Dans le courrier du cœur
> De palmier qui devant moi serait baba[14]... »

Jane accouche le 21 juillet, cependant que Serge et Andrew se saoulent à la liqueur de banane dans un bar en face de la clinique et viennent régulièrement vérifier le cours des opérations. Le bébé naît à Londres, comme sa maman, c'est un choix du papa, qui souhaite aussi

---

* Enregistrée à la même période à destination d'une émission de télévision des Carpentier, « Bathing Beauty and Sympathy », interprétée par Jane Birkin, demeure inédite.

se marier, en janvier ou au printemps : « J'ai tout prévu, sauf le divorce ! dit-il. Jusqu'alors, chaque fois que j'ai fréquenté une fille, je voyais le bout de la liaison. Depuis que je connais Jane, je ne ressens pas cette fragilité. Je vois l'infini, j'ai l'impression que je suis amoureux pour la première fois[15]. » C'est aussi la première fois qu'il va connaître les joies de la paternité, même si ce n'est pas son premier enfant : Natacha et Paul sont respectivement nés en 1964 et 1968 d'une précédente union. L'événement le console quelque peu de la mort de son père, survenue deux mois plus tôt. Serge voulait donner un prénom d'origine juive à son bébé afin de rendre hommage à ses parents, mais finalement Jane et lui optent pour Charlotte, et Lucy comme second prénom. Et à cause de son teint coloré par une jaunisse, ils l'appellent tendrement « Charlotte aux abricots ». Comme elle est transférée pour des soins particuliers au Middlesex Hospital et qu'elle y est enregistrée sous le nom de Birkin, on refuse de la montrer à son papa qui, à force d'insistance, finit par obtenir gain de cause à 2 heures du matin. Rassuré, il peut ensuite regagner la maison de Chelsea que John Barry a laissée à Jane au moment du divorce : « C'était en pleine nuit, pas un autobus, pas un taxi. Je suis parti à pied. Il a commencé à pleuvoir. J'ai dû marcher deux heures, j'ai traversé tout Londres. Jamais je n'ai fait de promenade plus heureuse de ma vie. Cette nuit-là, j'ai touché le bonheur du doigt[16]. » Puis, à sa demande insistante : « Prends des photos, il faut en profiter, c'est tellement rare ces moments-là ! », Tony Frank immortalise l'arrivée de Charlotte dans son couffin : « J'ai donc photographié la sortie de Charlotte dans un couffin ramenée dans la petite maison de Jane, à Chelsea, et l'installation avec la préparation des biberons, Serge lisant le mode d'emploi tout en fumant cigarette sur cigarette. Ce ne sont pas des photos promotionnelles pour la presse, mais des photos faites par amitié. L'une d'entre elles, peut-être, est parue dans *Jours de France* à l'époque, c'est tout. Je les ai utilisées par la suite, longtemps après, en demandant la permission à Jane. Ils étaient attendrissants tous les deux, c'était un couple d'amoureux très joyeux. Par la suite, après sa séparation avec Serge, j'ai suivi Jane par-ci par-là sur des tournages de films. Ça s'est passé toujours formidablement bien avec elle, car elle est foncièrement gentille[17]. »

Une photographie de ses « trois poupées », faite pour *Paris Match*, inspire au papa un bien joli poème : « Trois jolies poupées sont mes filles / L'une l'est par son âge et brille / par sa beauté. L'autre / par cœur sait dire "Maman, Kate, Charlotte" / Kate est le prénom de sa pote / De quatre ans son aînée. Pas bêtes / Loin de là, ces petites bêtes[18]. »

Son bonheur, Gainsbourg aime en faire profiter tout le monde, y compris la presse et le public. Et Jane obtempère, du moment que ça lui fait plaisir.

« J'ai été médiatisée dès mon jeune âge mais ça me touche quand je pense à lui car cela se passait de manière très naturelle, très évidente, racontera plus tard Charlotte. Il nous aimait donc il voulait nous mettre en avant. À l'époque, il n'y avait pas ce côté "il faut les cacher des médias". Ma mère et mon père s'exposaient en famille : *France Dimanche* venait à la maison le week-end. Aujourd'hui on ne pourrait pas faire ça de manière innocente. Mais ça l'était pour lui[19]. »

Jane a la charge des corvées de biberons et de couches, mais elle ne s'en plaint pas, au contraire, elle a une passion folle pour les bébés et ne connaît pas de plus heureux moments que ce retour de maternité.

L'implication de Serge se manifeste autrement : « On ne pouvait pas faire père plus aimant et plus présent, et son souci numéro un était leur bien-être. [...] Il était déjà très paternel avec Kate. Elle avait encore ses grandes couches en coton quand Serge m'a connue. Il a été un clown avec elle, et son plus grand ami. Avec Charlotte, nous avions tout à coup deux filles, et non plus une. » Elle insiste cependant sur l'aspect rigoureux de l'éducation selon Gainsbourg, ce qui peut surprendre chez ce personnage si fantasque : « Il les voulait impeccablement élevées. Qu'il soit si étonnamment strict me permettait de ne pas l'être du tout, et nous nous équilibrions bien l'un l'autre. J'aimais faire des farces dans les parcs, je lui disais "Oh, Serge, laisse-les faire !" Il n'oubliait pas que nous étions connus. Mais cela ne l'empêchait pas d'être un papa pitre. » Par exemple : « Quand il s'emmerdait à table au restaurant, il faisait le chameau avec ses cigarettes ou se transformait en Lawrence d'Arabie avec la nappe pour amuser Kate et Charlotte[20]. » Et Jane ajoute : « Serge a été l'homme le plus drôle que j'aie connu – hormis mon père. [...] Il m'a offert une deuxième enfance[21]. » D'ailleurs, la venue au monde de Charlotte ne modifie guère leur mode de vie : « La semaine, on allait en boîte de nuit jusqu'à 6 heures du matin et on rentrait avec les poubelles. Puis on prenait le petit-déjeuner avec les enfants, Kate et Charlotte, avant leur départ à l'école. On dormait jusqu'à 16 heures et on ressortait à partir de 22 heures. Mais le week-end, on était comme tous les parents. On emmenait les filles au parc faire du vélo, on regardait "L'École des fans" à la télé avec elles pendant que le rôti du dimanche finissait de cuire[22]. »

Le mariage prévu ne sera que fictif, Jane posant dans une robe blanche, une couronne de fleurs autour de la tête, Serge en costume bleu marine et nœud papillon, sous l'œil de l'ami Tony Frank pour un reportage en avril 1970 à l'initiative de *Salut les Copains*. Différents scénarios avaient été pourtant envisagés par Serge Gainsbourg, qui rêvait bien sûr d'un événement ultra-médiatisé, à la hauteur de son amour et de sa mégalomanie. « Ça promettait d'être assez romanesque : on avait prévu de faire ça dans le restaurant de la gare de Lyon, de se costumer tous comme à l'époque de Proust, et puis nous aurions pris le train tous les deux vers je ne sais où, laissant nos invités sur le quai[23] », se souvient Jane. On parle encore d'une grande soirée chez Maxim's avec neuf cents convives costumés à la mode Empire. Pour ameuter le Tout-Paris, Gainsbourg aurait fait appel à son ami Georges Cravenne, le pionnier des relations publiques en France. « Vous me reprochez une célébrité tapageuse, dit-il. Je n'en suis plus maître, j'ai trouvé une jeune femme qui a fait de nous un couple spectaculaire[24]. » Mais, estimant que le respect des coutumes et la conformité aux engagements ne lui ont pas tellement réussi jusqu'alors, la promise préfère savourer son bonheur sans comparution devant les autorités.

Le premier Noël de Charlotte se passe en famille, chez les parents de Jane. Serge adore Londres et les Noëls britanniques, avec les enfants qui suspendent des bas de laine à la cheminée pour que le Père Noël les remplisse, la soupe à la tortue, le traditionnel pudding et les chants repris en chœur, mais comme il déteste prendre l'avion le voyage se fait en ferry. L'amour et le bonheur familial transpirent des images filmées en Super 8 et précieusement conservées par Jane : Serge figure tel un coq en pâte, entouré de ses trois petits bouts de femmes.

« Un soir de réveillon, un clochard a frappé à la porte de ma maison londonienne, à Chelsea, raconte Jane. J'ai expliqué à Serge qu'il ne fallait jamais chasser quelqu'un le jour de Noël, alors il est resté avec nous[25]. » Cette tradition, que l'on retrouve également en Provence, a pour effet d'émouvoir ce dandy au grand cœur : « J'étais un peu gênée, poursuit Jane, me disant que déballer nos montres bracelets devant lui risquait de lui paraître un peu vulgaire. Serge a été très chic : il a rempli pour ce garçon un sac avec les grandes bouteilles qu'il avait fait venir spécialement de France. En sortant, le type, après s'être gavé de pudding, a embrassé Serge dans la petite allée, et a dit en partant : "Maintenant, je crois en Dieu." C'était un jour de Noël très gai, avec un peu de neige[26]. »

« Di Doo Dah »

La carrière de Jane Birkin se poursuit au cinéma, avec quelques films sans intérêt, auxquels participe Serge Gainsbourg, comme *Trop jolies pour être honnêtes* de Richard Balducci – son rôle de cambrioleuse amateur, aux côtés de la pétulante Bernadette Lafont, lui vaut le Prix de l'Académie de l'Humour – et *La Morte negli occhi del gatto (Les Diablesses)* d'Antonio Margheriti, spécialiste de la série B transalpine. Elle tourne également à Londres *Dark Places*, un film fantastique de Don Sharp avec Christopher Lee qui ne sortira en France qu'en 1979, de façon confidentielle, sous le titre *Le Manoir des fantasmes*.

Dans l'attente d'un nouvel album, on la retrouve aussi le 6 mai en chanteuse à la télévision dans deux titres de Gainsbourg, spécialement conçus pour un « Top à Sylvie Vartan » de Maritie et Gilbert Carpentier : en trio avec leur hôtesse, Jane et Serge chantent « Les filles n'ont aucun dégoût », où l'auteur pratique l'autodérision, trouvant sans doute plus acceptable de se flageller lui-même plutôt que d'être l'objet des railleries d'autrui ; tandis que, costumées en troufions, Jane et Sylvie entonnent « Pour des haricots », un pamphlet antimilitariste sur un thème musical composé pour le film *Trop jolies pour être honnêtes* :

> « Tous les soldats
> Sous le drapeau tricolore
> Bouffent des haricots, oh, oh !
> Et ceux qui aiment ça,
> Et se lever aux aurores
> Ceux-là sont des fayots[27] * … »

À quelques mois de là, pour un « Top à Jean-Pierre Cassel » cette fois, Gainsbourg se livre à des pastiches de succès du moment : « Une chanson de cour » (« Une histoire d'amour », thème du film *Love Story* par Mireille Mathieu) et « Que je t'aime » de Johnny Hallyday, chantés en duo par Jane Birkin et Jean-Pierre Cassel. Et il n'hésite pas à se parodier lui-même dans « Je t'aime aussi » (« Je t'aime… moi non plus »), duo interprété par Jane et le comédien Paul Meurisse. L'émission est diffusée pour le réveillon de la Saint-Sylvestre.

Le premier album solo de Jane Birkin paraît en mars 1973, annoncé deux mois plus tôt par un *single* proposant en titre d'accroche « Mon amour baiser », que Jane reprendra plus tard en duo avec Étienne Daho[28]. Mais c'est un nouvel autoportrait intitulé « Di Doo Dah », en face B, qui retient l'attention et donne son nom à un 33 tours à la jolie pochette sexy signée Sam Levin,

* Cette chanson n'a fait l'objet d'aucune diffusion sur disque, contrairement à « Les filles n'ont aucun dégoût » qui figure sur une compilation de Sylvie Vartan *Les Années RCA 1961-1983*, parue en 2004.

le photographe préféré de Bardot. Par la voix frêle et décomplexée de sa muse, Gainsbourg exalte sa part de féminité sulfureuse et de romantisme. Curieusement, Jane Birkin ne garde aucun souvenir de l'enregistrement du disque, seulement la satisfaction d'être une source d'inspiration idéale pour son compagnon, assisté une dernière fois pour la musique de Jean-Claude Vannier qui cosigne quatre titres (les bases rythmiques sont enregistrées à Londres, les cordes et les voix à Paris). Les saynètes que Gainsbourg donne à chanter à son « ingénue libertine » (ainsi la qualifie-t-il) sont un subtil alliage de poésie teintée de jeux de mots, de malice et d'humour, comme « Kawasaki », moins glamour que la bardotesque « Harley Davidson », mais qui n'en reste pas moins une « belle mécanique », ou « Les Capotes anglaises », qui sont la version « plate » des « Petits Ballons », récemment offerts à France Gall :

> « Je souffle dans les capotes anglaises
> Ça fait des jolis ballons
> J'en ai lancé treize
> De mon balcon[29]... »

L'auteur exprime parfois ses doutes sur l'amour et la fidélité (« Puisque je te le dis », « C'est la vie qui veut ça »). Les origines de sa muse lui inspirent « La Baigneuse de Brighton », qui semble trouver son origine chez Edgar Allan Poe, autre auteur de référence de Gainsbourg. Il imagine encore une filature dans les rues de Paris (« Encore lui ») et un délire orgiaque avec des marins en goguette (« Banana Boat »). Plus encline à la mélancolie, Jane a une nette préférence (au point de la reprendre plus tard sur l'album *Lost Song*) pour « Leur plaisir sans moi », une chanson triste d'une Yseult en quête de Tristan :

« L'amour, connais pas
L'amour physique, oui, sur l'bout des doigts !
Avec des garçons qui prennent leur plaisir sans moi[30]… »

Quant aux textes de « La Cible qui bouge » et « Help camionneur ! », ils semblent préparer un autre projet au long cours, le film *Je t'aime, moi non plus*…

« J'aime les coins un peu sordides j'aime les bouges
J'aime les zincs j'aime les bistrots enfumés[31]… »

« Help ! Help ! Arrête-toi mon beau poids lourd
Prends-moi, emmène-moi sur ton gros-cul
Porte-moi aux nues[32]… »

En mai, Jane Birkin participe à la quarantième édition du gala de l'Union des Artistes, qui a pour but d'aider les artistes dans le besoin. Elle s'y distingue dans un numéro de lapin fildefériste. Pendant deux semaines elle prend des cours avec un vieux professeur du cirque de Moscou. « Pour moi qui ne marchais pas droit sur un trottoir, cela me semblait surréaliste, commente-t-elle. J'avais commencé à répéter à Chelsea, sur un tuyau en fer par terre dans le jardin… on avait si peu de temps… Puis, sous le regard étonné de Serge, me voyant hissée peu à peu de mètre en mètre, avec mon parapluie… Chaque jour, l'élève, grâce à son maestro russe, arrivait, l'ombrelle à la main droite, comme une mouette avec son aile battant dans l'air, à traverser son fil de fer… surélevée de deux mètres ? trois ?… On me bande les yeux. Plus de possibilité de point fixe, j'arrive à m'agenouiller… Costume… On m'habille en lapin rose… ma mère me courait après pour que je me mette une "coquille" entre mes jambes, au cas où. Elle me rappelle qu'on peut tomber une patte de chaque côté de son fil de fer… On m'attache des oreilles… très déséquilibrant pour une fildeferiste ! En lapin, on me demande de ramasser des carottes sur mon chemin… alors que j'imaginais des tambours dramatiques pour cette prestation dangereuse… Sous les yeux de Maman, Papa, les enfants… Serge en numéro de taulard… Une traversée très incertaine ; mais réussie sur mon fil de fer en lapin de satin rose[33]. »

Au vent mauvais…

Pendant l'été 1972, le couple Gainsbourg-Birkin avait réservé pour un mois le prestigieux château Volterra, surplombant le golfe de Saint-Tropez, afin d'y réunir les deux familles, les enfants, neveux et nièces. Un séjour idyllique, selon *Paris Match* qui publie les photos d'un bonheur sans faille. « Un enfer domestique », si l'on en croit la journaliste Marie-Dominique Lelièvre dans son livre-enquête *Gainsbourg sans filtre*[34] : « Le clan anglo-saxon affronte la section slave, emmenée par l'intraitable Olia Ginzburg. La mère de Serge s'ingénie à compliquer les vacances, surveillant avec acrimonie les stocks de provisions, comme si les restrictions devaient reprendre sur-le-champ. » Au bout de quinze jours, le couple s'esquivait, officiellement parce que Jane était appelée par Roger Vadim sur le tournage de *Don Juan 73* et Serge souhaitait l'accompagner, même s'il ne faisait pas partie du casting. Pendant qu'elle tournait, il écrivit une ébauche de ce qui allait devenir « Je suis venu te dire que je m'en vais ».

La mélodie du bonheur fait son premier couac le 15 mai 1973, quand Serge Gainsbourg est victime d'un infarctus du myocarde. Seul dans sa maison de la rue de Verneuil, il a la force d'attraper le téléphone et de composer le numéro de Louis Hazan, son ami et directeur de sa maison de disques. C'est Odile, son épouse, qui répond et prévient les secours.

« Je suis revenue d'une journée de tournage* et j'ai trouvé au salon deux personnes qui n'auraient pas dû s'y trouver, elles m'ont fait asseoir et d'un coup, le monde s'écroulait, je n'avais plus rien, raconte Jane Birkin. On avait fait tant de folies ensemble que j'avais oublié que c'était un être humain avec du sang, des veines et un cœur[35]. »

Hospitalisé à l'Hôpital américain de Neuilly, Serge reste pendant douze jours sous surveillance médicale. Cette alerte sérieuse lui inspire un texte qui emprunte à Verlaine quelques vers de sa « Chanson d'automne », extraite des *Poèmes saturniens*. Le thème de « Je suis venu te dire que je m'en vais » n'est pas la rupture amoureuse, mais l'adieu à la vie. Serge écrit pour préparer Jane à l'inéluctable. Pendant longtemps, elle refusera d'écouter cette chanson qui la bouleverse. En 1992, soit un an après la mort de Gainsbourg, elle la reprendra à son compte pour le final d'un spectacle émouvant donné au Casino de Paris.

Au moment où Gainsbourg l'enregistre, Kate doit partir chez son père en Angleterre. Jane est triste. « J'ai retrouvé Serge en studio. Comme je reniflais encore pas mal, il a dit : "Au moins, que ça serve. Va pleurer dans la cabine d'enregistrement"[36]. »

> « Tu te souviens des jours anciens et tu pleures
> Tu suffoques, tu blêmis à présent qu'a sonné l'heure
> Des adieux à jamais
> Je suis au regret
> De te dire que je m'en vais[37]… »

---

* Jane Birkin tournait alors le film de François Leterrier, *Projection privée*.

Jane Birkin loue pour deux mois une petite maison à l'intérieur des terres bretonnes et se montre aux petits soins pour son compagnon. Mais lui, incorrigible, profite de quelques promenades en barque sur le lac ou avec la chienne bull-terrier Nana – que Jane lui a offerte pour son anniversaire et qui mourra d'une cirrhose, ayant trop bu les paroles de son maître (ou ses fonds de verre) – pour fumer ses Gitanes en cachette.

7

Populaire… lui non plus

La filmographie de Jane Birkin laisse entrevoir peu d'évolution attrayante au début de 1973. Lasse d'être utilisée infailliblement comme un faire-valoir sexuel, la jeune femme s'interroge, allant jusqu'à douter de son talent d'actrice : « Je me demandais si d'une certaine manière, je n'avais pas terminé mon temps. Je durais depuis assez longtemps quand même[1]. »

Michel Deville lui redonne confiance en lui offrant le rôle de Marie-Paule, une prostituée sympathique et paumée qui tombe amoureuse de Jean-Louis Trintignant, dans *Le Mouton enragé*, adapté par Christopher Frank du roman éponyme de Roger Blondel. Naturellement, il s'agit encore de jouer de ses charmes. Mais qu'importe ! Être dirigée par un cinéaste libre et ambitieux ne se refuse pas, surtout quand celui-ci a pour réputation d'aimer sincèrement et de choyer ses acteurs. Enthousiaste à la lecture du scénario de ce « petit chef-d'œuvre de la comédie de mœurs » (selon *France-Soir*[2]), Jane Birkin craint cependant de ne pouvoir incarner ce personnage de Parisienne, avec son accent *british*, mais ce détail ne semble pas du tout embarrasser le réalisateur.

« Je me suis beaucoup appliquée et je n'ai jamais été aussi soignée par un metteur en scène que par Deville[3] », dit-elle. Et de vanter au passage les qualités de son partenaire, son élégance et sa générosité : « C'est vraiment facile de jouer avec Trintignant. La seule chose difficile c'était de lui demander de l'argent, parce que j'étais une pute. On l'aurait fait à l'œil[4]. »

Le résultat est gratifiant : dans la rue, on l'appelle par le prénom de son personnage, ce qui la ravit car elle a l'impression d'être enfin considérée comme une bonne comédienne. C'est encore le cas quand la critique salue sa performance dans un double rôle de jeune Anglaise sensuelle et maîtresse prête à tout dans *Projection privée* de François Leterrier : « J'ai beau dire qu'il faut me foutre des critiques, je ne peux pas m'empêcher d'y faire attention. Pour moi, c'est un peu comme un rapport d'école. Ça reflète toujours quelque chose. J'ai toujours gardé la terreur des mauvais rapports[5]. »

C'est sur ce tournage qu'elle noue une amitié passionnelle avec la coiffeuse et maquilleuse Ava Monneret, qu'elle appelle Vava : elles ne se quitteront plus, jusqu'à la disparition prématurée de Vava en 1979, qui laissera Jane inconsolable.

Début 1974, on retrouve Jane Birkin chanteuse dans deux « Top » des Carpentier, l'un à Paul Meurisse le 12 janvier, l'autre à Jacques Dutronc le 2 mars. Elle y crée quelques titres inédits, spécialement composés par Gainsbourg : « Soixante-treize » et « Oh ! Docteur Faust » en solo, puis « Les filles c'est du flipper » (avec Jacques Dutronc) et « Les Roses fanées » (avec Gainsbourg et Dutronc).

Puis, Michel Audiard la choisit pour jouer une strip-teaseuse dans *Comment réussir dans la vie quand on est con et pleurnichard*, une comédie farfelue qui atteint son but : faire rire. « On a beaucoup rigolé avec Marielle, Rochefort et Carmet, se souvient-elle. Pour une scène de strip-tease devant des militaires, j'avais pris des leçons dans un club, près des Champs-Élysées...

J'avais tellement peur qu'ils hurlent : "Remboursez !" C'était très inspiré par le Crazy Horse Saloon, où Serge embarquait si souvent mon père et ma mère[6] ! »

Star de la comédie populaire

Enfin, c'est à la faveur de Claude Zidi et du producteur Christian Fechner, auréolés des succès répétitifs obtenus avec Les Charlots, que Jane Birkin va achever sa conquête du cinéma français et s'imposer star de la comédie populaire avec *La moutarde me monte au nez !* Misant sur la recette efficace du tandem dans le registre comique et soucieux de mettre toutes les chances de leur côté, les deux hommes projettent dans un premier temps de réunir sous le soleil d'Aix-en-Provence, où le décor est planté, les deux superstars que sont Brigitte Bardot et Jean-Paul Belmondo. Mais Bardot vient tout juste d'annoncer ses adieux au cinéma, et sa décision paraît irrévocable. Lors, pour donner vie à l'histoire rocambolesque d'un prof de maths gaffeur inopinément projeté du pensionnat de jeunes filles où il enseigne à l'univers débridé d'une actrice célèbre, harcelée par les paparazzi, ils jettent leur dévolu sur Pierre Richard, l'irrésistible Pierrot lunaire du cinéma français, récent triomphateur au box-office à la faveur du *Grand Blond avec une chaussure noire*, et Jane Birkin, qui conjugue à merveille charme et humour. Le duo fonctionne comme une évidence, au point de mettre d'accord le public (plus de trois millions sept cent mille spectateurs dans les salles à la sortie du film) et la critique. « Follement drôle. C'est même l'un des films les plus amusants de ces dernières années », approuve *France-Soir* qui salue en outre l'abattage du couple vedette, notamment « la joliesse et la fantaisie de Jane Birkin », laquelle « affirme et [...] affine un personnage dont le cinéma français ne pourra plus se passer[7] ». Un personnage inédit dans le paysage cinématographique français, qui renouvelle le comique au féminin : Jane Birkin s'y montre à la fois drôle et sexy. « Elle était aussi drôle que belle, écrit Pierre Richard dans son autobiographie. C'est peu dire. Elle était totalement disponible, elle acceptait qu'on lui tire les cheveux, qu'on la jette dans des baignoires, qu'on la balance dans la boue, elle n'avait jamais peur du ridicule. Et plus on l'enlaidissait, plus elle était belle[8]. »

« On hésite toujours à rendre une jolie fille ridicule, tarée ou complexée, fait-elle remarquer. Sous prétexte qu'elle est belle, on ne veut pas forcer son personnage. C'est parfois dommage[9]. »

Avec Jane, on ose ! Et la voilà, par exemple, escortée d'un groupe d'admirateurs pressants – dont Patrick Dewaere – dans une comédie farfelue de Michel Boisrond, *Catherine & Cie*, portée par les dialogues croustillants de Catherine Breillat. On la retrouve même à la télévision avec Luis Rego dans une parodie loufoque de Tarzan et Jane écrite par Pierre Desfons et Gérard Jourd'hui. Dans ce téléfilm en trois épisodes intitulé *Bons Baisers de Tarzan* et diffusé en décembre 1974, Serge Gainsbourg y fait une apparition le temps d'une chanson, de même que Michel Berger qui a par ailleurs composé la musique du film de Robert Benayoun, *Sérieux comme le plaisir*, où l'on retrouve le couple Birkin-Gainsbourg à l'affiche le mois suivant.

« Si l'on m'a proposé tellement de comédies c'est peut-être à cause de mes douze ans de bonheur avec Serge, commente Jane Birkin. Je souriais à la vie. Et tous les journaux ont reproduit ce sourire durant des années. Si bien qu'on a pensé que j'avais une nature gaie. À la télé, si j'ai l'air de toujours m'amuser, c'est parce que j'ai peur d'ennuyer les gens qui me regardent. Je me dis qu'en les faisant rire, il y a plus de chance pour qu'ils me trouvent digne d'intérêt[10]. »

Le triomphe de *La moutarde me monte au nez!* invite l'équipe à se reformer l'année suivante pour *La Course à l'échalote*, où le duo de choc Pierre Richard-Jane Birkin, sous le costume d'un directeur de banque et d'une coiffeuse écervelée, est embarqué de Cherbourg à Brighton dans une loufoquerie policière qui démarre sur les chapeaux de roues, mais s'essouffle vite. Néanmoins, le succès se répète : avec près de trois millions de spectateurs, le film caracole à la sixième place du box-office annuel français. « Un jour [pendant le tournage], raconte Pierre Richard, [Jane] m'a proposé d'aller me promener dans les docks de Brest. [...] Je l'attends dans le hall de l'hôtel, et là j'ai failli tomber à la renverse. Elle apparaît, portant une mini-jupe à faire hurler le loup de Tex Avery. [...] Une meute de loups de mer ne tarda pas à nous filer le train. Ils hurlaient, sifflaient, balançaient des propos d'une grivoiserie que ma pudeur naturelle ne pouvait supporter. J'étais son chevalier servant, mais le chevalier faisait pâle figure. [...] Elle ne voyait rien, n'entendait rien, un petit sourire aux lèvres. Avec son petit panier sous le bras, on aurait dit Bécassine revisitée par le marquis de Sade. » Et d'ajouter : « Avec le temps, je m'aperçois que j'avais et que j'ai toujours une grande affection pour elle. Parce que j'ai oublié de le signaler : en plus de tout ce que je viens de dire sur Jane, qu'est-ce qu'elle était émouvante[11] ! »

Et elle démontre qu'elle peut élargir ses possibilités de jeu en abordant la composition dramatique dans *7 Morts sur ordonnance*, qui remporte un beau succès en excédant le million d'entrées. Dans ce film de Jacques Rouffio, coscénarisé avec Georges Conchon d'après un sordide fait divers lié à l'abus de pouvoir – un éminent notable (Charles Vanel), chef d'un clan familial de médecins, va harceler à dix ans d'intervalle deux chirurgiens émérites (Gérard Depardieu et Michel Piccoli) –, Jane Birkin joue l'épouse de Gérard Depardieu qui, son honneur perdu, cède à la folie et décime sa famille à coups de fusil de chasse avant de tourner l'arme vers lui. La scène est d'une violence crue et la panique qui traverse le regard de Jane répond à la nature instinctive et sauvage de son partenaire : « Gérard Depardieu avait le charme de la folie, il était hors contrôle dans son personnage, ce qui fait que j'étais entraînée comme avec un animal[12]. » Parmi les « petits bouts » dont Jane est fière et qu'elle glane ici et là dans sa filmographie, elle évoque « la scène où Vanel téléphonait la nuit, grâce à la folie contagieuse de Depardieu qui avait eu cette belle idée de se recroqueviller sur moi, comme un enfant, avec un aspect Pietà[13]. » Jane Birkin ne partage aucune scène avec Michel Piccoli, mais elle apprécie beaucoup l'état d'esprit généreux et serviable dont il fait preuve dans le travail : « C'est un acteur qui pense à la totalité du film et pas seulement à son personnage. Il est humble et parfaitement disponible. C'est une merveille aussi pour sa partenaire. Chaque fois que j'avais des choses difficiles à faire, il me faisait répéter le soir. Il a eu une patience d'ange avec moi. Il me donnait confiance[14]. » La rencontre des deux acteurs scelle une longue et belle histoire d'amitié.

« Monsieur Birkin »

Pour ajouter à son indépendance nouvelle que lui offre le succès et pouvoir s'échapper de temps en temps de la capitale et du décor étouffant du 5 *bis* rue de Verneuil, Jane Birkin fait l'acquisition à Dozulé, près de Lisieux, d'un ancien presbytère normand laissé à l'abandon depuis plusieurs décennies : « J'ai acheté cette maison avec les quinze briques de *La moutarde me monte au nez !* de Claude Zidi. À l'époque je subissais les décors de Serge, ses goûts et son rangement d'un fanatisme peu commun ! Je voulais absolument un endroit à moi[15]. »

Elle prend plaisir à aménager l'espace à son goût, le peuplant de son désordre coutumier, un cocon personnel et familial fait de photos, lettres, journaux, tout un amoncellement de souvenirs qu'elle ne peut se résoudre à voir disparaître. « Je voudrais vivre dans une toile d'Édouard Vuillard, dit-elle. Il peint des chambres à mon image : chargées d'objets, de tissus multicolores, de chats, d'enfants[16]... » Elle souhaite en outre que ses filles évoluent dans un cadre épanouissant, avec des arbres, des ruisseaux, des fleurs, des animaux, tout ce que les enfants aiment dans la nature : « Je voudrais que mes filles aient, elles aussi, la nostalgie de leur enfance. [...] Qu'elles aient leur domaine, qu'elles puissent y fabriquer leurs rêves d'enfants[17]. » Tant pis si Gainsbourg s'y ennuie à mourir.

Celui-ci vit plutôt mal la popularité soudaine de sa compagne, étant donné qu'elle se heurte aux échecs de ses œuvres personnelles, les albums *Vu de l'extérieur*, *Rock Around the Bunker* et *L'Homme à tête de chou*, parus entre 1973 et 1976, qui subissent un sort égal à *Histoire de Melody Nelson*. Ce rejet du public, profondément injuste, le blesse. Et se sentir financièrement inférieur à sa femme suscite des problèmes d'orgueil qui n'arrangent pas son inclination à l'alcoolisme et à la tabagie : « Les rapports d'un homme et d'une femme dans ces métiers sont extrêmement éprouvants : l'un et l'autre devraient être tout le temps à égalité. Quand Jane a été au zénith de sa gloire, moi j'ai commencé à craquer, c'était très dur. C'était presque "Monsieur Birkin", je n'aimais pas ça. Je sentais que ça speedait pour elle alors que moi je faisais des trucs de grande classe, mais qui n'étaient pas encore des albums d'or ou de platine. Il y avait une distorsion qui me mettait mal à l'aise, je voulais la rejoindre dans le stress de la célébrité[18]. »

D'autre part, tandis que tous s'accordent à célébrer le charme et la sympathie de Miss Birkin, l'attitude d'une certaine presse traduit un mépris manifeste et infondé à l'encontre de Gainsbourg. Ainsi, au lendemain du « Top » des Carpentier qui est consacré au couple le 4 mai 1974 et pour lequel Gainsbourg a eu carte blanche*, au point d'imaginer un décor de bitume dans une banlieue de Londres, déconcertant pour un public accoutumé à la fantaisie et aux paillettes : « Personne de sensé n'aime Serge Gainsbourg, prétend Monique Forte dans *Nice-Matin*. Il est dépravé, méprisant et chante comme un drogué. Il nous a été réservé de le voir samedi dans un parking de terrain vague, crasseux, tel qu'en lui-même, dégurgitant des chansons que personne ne comprend, appréciées peut-être par un public averti, en tout cas pas celui de 20 h 30. On respire de savoir Annie Cordy au programme de la semaine prochaine. » Dans *L'Union de l'Aisne*, Pierre Jean déverse un même fiel : « Pas moins d'une heure et demie a suffi à nous assassiner d'ennui avec un programme sorti des poubelles du nouveau chic parisien. Tout y est prétentieux, grossier et surtout incompréhensible. Pourquoi invite-t-on Serge Gainsbourg ? Il n'a aucun talent, il est sale et mal rasé. »

* Jane Birkin y interprète « C'est la vie qui veut ça », extrait de son album *Di Doo Dah*, et des chansons inédites : « My Chérie Jane », « Bébé gai » (réunies peu après sur un 45 tours Fontana – voir discographie en annexes), « Les Petits Papiers » (avec Françoise Hardy) et « Les Beaux Lolos de Lola » (en trio avec Serge Gainsbourg et Jacques Dutronc). Elle apparaît également en Jane, la fiancée de Tarzan, dans un sketch.

Tout le monde ne partage pas cet avis méprisant. Ainsi, le producteur du *Clan des Siciliens* Jacques-Éric Strauss est à ce point emballé par la mise en scène du show qu'il s'empresse de contacter Gainsbourg : « Le lendemain, témoigne-t-il, j'ai téléphoné à Serge pour le complimenter et lui dire que j'avais envie de faire un film avec lui. Je lui ai demandé de me rejoindre à Cannes où je me rendais pour le Festival afin que nous échafaudions un projet. À ce moment-là, il avait déjà son idée de film. Et comme l'époque était à la libération sexuelle, il avait écrit un premier scénario assez hard, si je puis dire. Puis, le temps qu'on achève la phase d'écriture, une nouvelle loi est passée qui a taxé plus lourdement les films à l'orientation sexuelle un peu trop affirmée*. On a dû modifier quelque peu le script[19]. » Un titre s'impose : *Je t'aime moi non plus*, comme sa chanson mondialement connue…

En attendant, on retrouve Jane Birkin à la télévision. Le 12 avril 1975, elle est l'invitée de Jean-Claude Brialy dans son « Numéro Un » ; elle chante en anglais « Something That Happens » et danse joue contre joue avec son hôte sur « Les Plaisirs démodés » de Charles Aznavour. C'est à nouveau avec son ami Brialy qu'elle participe pour la seconde fois au gala de l'Union des Artistes le 23 mai, dans un numéro de dresseuse d'éléphant : « L'éléphante Toffy d'Alexis Gruss… Quel charme ! se souvient-elle. Elle aimait tellement Alexis

* Suite à une vogue exceptionnelle du cinéma érotique et pornographique, le Premier ministre, Jacques Chirac, et le secrétaire d'État à la Culture, Michel Guy, instaurent un nouveau décret de classification filmique : le classement X. Introduit par le décret du 30 octobre 1975, puis par les articles 11 et 12 de la loi du 30 décembre 1975, il a pour but de taxer les productions considérées comme pornographiques ou mettant en scène des violences ou des scènes qui portent atteinte à la dignité humaine.

qu'elle pissait de bonheur quand il lui grattait le dos… et je grimpais sur son tronc et elle faisait tout le reste… Les gens du cirque nous faisaient cadeau de leurs dons, de leurs animaux et nous mettaient, nous, en valeur. Jamais je n'ai autant rigolé ! travaillé !… et la langue d'un éléphant est aussi douce qu'une mangue chaude… J'avais la chance d'y plonger ma main[20] ! »

Lolita Go Home

Jane Birkin prépare ensuite son deuxième album *Lolita Go Home*, dont la sortie est prévue pour septembre. Très occupé à la conception de son film, Gainsbourg délègue la partie musicale à son nouvel arrangeur et orchestrateur Jean-Pierre Sabar et l'écriture de la majorité des textes au journaliste, écrivain et réalisateur Philippe Labro, lequel a fait ses preuves en qualité de parolier sur plusieurs albums de son ami Johnny Hallyday (*Vie*, *Flagrant délit*). « J'écrivais seul, bien entendu, témoigne Labro. Et, bien entendu aussi, Serge était plus que présent à l'enregistrement. Il s'est impliqué à cent pour cent dans toutes les étapes de cet album[21]. » Ici, le parolier et romancier cherche à se rapprocher du style et des thématiques de Gainsbourg, lequel a écrit intégralement « La Fille aux claquettes », inspirée de la comédie musicale de Stanley Donen *Singin' in the Rain*. « Serge a cosigné tous les textes, car c'est lui qui m'avait donné tous les titres et les thèmes à traiter, précise Philippe Labro. Donc, il est évident que j'ai écrit en fonction de ses directives, de nos conversations, de nos affinités. Et puis, quand on sait déjà pour qui on écrit (en l'occurrence Jane), on s'adapte forcément à son image et à sa tonalité[22]. » L'interprète évalue la difficulté de l'exercice : « Ce n'était pas évident, ni pour Serge ni pour moi, qu'il se mette au diapason, mais ses paroles étaient très bien. Elles avaient un côté malsain qu'on ne soupçonne pas chez lui et il a su capter une très jolie image de moi[23]. »

Ainsi, « French Graffiti » ressemble à une version revue et corrigée de « Défense d'afficher », écrite en 1954 pour Pia Colombo. Et « Lolita Go Home », sur un rythme disco, revient sur le mythe de la nymphette selon Nabokov, source obsessionnelle d'inspiration gainsbourienne :

« Tous les gens comme il faut
Se retournent sur moi
Principalement les fe-
Mmes je ne sais pas pourquoi
Elles reluquent mes chaussures
Mes chaussettes et ma jupe
Je les entends murmur-
Er des drôles de mots comme "pute"[24]… »

Plus tendre est « Bébé Song », presque en confidence, et le métaphorique « Si ça peut te consoler », ou l'art de rompre avec lyrisme. Mais le texte le plus beau, qui reflète le mieux la sensibilité de Jane Birkin, a pour titre « Rien pour rien » :

« En amour, on n'a rien
Pour rien
Ni mon corps pour tes mains
Ni ton sexe pour le mien
Ni ma coupe pour tes lèvres
Ni ton vice pour ma fièvre[25]. »

Labro se prête à l'exercice d'écriture en langue anglaise avec « Just Me and You », qui rend compte de l'amour possessif de l'interprète pour l'homme qui partage sa vie. Ce dernier, tout occupé qu'il soit, assiste aux enregistrements. Les caméras de télévision s'immiscent en studio pour filmer une séance de travail sur la chanson « Bébé Song ». On y découvre un Gainsbourg intransigeant. « Je la fais pleurer à chaque séance, dit-il. Parce que je suis dur, abject[26]. » Elle confirme, mais exprime par ailleurs son besoin d'être soutenue pour développer le meilleur d'elle-même : « Il a son caractère qui est très, très fort mais il me laisse pousser, c'est comme un enfant qui laisse flotter un ballon. J'ai l'impression que si on coupe la ficelle, je m'envolerais. Moi je veux bien être un ballon mais je veux toujours avoir une ficelle sinon je m'éclaterais dans le ciel[27]. » Philippe Labro les observe, attendri : « Leur relation était ce qu'elle est devenue avec le temps et les épreuves : un amour parfois contrarié, toujours marqué par l'admiration mutuelle. J'ai gardé un beau souvenir de nos séances, en studio, auxquelles j'assistais, trop heureux d'avoir pu, grâce à Serge, "écrire pour Jane" ! J'aime Jane, comme pratiquement tout le monde[28]. »

Pour compléter ce disque au faible succès et à la pochette illustrée d'un cliché réalisé pour le magazine *Lui*, zoomé sur son visage, la chanteuse emprunte aux répertoires de Rodgers & Hart (« There's A Small Hotel », « Where Or When ») et de Cole Porter (« What Is This Thing Called Love », « Love For Sale »). À la production et conception artistique, on note pour la première fois le nom de Philippe Lerichomme, partenaire de Gainsbourg qui entame concomitamment une fidèle complicité avec Birkin.

Gainsbourg, lui, fait la nique aux plumitifs méprisants en renouant avec le succès, le temps d'un été et d'une chanson amusante et festive, « L'Ami Caouette », qu'il avoue avoir écrite en dix minutes sur un coin de table, après un repas bien arrosé !

Johnny-Jane

Je t'aime moi non plus se tourne pendant huit semaines de septembre à octobre. Depuis leur rencontre sur les films de Pierre Koralnik, *Anna* et *Cannabis*, Serge Gainsbourg a « dans le viseur » (selon son expression) le chef opérateur Willy Kurant, avec qui se crée une très belle complicité : « J'étais agréablement surpris du niveau de préparation de Serge, il savait exactement ce qu'il voulait d'un point de vue artistique et était très précis dans ses choix, même s'il ne se rendait pas compte de la modicité des moyens mis à notre disposition par la production. Gainsbourg avait l'œil d'un peintre. On avait opté pour une photo hyperréaliste à grande profondeur de champ, mais on devait faire avec de petits projecteurs qui rendaient les prises de vue en intérieur difficiles. Nous échangions l'un et l'autre des idées sur les mouvements, et avions un excellent cadreur que j'avais emmené, Yann Le Masson, à qui on pouvait demander les choses les plus improbables[29]. » Ensemble, afin de restituer l'atmosphère étrange des films *underground* américains et l'empreinte des peintures d'Edward Hopper, Gainsbourg et ses partenaires techniques vont créer une sorte de Far West dans les garrigues gardoises de Belvezet et Vallérargues, à proximité d'Uzès, avec quelques prises de vue vers l'ancienne voie ferrée de desserte du port de l'Ardoise. « J'aime bien ce coin du Gard, observe le cinéaste néophyte. Des terres brûlées, pelées… Je voulais un endroit anonyme, une terre sans frontière[30]. »

Dans ce lieu sans frontière se noue un amour purement physique et sans issue, sujet de prédilection gainsbourien. Un couple d'éboueurs homosexuels – Krassky, plus communément appelé « Krass » (« tu parles d'un nom propre ! »), dont on remarque d'emblée la présence sexuelle troublante et le caractère de meneur, et Padovan, plutôt suiveur et d'une sensibilité torturée – écume les décharges publiques dans un camion à benne jaune avec figurine pin-up Veedol fixée sur la calandre. Ils s'aventurent dans ce no man's land et poussent la porte d'un snack-bar minable, tenu par un vieux pétomane et son employée, une jeune androgyne en débardeur blanc et blue-jean qui répond au prénom de Johnny. Celle-ci s'éprend bientôt de Krass et tous deux entament une relation moins amoureuse que sexuelle, ponctuée de bruyants ébats sodomiques (« Mr. Gainsbourg ignorerait-il l'usage du beurre ? », questionnera un journaliste anglais). « C'qui compte, murmure Krass à l'oreille de Johnny, c'est pas par quel côté j'te prends, c'est l'fait qu'on s'mélange et qu'on ait un coup d'épilepsie synchrone. C'est ça l'amour, bébé, et crois-moi, c'est rare. » (« Je retrouve Serge dans Krassky, dit Jane Birkin. Simplement Serge n'est pas pédéraste, mais c'est une question qu'il s'est posée. Il aime les femmes en tant qu'objets, excitation sexuelle. J'ai découvert tout ça, je m'y suis intéressée. » Et Gainsbourg d'acquiescer : « Krassky, c'est vrai, incarne tous mes fantasmes[31]. ») Fou de jalousie, Padovan tente de tuer sa rivale en l'étouffant avec un sac plastique. Mais Krass intervient, et les deux amants finissent par reprendre la route, abandonnant la jeune barmaid à son triste sort.

Le sensible Padovan a les traits d'Hugues Quester, alors acteur emblématique de Patrice Chéreau à la scène (*Richard II* de Shakespeare, *La Dispute* de Marivaux) comme à l'écran (*La Chair de l'Orchidée*). Face à lui, Joe Dallesandro est l'incarnation idéale de Krassky, le mâle sexuel et dominateur à la beauté sculpturale. Il se trouve que l'icône du cinéma underground new-yorkais, acteur attitré d'Andy Warhol et de son élève Paul Morrissey, aspire à se défaire de l'emprise vampirisante de ses mentors et poursuivre sa carrière en Europe. Gainsbourg, qui venait d'essuyer le refus de Dirk Bogarde à qui il avait en premier lieu proposé le rôle, a profité de l'aubaine, sur les conseils d'Anne-Marie Rassam, l'épouse de Claude Berri – par amitié, ce dernier s'est imposé comme coproducteur. Ne parlant pas français, Joe Dallesandro est doublé par Francis Huster. Abonné aux personnages de brutes, escrocs ou officiers nazis et remarqué par Gainsbourg dans *Les Damnés* de Luchino Visconti aux côtés de Dirk Bogarde, l'acteur allemand Reinhard Kolldehoff incarne Boris, le patron pétomane du snack. On croise aussi Michel Blanc en ouvrier petite frappe à la mèche rebelle et Gérard Depardieu, paysan bien pourvu (« Avec c't'engin-là... j'en ai envoyé plus d'un à l'hosto ! »), puis le groupe Au Bonheur des Dames qui anime un bal glauque. Sans oublier la fidèle Nana, le bull-terrier de Serge !

Naturellement, la muse qui donne au film des accents déchirants qu'on ne lui soupçonnait pas, c'est Jane Birkin. C'est pour elle que Gainsbourg a imaginé le personnage de Johnny. « [Du] sur mesure, dit-elle. Personne n'aurait pu le tourner à part moi[32]. » « Serge ne pouvait pas faire ce film sans Jane, confirme le producteur Jacques-Éric Strauss. Et elle, qui était très amoureuse de lui, s'est montrée très coopérative. Ce film est un cadeau de Serge à Jane, mais aussi réciproquement de Jane à Serge[33]. » « C'est un échange artistique entre les deux, un troc de talents[34] », renchérit Willy Kurant.

À la lecture du scénario, Jane Birkin est conquise : elle n'en retient que l'aspect romanesque, une vision shakespearienne du drame amoureux, acceptant l'idée que l'obscénité ici est moins dans la démonstration de l'acte sexuel que dans la verdeur langagière et la noirceur de l'âme humaine, une symbolique poussée à son paroxysme et soumise à une fin artistique: «Je me suis demandé pourquoi personne n'avait jusque-là eu l'idée de faire un film dans lequel un homosexuel tombait amoureux d'une fille parce qu'elle ressemblait à un garçon[35] », note-t-elle. Pour accentuer son apparence androgyne, elle renonce au maquillage et se coiffe d'une perruque courte confectionnée par son amie Ava Monneret, dissimulant ses longs cheveux tressés et ramenés sur le haut du crâne. La caméra la filme crûment, sans le moindre artifice.

«La nudité ne gênait pas Jane, signale Strauss, c'était secondaire comparé au travail d'interprétation du personnage, à la façon de l'incarner de la manière la plus juste et de répondre aux attentes de Serge[36]. » «La nudité à l'écran n'est autre que la crispation d'un corps dans un paysage ou dans un décor, ajoute Kurant. Jane se moquait bien d'être ou non provocante, elle avait le sentiment très fort de participer à une œuvre, même si le terme paraît grandiloquent, c'était tout ce qui comptait à ses yeux[37]. » Elle voit en Gainsbourg un cinéaste original de la trempe de Ferreri ou Antonioni, mais aussi le peintre, l'esthète. Il y a une certaine fierté chez elle à se représenter telle une égérie et servir une œuvre d'art: «Quand on est acteur, c'est quelque chose d'irrésistible d'être vu par quelqu'un qui laisse sa marque sur vous. Je suis un modèle. Si j'avais vécu dans une autre époque, mon bonheur aurait été de poser pour des peintres ou des sculpteurs, pour Rodin, Gauguin ou Picasso. Je me serais jetée dans une baignoire comme a fait le modèle de Rossetti, qui est morte d'une pneumonie quand il l'a laissée trop longtemps dans l'eau pour peindre Ophélie[38]. »

«Cependant, il se murmurait des choses dans l'équipe, fait remarquer Kurant. Le directeur de production choisi par Strauss trouvait absolument déplorable ce que

Gainsbourg faisait faire à sa femme devant la caméra… J'avais moi-même conscience que nous faisions un film particulier pour l'époque et je me demandais comment il allait être reçu[39]. »

« Je suppose en outre qu'il y a eu des tensions particulières car Serge se montrait très exigeant – il savait ce qu'il voulait et tant qu'il ne l'avait pas, il ne lâchait pas –, mais Jane n'en a rien montré[40] », ajoute Strauss.

« C'était quelque chose de presque effrayant qui m'arrivait, mais assez agréable après coup, confiera-t-elle. Pas pendant, mais après. Comme après une opération ou un accouchement. On ne peut pas dire que c'est agréable d'accoucher, mais il y a une curieuse satisfaction d'avoir eu si mal[41]. »

On raconte que Jane vivait tellement son rôle que sa relation avec Joe Dallesandro suscitait quelques accès de jalousie de la part de Gainsbourg. En témoigne Hugues Quester : « Elle était troublée par le physique de Joe et Serge est devenu jaloux de sa création. Mettre en scène quelqu'un qu'on aime dans une situation comme celle-là est un jeu très dangereux, mais en même temps c'est un acte d'amour superbe[42]. » On évoque même les mauvais effets de l'alcool sur le comportement de Serge, ce que dément Jacques-Éric Strauss : « J'avais posé une condition : je lui avais fait promettre de ne pas boire pendant le tournage, sauf le soir quand nous nous retrouvions tous autour d'une table. Mais la journée, Serge a respecté sa promesse[43]. »

Le film sort en salles le 10 mars 1976, échappant *in extremis* au classement X et écopant d'une interdiction aux moins de seize ans.

La critique tire dessus à boulets rouges. Jean Rochereau exprime dans *La Croix* « une allergie sans nuance » :

« N'ayant l'habitude de fréquenter les décharges publiques que pour y déposer des ordures, je m'abstiendrai de tout autre commentaire. » Louis Chauvet du *Figaro* trouve le film « insupportable, choquant et provocant ». « Débectant » est le qualificatif choisi par Delfeil de Ton dans *Libération* et décliné en genre : « Débectante, l'utilisation de sa femme, Jane Birkin, ramenée dans le film à un trou du cul, au sens littéral, qui a besoin d'être renforcé. » Et Jacqueline Michel (*Télé 7 Jours*) de prédire : « Après ce numéro d'androgyne miteux, je crains qu'elle ne fasse plus guère rêver. »

Une faible vague approbatrice se heurte à la déferlante hostile. Dans *Le Quotidien de Paris*, Henry Chapier applaudit le « romantisme échevelé » d'un film « iconoclaste » et le courage d'une actrice qui bouscule sa « carrière tranquille » : « La ravissante petite Anglaise acide dilapide consciemment un capital de sympathie construit autour d'une image conventionnelle d'ingénue, au profit d'un rôle infernal. » Invité dans *Le Masque et la Plume* sur France Inter pour parler de son nouveau film *L'Argent de poche*, François Truffaut escamote sa propre promotion pour encourager les auditeurs à courir voir *Je t'aime moi non plus*. Mais le public ne suit pas… À ceux qui ne voient dans le film que laideur et puanteur, Robert Chazal (*France-Soir*) oppose « mélancolie, […] dérision, […] tendresse sans illusion et […] désespérance ». Et d'ovationner la douleur déchirante exprimée par Jane Birkin lorsqu'à la fin du film, « nue et pathétique, [elle] s'écroule sur l'herbe sale devant le snack-bar », tandis que le camion s'éloigne, emportant son amoureux. « C'est la fin d'une aventure qui dépasse son apparence scandaleuse pour atteindre à la grandeur tragique. » Et la musique de Gainsbourg renforce l'effet dramatique de l'instant, cette somptueuse « Ballade de

Johnny Jane » sur laquelle il écrit bientôt un texte chanté par son héroïne et qui est gravée sur 45 tours* :

« Hey Johnny Jane
Efface tout ça, recommence, liquide
De ta mémoire ces brefs instants torrides
Hey Johnny Jane
Un autre camion à benne
Viendra te prendre pour t'emmener vers d'autres
Florides[44]... »

Ex-fan des sixties

Serge Gainsbourg a du mal à digérer l'échec de *Je t'aime moi non plus*, qui sera plus tard programmé dans les cinémathèques comme une œuvre postmoderne des années 1970. Pour se renflouer, il répond favorablement à la proposition faite par Jacques Séguéla de réaliser une série de spots publicitaires pour Woolite avec Jane Birkin, Brigitte Fossey et Marlène Jobert. Puis, il s'attelle à la préparation d'un album pour Jane, initialement nommé *Apocalypstick* comme l'un des deux succès du disque, devenu par la suite *Ex-fan des sixties*, d'après le titre-locomotive, qui paraît en février 1978. La nostalgie est de mise :

« Ex-fan des sixties
Petite Baby Doll
Comme tu dansais bien le rock'n'roll

* Sur la face B du disque, sorti en octobre 1976, figure la chanson gaguesque « Raccrochez c'est une horreur », avec la voix de Gainsbourg qui joue le maniaque sexuel au téléphone. Jane Birkin défend les deux chansons le 9 octobre dans un « Numéro un » des Carpentier qui lui est consacré et lors duquel on la voit reprendre « Comment lui dire adieu » (avec Françoise Hardy), « Comic Strip » (avec Coluche) et « La Gadoue » (avec Coluche et Jacques Villeret).

Ex-fan des sixties
Où sont tes années folles ?
Que sont devenues toutes tes idoles[45] ? »

Jane Birkin garde un souvenir laborieux des premières sessions d'enregistrement ; elle n'arrivait pas à suivre le tempo, ce qui créait quelques tensions en studio : « Serge, qui avait un rythme inné, ne comprenait pas que je puisse en être ainsi dénuée. Pour lui, même les enfants étaient capables de choses infiniment plus difficiles[46] ! » Finalement, sur les conseils de Philippe Lerichomme, les sessions sont interrompues pendant six mois. Entre-temps, Elvis Presley et Marc Bolan, chanteur de T. Rex, viennent s'ajouter aux rock stars disparues, énumérées comme une litanie dans la chanson et prononcées « à l'anglaise » par son interprète (Brian Jones, Jim Morrison, Eddie Cochran, Buddy Holly, Jimi Hendrix, Otis Redding, Janis Joplin).

Aimant swinguer avec les mots, Gainsbourg se livre à un « Exercice en forme de Z » (et exercice de diction exigeant pour la chanteuse), porté par une exquise mélodie rythmée au piano, et un autre qui recense des rimes en X (« Classée X »). Inventeur de néologismes audacieux, il recycle « L'Aquoiboniste », clin d'œil à l'ami Jacques Dutronc initialement donné à chanter à Françoise Hardy qui l'a refusé et que Jane Birkin semble dédier à son auteur – la chanson, choisie pour illustrer le générique d'un feuilleton, obtiendra un énorme succès au Japon en 1999 :

« C'est un aquoiboniste
Un faiseur de plaisantristes
Qui dit toujours à quoi bon
À quoi bon
Un aquoiboniste

Qui me dit le regard triste
Toi je t'aim', les autres ce sont
Tous des cons[47]. »

Le glamoureux « Apocalypstick », deuxième *single* extrait de l'album, et l'allusif « Rocking-chair » à double sens, créé quatre ans plus tôt par Isabelle Adjani à la télévision*, sont familiers de l'univers de Birkin manigancé par Gainsbourg. Subrepticement, pourtant, on s'éloigne de la muse moitié perverse, moitié ingénue – la pochette du disque en atteste qui présente un portrait de Jane pensive et chaudement habillée d'un pull-over rouge (même si la photographie originelle, recadrée pour le visuel du disque, montre la pose plus suggestive du modèle, les jambes nues relevées sur l'accoudoir du fauteuil) –, et la thématique amoureuse à connotation érotique du répertoire habituel cède la place à une étonnante gravité, voire au lyrisme (« Le Velours des vierges »), jusque dans la voix profonde et sensible de l'interprète qui se coule dans les mélodies classieuses du compositeur. De la « Mélodie interdite », on glisse vers le « Mélo Mélo ». Sont évoqués l'absence ou le départ de l'autre (« Nicotine »), l'ennui et la déprime (« Dépressive »), le cheminement inexorable vers le silence et la mort (« Vie, mort et résurrection d'un amour passion ») :

« Nous nous sommes dit tu
Nous nous sommes dit tout
Nous nous sommes dit vous
Puis nous nous sommes tus[48]. »

Sa quête de reconnaissance passant à tout prix par l'approbation du public et la popularité médiatique,

---

* Précisément le 21 septembre 1974 dans « Top à Sacha Distel ».

Serge Gainsbourg s'impose la même année comme l'un des grands triomphateurs de l'été au hit-parade avec « Sea, Sex and Sun » (thème du film *Les Bronzés*), une chanson facile mais efficace, sur un rythme disco, puis il va connaître la gloire recherchée auprès d'un jeune public en imposant le reggae en France. Et Gainsbourg va se défiler au profit de Gainsbarre…

8

« Passer à autre chose vaudrait mieux[1] »

Pendant les trois années qui succèdent au scandale provoqué par le film *Je t'aime moi non plus*, Jane Birkin continue de tourner à une cadence régulière et fréquente, mais cet affairement n'ajoute aucun chef-d'œuvre à sa filmographie. Tout lui paraît fade et sans ambition après une expérience aussi enrichissante. Elle pensait pourtant que ce rôle dans lequel elle s'était investie au-delà de ses possibilités, jusqu'à perdre le contrôle de soi, allait lui ouvrir toutes grandes les portes d'un cinéma plus exigeant. Elle se sent alors capable de toutes les prouesses, pourquoi pas jouer le frère Brontë dans le film d'André Téchiné (« Il ne l'a jamais su. Je ne lui ai jamais dit directement[2] »), être Peter Pan au théâtre, un vieux fantasme, ou chanter dans *L'Opéra de quat'sous*, puisqu'elle rêve de comédie musicale ! La déception est grande. « J'ai eu une période dure dont je suis aussi responsable, dit-elle dans *Cinématographe*. C'était comme sortir d'une maison, croire qu'une autre va vous accueillir et se retrouver dans la rue[3]. »

Après *Le Diable au cœur*, une comédie dramatique de Bernard Queysanne taxée d'une interdiction aux moins de dix-huit ans à sa sortie pour ses scènes de violence et d'érotisme pervers, elle accepte sans conviction de donner la réplique à Aldo Maccione dans une pitrerie italienne jamais sortie en France, *Bruciati da cocente passione (L'amour c'est quoi au juste?)* de Giorgio Capitani, qui n'a d'intérêt que pour le séjour passé à Milan avec Serge Gainsbourg, lequel occupe son temps libre à tracer l'ébauche de *L'Homme à tête de chou*. Gainsbourg est encore du voyage en septembre 1977 quand Jane part tourner en Égypte *Death On The Nile (Mort sur le Nil)*, d'après Agatha Christie, mis en scène par John Guillermin, le réalisateur de *La Tour infernale*. Superproduction britannique, le film est l'occasion pour l'actrice de jouer dans sa langue maternelle et de partager l'affiche avec des légendes du cinéma international comme Peter Ustinov et Bette Davis. Elle n'y tient cependant qu'un petit rôle, celui de la domestique française (!), assassinée dès les premières minutes du film et qui n'apparaît ensuite que brièvement, lors de flash-backs. Et l'expérience s'avère décevante, voire humiliante, car l'actrice devenue populaire en France réalise brutalement sur ce tournage en terre étrangère que sa notoriété dans son pays de naissance est devenue inexistante: «Combien de fois je me suis dit: "Si seulement un jour, près des Pyramides, un touriste français pouvait me reconnaître et me demander un autographe, je serais sauvée!" Bien sûr, ce n'est jamais arrivé[4]…» Fataliste, elle en déduit qu'elle est «destinée à finir dans un petit cimetière en France[5]»!

Pendant les deux mois de tournage, Serge Gainsbourg passe ses journées dans sa chambre d'hôtel à travailler sur le scénario d'un film, *Black-out*, un drame noir et passionnel qui se déroule en une nuit pendant une panne d'électricité générale à Los Angeles – le seul éclairage est celui des phares d'une Cadillac, qui baisse d'intensité au fur et à mesure que le suspense grandit et que la batterie s'affaiblit – et réunirait à l'écran Jane Birkin et Isabelle Adjani, ainsi qu'un acteur masculin dont le nom variera en cours d'écriture. Le thème s'inspire du black-out qui a plongé la ville de New York dans l'obscurité les 13 et 14 juillet 1977 et suscité pillages et émeutes. Le projet est ambitieux, Gainsbourg le présente aux producteurs comme un suspense hitchcockien, à la limite du film d'horreur, mais il ne convainc pas*. Hélas.

De retour en France, Jane Birkin renoue avec la comédie aux côtés de Victor Lanoux dans *Au bout du bout du banc*, portrait pétillant d'une famille juive réalisé par Peter Kassovitz, père de Mathieu Kassovitz qui trouve ici son premier rôle d'acteur au cinéma à l'âge de douze ans en incarnant le fils de Jane. Puis, elle fait une brève apparition dans *L'Animal* de Claude Zidi, avec Jean-Paul Belmondo, avant de rejoindre à Madrid l'équipe de *La Miel* de Pedro Maso, un film dramatique écrit par Rafael Azcona, le scénariste de Marco Ferreri, dans lequel elle campe une prostituée. Elle retrouve avec joie Jean-Louis Trintignant à Lugano pour *Melancholy Baby* de la réalisatrice suisse Clarisse Gabus – elle y incarne une femme mariée qui remet sa vie en question. À l'automne 1979, Jane part pour l'Autriche tourner *Egon Schiele (Enfer et passion)*, sous la direction d'Herbert Vesely : elle y est le modèle et la maîtresse d'un peintre maudit du début du XXe siècle qui a les traits de Mathieu Carrière. Sur le tournage, elle impose à la production Ava Monneret, son amie coiffeuse qui la suit partout. Mais, atteinte d'une hépatite C, celle-ci décède brutalement au mois de novembre, laissant un vide immense. « J'ai vu la souffrance de ses parents

* Le scénario de *Black-out* donnera cependant naissance en 1983 à une bande dessinée de Jacques Armand, éditée par Les Humanoïdes Associés.

voyant mourir leur fille, témoigne Jane Birkin. Je n'ai jamais rien vu de plus affreux de ma vie. Cette impuissance devant la souffrance, l'absurdité et le mystère de la maladie[6]. » L'actrice éprouve alors le besoin de mettre sa carrière entre parenthèses et de s'isoler à la campagne. « Je ne trouvais rien à la mesure de mon désespoir. Alors je n'ai rien fait[7] », dit-elle. Une relation très forte va désormais se nouer avec la famille de la défunte qui réside à Saint-Eusèbe, une commune de Bourgogne où l'actrice viendra régulièrement se ressourcer.

> « À la vie elle avait dit "pause"
> C'est ainsi qu'elle s'en est allée
> Je l'ai retrouvée au détour d'une allée
> Où à jamais elle repose[8]... »

Jacques Doillon, le fils prodige

À la douleur causée par la perte de son amie s'ajoute une crise sévère au sein de son couple. Jane Birkin et Serge Gainsbourg s'aiment encore, mais ils n'ont pas évolué de la même manière. Tandis que Serge continue à se conduire comme un grand gamin, passant ses nuits dehors et rentrant au petit matin dans des états d'ébriété avancés, on peut dire de Jane qu'elle a atteint l'âge de la maturité, tout au moins un cap où l'on se responsabilise, pour soi et pour ses enfants. « J'avais le sentiment que mon extérieur ne correspondait pas à mon intérieur, dit-elle. Le temps avait passé. Mais Serge ne voulait pas voir les gens vieillir, les enfants grandir. Je me rappelle, les pieds de Charlotte dépassaient de son lit, c'était drôle... Avec moi, c'était moins drôle[9]. »

Sur le plan professionnel, il est temps de se défaire de l'image charmante et exotique de la petite Anglaise, tout au moins la dépasser pour imposer une présence forte, une identité profonde, et insister dans un genre où le grand public ne l'a pas encore acceptée. Ne plus envisager son art à la légère, s'y investir plus avant, exprimer des choix, prendre des risques, développer ses capacités, donner envie à des metteurs en scène de s'engager sur son nom. Faire oublier l'image fabriquée par Gainsbourg, son ombre tutélaire, ne plus être seulement une part de lui, une femme-objet, un accessoire. « Serge me disait : "Mais qu'est-ce que t'as, t'as tout !" Ça ne vous réconforte pas quand plus rien ne va dans votre tête, j'avais l'impression de ne plus correspondre à rien[10]. » Alors, elle attend. La mort d'Ava a marqué une rupture nette dans l'évolution personnelle et professionnelle de Jane : « Après la mort d'Ava, je ne trouvais plus le cinéma rigolo. Partir sur un film pour m'amuser ne me tentait plus parce qu'elle ne serait plus là pour rire avec moi. Je n'avais plus envie de la drôlerie, des valises, des escapades avec les enfants[11]. »

C'est Jacques Doillon qui vient à sa rencontre et l'extrait de sa retraite méditative. En 1980, il est un jeune réalisateur à l'univers singulier et sensible, parmi les plus originaux du cinéma français. On voit en lui un héritier de François Truffaut pour sa propension à filmer l'enfance et fouailler les déchirures intimes. « On en vient tous, de l'enfance et de la petite enfance, dit-il. [...] Il est terrible que, de là d'où l'on vient, on n'arrive pas à désirer s'en approcher en tant que cinéaste. [...] Je crois qu'il est difficile de faire ce métier en particulier en lâchant la main de l'enfant que j'ai été[12]. » Qu'importe l'acteur, Doillon s'applique sur un tournage à orienter son jeu vers un dépouillement qui ramène à l'enfance : « Ce qui m'intéresse à chaque film, quand bien même je tourne avec des adultes, c'est l'idée de les déshabiller de leur aspect social, dit-il. Trouver des acteurs pour en venir là : avant l'argent, avant la vanité, avant le renoncement, avant cette espèce de place qu'on se forge dans le monde. Tourner avec des comédiens, c'est presque enclencher une régression positive. Dire qu'on va retrouver la part d'enfance de tous ces adultes, ce serait peut-être exagéré mais il y a quelque chose de ça. Un personnage qui reste ce qu'il est, ça ne m'intéresse pas. Ce que je cherche, c'est l'humanité[13]. » Doillon s'affirme en outre comme un cinéaste du verbe. En cela, il se situe plus volontiers entre Woody Allen et Ingmar Bergman. « Doillon est probablement le meilleur psychologue des âmes simples, écrit Patrick Thevenon dans *L'Express*. Il s'exprime sur deux modes parfaitement adéquats : des dialogues d'une acuité, d'une justesse, d'une concision remarquables ; des images limitées dans l'espace et dans le temps aux strictes exigences du sens. Ses personnages ne disent que les mots nécessaires, n'accomplissent que les gestes signifiants[14]. » Élevé dans une communauté de femmes, sa mère, sa grand-mère, ses cousines, il sait dépeindre leur âme et décrypter leurs sentiments avec une admirable pudeur. Sans artifices ni provocation. Une sorte d'antithèse de Gainsbourg, en somme.

Après *La Femme qui pleure* (magnifiquement incarnée par Dominique Laffin) et *La Drôlesse*, prix du Jeune cinéma au Festival de Cannes, puis nommé dans plusieurs catégories aux Césars en 1980, Jacques Doillon cherche sa *Fille prodigue*. Elle pourrait bien avoir les traits de Jane Birkin, mais sa timidité le retient d'aller vers elle. Ce n'est pas faute de l'avoir aimée au cinéma et sur disque : « Il y avait les films de Zidi, et aussi celui de Gainsbourg, et le film de Queysanne. À chaque fois, je l'aimais. Il y avait les chansons et cette voix faible, pure et blessée, avec des beautés de déraillements, des glissements trop subtils pour être calculés. À tout coup, je l'aimais. Je ferais un film avec ce visage, cette voix-là[15]. » Anne-Marie Rassam-Berri le sait ; quand elle suggère à Birkin de contacter Doillon, l'actrice rejette l'idée : ce n'est pas dans ses habitudes de démarcher les réalisateurs, elle préfère qu'on la désire et la demande. Cependant, elle court voir *La Drôlesse* et en sort éblouie. Mais, habitée par un sentiment tenace de dévalorisation de soi, le découragement l'emporte sur l'enthousiasme : « Après ça, j'avais encore moins envie de lui téléphoner, justement parce que j'avais aimé[16]. » Finalement, à force de valses-hésitations, rendez-vous est pris et le cinéaste vient un jour sonner au 5 *bis* rue de Verneuil. À cause de l'austérité et de la rigueur protestantes qu'elle a perçues dans son film, ajoutées à un nom sonnant comme « doyen », Jane Birkin s'attend à voir apparaître un monsieur d'un âge respectable, portant costume strict et cheveux blancs, et découvre étonnée un jeune garçon* dégingandé, aux longs cheveux bruns et à l'allure un peu empruntée. Il dit qu'il est venu spécialement pour elle, avec l'intention de lui donner à jouer un personnage qui serait proche de lui et aiderait à exorciser un manque : « La mort de mon père est le point de départ de l'écriture de ce film, explique Jacques Doillon. Plutôt que de faire un film nostalgique à la recherche du père disparu, j'ai préféré le faire revivre pour mieux revenir sur cette éternelle histoire d'amour, plus ou moins ratée. [...] Il n'y a aucune référence à mon passé. Mais il y a plus : le manque. Le manque et le passé qu'on aurait aimé vivre. »

La rencontre avec Jane Birkin donne l'élan nécessaire à la finalisation du projet, tous deux se revoient

---

* Jacques Doillon est né le 15 mars 1944 ; il a trente-cinq ans au moment de sa rencontre avec Jane Birkin.

régulièrement, apprennent à se connaître, il lui fait découvrir ses autres films, elle devient sa muse et il tisse autour de son projet l'histoire d'une femme de trente ans en plein bouleversement affectif et sa relation passionnelle avec son père : « J'ai achevé d'écrire le film après avoir connu Jane. J'ai tout de suite su que Jane pouvait être, était même "ma fille prodigue"[17]. »

De fait, la relation avec le père est un thème qui parle au cœur de l'actrice, tout comme la nostalgie mélancolique de l'enfance. Et surtout ce rôle et la rencontre avec ce jeune cinéaste offrent à Jane Birkin la possibilité inespérée d'un recommencement, d'une renaissance. Physiquement, d'abord. Jacques Doillon lui demande de jouer sans maquillage, les cheveux tirés, dans des vêtements stricts, boutonnés jusqu'au cou. Psychologiquement, ensuite. Car le cinéma de Doillon repose sur un scénario très écrit et une mise en scène soignée, ce qui induit généralement des tournages sous pression : si une large place est accordée au jeu de l'acteur, c'est pour que celui-ci donne le meilleur de lui-même et apporte un éclairage nouveau à l'histoire. Pour obtenir cette vérité-là, le metteur en scène peut multiplier les prises à l'envi : « Le plaisir naît à l'écriture et encore plus au tournage, explique-t-il. Et ce dernier est plaisant si cela reste dans l'ordre de la liberté. On ne demande pas à un peintre s'il a son tableau déjà dans la tête avant de le peindre, pourquoi en va-t-il différemment des cinéastes ? Pour quelle raison ne pourrait-on pas demander à des acteurs de tourner plus joliment la scène ou les placer plus dans la liberté que dans la facilité du jeu en trois prises[18] ? »

Cette exigence artistique plaît à Jane Birkin, même si l'angoisse de ne pas être à la hauteur vient gâter le plaisir du jeu. D'autant que son accent, qui constituait jusqu'alors son meilleur atout, se révèle être un handicap. Heureusement, elle peut compter sur Michel Piccoli, « l'amour de Piccoli » comme elle a coutume de le nommer, qui joue son père et se montre très attentif et coopératif, au point de l'aider le soir à travailler son texte ou lui servir d'antisèche pendant les prises, collant des bouts de répliques sur son chapeau ou son pull-over.

« Je passais mes nuits à travailler les dialogues et le personnage, dit-elle. [...] Il fallait que je creuse en moi comme on creuse une dent pour en faire sauter le plombage, et que j'extirpe de mon enfance les traumatismes indispensables à l'histoire, ou mieux, que je les fabrique sur mesure. Le matin, j'avais une tête dramatique, mais ça collait au rôle[19]. »

Un jour, incapable d'articuler correctement le mot « encouragement », elle se heurte à la colère de Doillon, quitte le plateau en larmes et se réfugie dans sa maison normande, à quelques kilomètres – le film se tourne à Trouville-sur-Mer, entre le 16 juin et le 14 août. Le lendemain, elle revient plus combative que jamais : « Ma fierté était en jeu, et mon orgueil : j'étais déterminée à montrer à Jacques qu'il n'avait pas eu tort de me choisir[20]. »

La Fille prodigue sort sur les écrans le 25 mars 1981. Depuis un mois, la France focalise son attention sur la campagne électorale de la présidentielle, en particulier le duel sans merci que se livrent Valéry Giscard d'Estaing et François Mitterrand. Sur les panneaux publicitaires parisiens, les affiches de films sont recouvertes par celles des deux candidats. « Je déchirais leur visage avec mes ongles, sur les Champs-Élysées, tellement je trouvais ça injuste d'avoir payé si cher notre place et d'être recouverts pendant la nuit », se souvient Jane Birkin. Le film est retiré de l'affiche après seulement sept semaines d'exclusivité, « comme une maladie honteuse, dit-elle, comme un enfant mort-né[21] », malgré une bonne critique, encourageante pour l'actrice que chacun s'accorde à trouver bouleversante. « Fragile et dure à la fois, elle semble venir à la lumière pour la première fois, comme un papillon qui aurait quinze ans de chrysalide derrière lui », écrit Michel Mardore dans *Le Nouvel Observateur*. « Elle s'identifie à son personnage avec la sincérité de la détresse », enchérit Robert Chazal dans *France-Soir*. Et de présager : « Une nouvelle Birkin est née que l'avenir ne pourra que confirmer. »

Jacques Doillon s'en félicite. D'autant qu'il est tombé amoureux de sa comédienne. Et à ce moment-là de sa vie, Jane Birkin a précisément besoin de se sentir aimée, d'être importante dans les yeux d'un autre. La trentaine est la période idéale de la vie d'une femme, pense-t-elle, quand la passion amoureuse se charge de vécu et prend les accents de douce mélancolie des romans de Stefan Zweig.

La fin d'un couple mythique

« Si tu fais ce film, c'est inutile de revenir à la maison ! », lui avait dit Gainsbourg, ivre de jalousie. Le succès remporté auprès d'un jeune public depuis l'album *Aux armes et cætera*, concrétisé par dix soirées triomphales au Palace* et plusieurs dates en province, a métamorphosé « l'homme à tête de chou ». Au lieu de le rasséréner, il le pousse à la provocation et à l'autodestruction. Gainsbourg s'efface au profit de son double Gainsbarre. Et la gloire finit par avoir raison du couple mythique. « C'était normal que ces événements changent quelque

* Jane Birkin et ses filles assistent à la première du spectacle le 22 décembre, avant de partir fêter le traditionnel réveillon de Noël en famille, à Londres.

chose, commente Jane Birkin. Désormais Serge appartenait au public, je devais l'admettre, même si j'éprouvais parfois une certaine nostalgie. » Mais la jalousie et les excès d'alcool le rendent violent. Dans ce naufrage elle assume sa part de responsabilité : « Parce que le personnage qui empêche l'alcoolique de se guérir, c'est souvent la femme ou la mère. Elles se sont habituées à la drogue et aux défauts de leurs malades. S'ils guérissent, elles sont complètement paumées. Alors, inconsciemment, elles freinent la guérison[22]. » On raconte que les échanges violents entre les personnages incarnés par Catherine Deneuve et Serge Gainsbourg dans *Je vous aime* de Claude Berri – le film se tourne d'avril à août 1980, et sort en salles le 17 décembre – s'inspirent de la réalité quotidienne du couple Birkin-Gainsbourg. Celui-ci ne le nie pas : « Claude Berri s'est inspiré de ma vie, d'une certaine façon. Dans le scénario, je fais souffrir Catherine. J'ai été méchant, moi aussi, très méchant[23]. »

Un soir de la mi-septembre, il dépasse le seuil du tolérable. Jane Birkin s'en va précipitamment, emmenant ses filles avec elle. « Je suis partie de cette maison comme la Belle au bois dormant et la moitié de mes affaires y sont restées… C'est très étrange[24]… » Elles logent un temps à l'hôtel Hilton Suffren (aujourd'hui Pullman), au pied de la tour Eiffel, puis dans une maison de la très cossue villa Montmorency, prêtée par Jacques Séguéla, avant d'acheter rue de la Tour, sur un tuyau de son amie Françoise Hardy, un vieil hôtel particulier qu'elle restaure et aménage, pour s'y installer avec Jacques Doillon. Elle aspire alors « à s'asseoir sur un banc et à ressembler à n'importe qui[25] ». « Avec Jacques, la vie redevenait légère, dit-elle. Il y allait de ma survie : j'avais passé des années à n'être là que pour ramasser Serge. Et puis, ma vie privée est enfin devenue privée[26]. »

Gainsbourg s'effondre. Il ne s'en remettra jamais tout à fait.

> « J'ai l'impression que c'est la fin
> Je me sens soudain
> Tellement lointain[27] »,

chante-t-il bientôt*. Il tentera d'exorciser sa douleur dans l'écriture, elle se lit entre les lignes écrites pour Alain Chamfort (« Amour année zéro ») et Catherine Deneuve (« Souviens-toi de m'oublier »), sur son propre album *Mauvaises nouvelles des étoiles* publié la même année (1981), avant de la faire jaillir comme autant de déclarations d'amour éternelles rassemblées en un triptyque de vinyles dans la bouche de Jane Birkin : *Baby Alone In Babylone* (1983), *Lost Song* (1987), *Amours des feintes* (1990)…

« J'ai beaucoup souffert, j'ai même pleuré des larmes physiques, longtemps ! Je ne pensais pas qu'on pouvait pleurer à cinquante-deux ans[28] », s'épanche-t-il.

Il trouve refuge chez Gérard Depardieu, un compagnon de beuveries. La rupture s'étale en gros titres dans la presse people, mais par respect pour son ancien compagnon et pour ses enfants, Jane Birkin refuse de faire des commentaires et s'en remet à son avocat, Me Dreyfus. « J'ai vécu douze années exceptionnelles avec un personnage exceptionnel », dit-elle simplement, tandis que Gainsbourg constate avec amertume : « J'ai eu une fille en or mais elle s'est tirée », et assume ses torts : « Elle m'a jeté et c'était bien fait pour ma gueule, puisque je lui cassais la sienne[29]. »

---

* La chanson « Dépression au fond du jardin » est créée par Catherine Deneuve dans l'album *Souviens-toi de m'oublier*, avant d'être reprise par Serge Gainsbourg en 1985 dans son spectacle au Casino de Paris, puis par Jane Birkin en 1996 dans *Versions Jane*.

La séparation est tout aussi difficile à vivre pour les enfants. Kate, treize ans, se trouve alors déchirée entre l'amour qu'elle porte à Serge Gainsbourg, l'homme qui l'a élevée et qu'elle considère comme son père, et la découverte de son père biologique, John Barry, qui profite de la situation pour entrer enfin dans sa vie : « Mon père a pris contact avec moi dès qu'il a appris la séparation. J'ai accepté de le voir. Serge l'a vécu comme une trahison[30]. » Le temps aidera à la réconciliation, mais entre-temps l'adolescente croit guérir son mal-être dans les sorties nocturnes et la consommation d'alcool, de poudre blanche et de médicaments. Par ailleurs, l'intrusion de Jacques Doillon dans la sphère familiale pousse Charlotte, neuf ans, à se plaindre de lui auprès de son père, croyant ainsi minimiser le chagrin de ce dernier.

Mais bientôt la famille s'agrandit, pour le bonheur de tous. Lou Doillon voit le jour le 4 septembre 1982 dans une clinique de Neuilly-sur-Seine. Son prénom a été choisi d'un commun accord par ses parents, en référence aux *Poèmes à Lou* d'Apollinaire pour Jane Birkin, et à Lou Andreas-Salomé, la compagne de Nietzsche, pour Jacques Doillon, déjà père d'une fille de sept ans, Lola, née de son union avec la monteuse Noëlle Boisson. Attendre un enfant et le mettre au monde représentent aux yeux de Jane Birkin la plus belle chose qui soit : « Ces trois fois neuf mois-là ont été l'état le plus joyeux de ma vie. En train de faire quelque chose du mieux que je pouvais et que personne ne pouvait faire à ma place. Toute compétition était balayée. Pour les seules et uniques fois de ma vie, j'étais sûre de moi. Jamais paniquée. Comme si j'avais toujours su quoi faire. S'il avait manqué de lait, je me serais coupé les veines, elles auraient bu mon sang[31]. » Gainsbourg, que Jane appelle à peine remise de l'accouchement, accepte volontiers d'être le parrain de Baby Lou. Aussitôt, il fait livrer des cadeaux, des poupées, une paire de petites bottines, des étagères roses avec écrit dessus : « De la part de Papa 2 ».

Dès son plus jeune âge, Lou Doillon comprend qu'elle évolue dans une famille peu ordinaire, où certes l'amour ne manque pas, mais où les principes y sont quelque peu bousculés : « Ma mère était folle amoureuse de son frère, de son père, folle de Serge. Elle en parlait vingt-quatre heures sur vingt-quatre, mais elle vivait avec mon père. En même temps, Serge était là tous les soirs[32]... » Jane Birkin ne conteste pas cet amour envahissant, dont elle ne peut se défaire tout à fait, parce que Gainsbourg fait partie intégrante de sa famille et que, le chagrin de la rupture avalé, il s'est appliqué à entretenir une relation complice et tendre : « On était nécessaires l'un à l'autre. On avait chacun des partenaires assez généreux pour comprendre et accepter cette bizarrerie. J'ai été son amie jusqu'à sa mort. Je lui téléphonais comme à mon père, juste pour savoir ce qu'il allait manger, ce qu'il allait regarder à la télé. Il me disait : "J'ai un peu de cabillaud, je vais mettre un petit filet d'huile d'olive et je vais regarder un western..." C'était mon quotidien. Je trouve grandiose l'amour qui reste après l'amour[33]. » Dans cette famille recomposée et aimante, chacun tente donc de trouver sa place, même si ce n'est pas évident pour tout le monde : « J'ai trouvé mon créneau. J'ai été la "bouffonne", je faisais rire. La torturée, la mystérieuse, c'était Charlotte. L'énergique qui faisait plein de choses, c'était Kate. Celle qui était drôle et plus belle que toutes, c'était ma mère. Celui qui ne parlait pas et qui mangeait du Lexomil, c'était mon père. Celui qui dominait tout, c'était Serge[34] », résume Lou.

9

L'État de grâce

La Fille prodigue n'a pas apporté les résultats escomptés, ni en matière de recettes, ni en réponse aux espérances de Jane Birkin pour la suite de sa carrière. Pas de façon immédiate, en tout cas. En attendant de tourner les rôles dramatiques dont elle rêve, elle poursuit sa carrière en zigzag dans différents films qui ne sont pas forcément mauvais, mais qui ne révolutionnent pas le cinéma. Partagée entre Jacques Dutronc et Guy Marchand, elle est d'abord l'héroïne de *Rends-moi la clé !*, une comédie écrite par Nicole de Buron et réalisée par Gérard Pirès, qui traite de la vie après le divorce et fait chou blanc au box-office. Un peu mieux accueilli est *Nestor Burma, détective de choc*, polar burlesque de Jean-Luc Miesch que Jane Birkin accepte pour le plaisir de jouer avec Michel Serrault : ils forment un duo complice qui enquête dans le milieu du rock punk parisien. Cinq ans après *Mort sur le Nil*, elle retrouve Peter Ustinov et Maggie Smith dans *Evil Under The Sun (Meurtre au soleil)* de Guy Hamilton, d'après un roman d'Agatha Christie, mais cette fois son rôle est plus conséquent : elle joue l'épouse d'un des héros (Nicholas Clay), timide et complexée, jalouse d'une star de cinéma avec qui son mari prend du bon temps. Le tournage a lieu sur l'île espagnole de Majorque pendant l'été 1981 et s'apparente à trois mois de vacances au bord de la mer. Par accident, dit-elle, parce que Raquel Welch était malade, Patrice Leconte lui propose d'être la partenaire de Michel Blanc dans *Circulez y a rien à voir!*, qui se tourne trois semaines après la naissance de Lou. C'est ensuite Pierre Granier-Deferre qui la demande pour être l'une des nombreuses anciennes conquêtes de Vincent (Jean Rochefort) dans *L'Ami de Vincent*. Enfin, dix ans après *Projection privée*, elle retrouve le réalisateur François Leterrier qui la dirige aux côtés de Sami Frey et Gérard Jugnot dans *Le Garde du corps*, une comédie ratée.

Les deux Jacques, pirates de l'écran

« Plus que des sujets, dorénavant j'ai envie de tourner avec des metteurs en scène[1] », martèle Jane Birkin dans les interviews. L'année 1983 va répondre à son attente, à la faveur de Jacques Rivette, l'un des cinéastes majeurs de la Nouvelle Vague, le plus en marge et donc le plus méconnu du public en raison de son approche très intellectuelle du cinéma et de la durée souvent exceptionnelle de ses films.

Toutefois, la façon de travailler de Rivette déroute dans un premier temps la comédienne habituée à des méthodes plus conventionnelles. Venu à sa rencontre, chez elle, accompagné de Geraldine Chaplin, l'autre actrice choisie pour le film, il explique qu'il ne travaille jamais à partir d'un scénario prédéfini, mais autour de quelques grandes idées qui se précisent au fur et à mesure du tournage, en fonction des propositions des acteurs qui sont invités à improviser, étant donné que leur identité se confond avec celle de leur personnage. En l'occurrence, dans *L'Amour par terre* (le titre est emprunté à Verlaine), le film pour lequel il sollicite Jane Birkin et qui marque les débuts de la collaboration du réalisateur avec le scénariste Pascal Bonitzer, la part d'improvisation de l'acteur est justifiée par son thème qui instaure le paradigme du théâtre dans le cinéma : un auteur excentrique fait appel à deux actrices pour jouer l'une de ses pièces inédites, avec pour condition que la représentation doit avoir lieu dans huit jours et les répétitions dans la demeure de l'auteur. « Il m'a parlé d'un numéro avec des pigeons, raconte Jane Birkin. Quoi ? Il allait falloir que je fasse comme ces gens au cirque qui font sortir des pigeons de leur manche ! J'ai horreur de ça[2] ! » Prise de panique, elle refuse tout net. Improviser ? Comment en serait-elle capable, elle, si peu confiante en ses propres capacités, tellement angoissée par le regard des autres ?... Sur le seuil de la porte, avant de prendre congé, Rivette lui dit d'un ton désolé, à peu près comme Doillon quelques mois plus tôt : « J'étais juste venu pour vous dire que j'ai toujours voulu tourner avec vous. » Ce qui flatte l'ego d'une actrice dont le moteur a toujours été la séduction et le désir de plaire. La déclaration est d'autant plus louangeuse qu'elle émane d'une figure emblématique du cinéma d'auteur français. La porte à peine fermée, elle s'interroge sur la pertinence de sa réaction. Un cinéma du Quartier latin joue *Céline et Julie vont en bateau* de Rivette. Doillon lui suggère d'aller le voir pour en juger. En sortant de la projection, elle peste contre elle-même : « Je me serais giflée ! Moi qui n'avais pas le plus beau palmarès dont une actrice peut rêver, et de loin, j'avais osé chipoter devant ce type qui me faisait une déclaration de confiance absolue. C'était culotté[3] ! » Aussitôt, elle appelle Geraldine Chaplin pour exprimer ses excuses et son désir de faire le film. Jacques Rivette est ravi, il n'avait pas envisagé une autre actrice. Et le tournage, malgré les angoisses habituelles de Jane Birkin, se déroule sous les meilleurs augures.

L'Amour par terre est en compétition en août 1984 à Venise, avant d'être présenté en novembre au Festival du film de New York. Mais le public ne suit pas.

« C'est merveilleux, dit pourtant Jane Birkin, de travailler avec des auteurs visionnaires, comme Serge, Jacques Doillon ou Rivette. Pour moi, c'est un privilège que d'avoir pu faire des films qui étaient nécessaires à leurs auteurs pour ne pas crever[4]. » Son ambition est de poursuivre dans cette voie et « d'interpréter les "maladies" des autres ». Des opportunités s'offrent à elle. Joseph Losey, par exemple, la veut dans *Steaming*, un huis clos entre femmes. Mais Jane n'est pas libre, elle doit tourner au même moment *La Pirate* de son compagnon Jacques Doillon. Qu'à cela ne tienne : Losey lui promet qu'elle sera dans le suivant ! Flattée, elle lui fait une promesse à son tour : « Avant, je me ferai "star" pour toi pour que tu n'aies pas de soucis à trouver de l'argent sur mon nom. » Hélas, *Steaming* sera son dernier film ; Joseph Losey meurt au début de l'été 1984. « Maintenant qu'il n'est plus là, dit-elle, cela ne m'intéresse plus d'être une star de ce type-là[5]. »

Monté, étalonné et mixé dans l'urgence afin d'être montré au comité de sélection pour le Festival de Cannes, *La Pirate* relate l'histoire d'Alma, une femme écartelée entre son mari qu'elle aime (Andrew Birkin, dont c'est le premier rôle au cinéma), même s'ils vivent dans une violence quotidienne, et une jeune femme sensuelle et sauvage (Maruschka Detmers) pour laquelle elle éprouve une vraie passion. Incapable de choisir, elle se donne à l'un et à l'autre, sans pouvoir se guérir ni de sa souffrance ni de sa soif d'affection. « Des corps qui s'agrippent et qui se rejettent dans le même geste », écrit Alain Bergala dans les *Cahiers du Cinéma*[6]. Deux autres personnages importants – un homme (Philippe Léotard) et une enfant (Laure Marsac, César du Meilleur espoir féminin 1985)

1968. Jane et Serge tournent Slogan, le film culte qui verra naître leur amour.
(ph. Sunset Boulevard/Corbis)

Avec ses deux filles, Kate et Charlotte, pendant une pause lors du tournage du Mouton enragé, en 1974. *(ph. Georges Pierre/Sygma/Corbis)*

Après La moutarde me monte au nez, Jane forme avec Pierre Richard le duogagnant de la comédie populaire dans La Course à l'échalote en 1975. *(ph. Georges Pierre/Sygma/Corbis)*

1984. Avec Jacques Doillon, lors de la présentation à Cannes de La Pirate.
(ph. Catherine Cabrol/Kipa/Corbis)

Jane et ses parents Judy Campbell et David Birkin, réunis en 1987 pour le film d' Agnès Varda : Jane B par Agnès V. *(ph. Etienne George/Sygma/Corbis)*

En décembre 1988, avec son frère Andrew, lors la première de son filmBurning Secret. *(ph. Guillaume Dambier/Sygma/Corbis)*

Une des dernières photos de Serge avec Jane, en août 1990.
(ph. Richard Melloul/Sygma/Corbis)

Avec cet « amour de Piccoli » sur le tournage de La Belle Noiseuse, en 1990.
(ph. Moune Jamet/Sygma/Corbis)

En 2007 en famille, avec Lou Doillon, Yvan Attal et Charlotte Gainsbourgà la première de Spider-Man 3. *(ph. Stéphane Cardinale/People Avenue/Corbis)*

Jane est l'invitée d'honneur de Vivement Dimanche, avec Michel Drucker, le 13 janvier 2012. *(ph. Éric Fougere/VIP Image/Corbis)*

En 2010, la tournée triomphale de Jane Birkin passe par les États-Unis.
(ph. Geraldine Petrovic/Corbis)

Engagée dans différentes luttes humanitaires, Jane manifeste en 2014 auprès de Reporters sans frontières pour la libération de journalistes prisonniers en Irak.
(ph. Horacio Villalobos/Corbis)

Au festival de Cannes, en mai 2015.*(ph. Stéphane Cardinale/Corbis)*

– apportent une dimension onirique à l'histoire ; ils tirent les ficelles de ce triangle amoureux, comme les chœurs dans les pièces de théâtre de la Grèce antique, avant d'être dépassés par elle. Le personnage d'Alma, jouée par Jane, croit trouver l'apaisement dans la fuite. Et c'est l'enfant qui la délivre en lui tirant une balle dans la poitrine.

Jane Birkin retrouve un rôle de femme en crise, confrontée à la confusion des sentiments, avec une résonance particulière, car inspiré d'une souffrance familière. Comme dans *La Fille prodigue* où il s'incarnait dans le personnage de sa compagne, Jacques Doillon se portraiture ici en une autre femme, jouée par Maruschka Detmers, et Andrew Birkin campe le double cinématographique de Gainsbourg. « Je serais incapable de dire si c'était un rôle d'actrice ou pas, parce que j'avais l'impression que c'était moi, confie Jane à Jean-Claude Brialy dans une émission de télévision. Parfois ça vous arrive, peut-être pas très souvent dans la vie, mais là je ne me suis posé aucune question de comment faire, j'avais l'impression de l'avoir déjà fait. L'important c'était de ne pas me rater[7]. » Alors elle s'y implique et s'applique comme jamais, avec fièvre et passion, avec parfois l'énergie du désespoir et l'insupportable peur de mal faire qui est son fardeau permanent : « Lors de certains plans particulièrement difficiles, je pensais que jamais plus on ne me donnerait un rôle aussi beau que celui-là, que jamais plus je ne tournerais un film aussi fort que celui-là. Que c'était ma dernière chance[8]. » Ce n'est pas anodin si elle apparaît dans ce film les cheveux coupés, ce nouveau visage marque un cap à la fois dans sa vie professionnelle et personnelle.

Récompense suprême : le film est retenu pour représenter la France à Cannes, comme *La Drôlesse* cinq ans plus tôt. Pour Jane Birkin, c'est une première fois qui va être gâchée par l'accueil désapprobateur du public lors de la projection. On ne sait pas si les sifflets sont une réaction aux scènes d'amour homosexuelles ou plus généralement à la violence et aux obsessions bergmaniennes qui habitent le film (*La Pirate* se veut un remake du *Silence* d'Ingmar Bergman). Un incident familial – une chute de Lou dans les escaliers de l'hôtel Martinez, où elles séjournent – évite à l'actrice d'essuyer cet affront : elle reste dans sa suite avec sa fille et envoie son frère et partenaire Andrew en éclaireur. Elle apprend le scandale le soir, par un coup de fil de journaliste. Affolée, elle pense : « Merde, mon frère ! Est-ce qu'il est en train de nager jusqu'à l'Angleterre ? Est-ce qu'il est à errer, déprimé, sur une plage[9] ? » Elle se sent armée cependant pour affronter la conférence de presse du lendemain : « C'était plutôt excitant de se battre pour quelque chose qu'on avait trop blessé. Un film, c'est comme une personne, c'est un objet fragile, et là j'avais vraiment l'impression qu'on avait sauté dessus à pieds joints, qu'on l'avait piétiné, massacré, et qu'on l'avait laissé, sanglant, dans la gouttière. Dans ces moments, vous avez juste envie de soulever cette relique, et de montrer que c'était une belle chose… D'ailleurs, cette chose blessée dans la gouttière était presque plus jolie que si elle avait obtenu un accueil normal : ceux qui l'aimaient se mettaient à la défendre avec passion[10]. »

Légitime pour le Prix d'interprétation féminine, Jane Birkin est cependant absente du palmarès, tout comme le film, ce qui suscite la colère de Serge July dans *Libération* : « Horreur et putréfaction, honte et ignominie, bêtise et crotte dans les yeux, le jury (prude ou prudent ?) n'a pas voulu voir Jane Birkin dans *La Pirate* de Jacques Doillon. On ne peut rien pour lui. Qui mieux pourtant que Jane méritait le Prix de l'interprétation féminine, puisqu'elle risque au cinéma plus que sa vie d'artiste, sa peau simplement. »

La récompense viendra une fois encore de la rue : Jane découvre bientôt à la réaction de femmes qui la félicitent d'avoir fait avancer leur cause qu'elle a malgré elle accompli un acte militant : « Comme si, tout d'un coup, j'avais fait quelque chose d'honorable de mettre en avant ces femmes qui vivent ensemble. Je n'avais pas du tout pensé à ça, car la beauté de Maruschka était tellement attirante. C'était tellement magnifique de se trouver devant ses seins impeccables. Comme disait Serge, j'étais amorale. C'était peut-être exact[11]. »

Baby Alone In Babylone

Serge… C'est avec lui qu'elle réalise, entre les tournages des deux Jacques, son disque sans doute le plus sublime…

Auparavant, elle le retrouve en metteur en scène pour un court-métrage de télévision, dans le cadre de l'émission « Ciné Parade » de Claude Villiers et Patrick Godeau, diffusé en mars 1982 sur FR3. Sollicité pour présenter en une séquence de dix minutes une version personnelle de son film préféré, Gainsbourg imagine un face-à-face passionné entre le héros de *Scarface*, Tony le balafré (joué par un compagnon de beuverie Daniel Duval) et sa sœur Cesca (Jane Birkin). « C'était un exercice de style, commente-t-il. Jane y était remarquable d'émotion, de photogénie, et vocalement superbe[12]. »

Le compliment vaut également pour *Baby Alone In Babylone*, ce bijou rare que Serge offre à Jane en gage de son amour éternel. Comme de coutume, il part d'abord à Londres avec une vingtaine de thèmes musicaux (il prépare en parallèle l'album d'Isabelle Adjani) qu'il confie aux talents du chef d'orchestre Alan Hawkshaw et de ses musiciens. Rue de Verneuil, Jane Birkin écoute attentivement les bandes et coche des petites étoiles sur les partitions des thèmes qui lui plaisent. Une fois ou deux, Gainsbourg intervient : « Ah non ! Celle-là est pour Adjani. » Mais la future interprète de « Pull marine » n'est pas supposée savoir que Gainsbourg travaille sur un autre album que le sien et Birkin est prioritaire dans le choix des musiques. Étape suivante : l'enregistrement des parties vocales au studio Continental de Dominique Blanc-Francard, rue des Martyrs à Paris, sous la direction artistique du fidèle Philippe Lerichomme. Birkin enregistre entre deux tournages : « Je venais de terminer le samedi matin vers 6 heures le film de Rivette. On avait tourné principalement de nuit et j'étais sur les genoux. Les enregistrements commençaient le lundi[13]. » Les sessions s'étalent sur cinq jours seulement. Gainsbourg ne dort pas ; il écrit les chansons au fur et à mesure, dans un état de fièvre inspirée. Le premier jour, comme il n'a encore aucun texte inédit à proposer, Jane revisite deux chansons créées par d'autres : « Baby Lou », écrite pour Alain Chamfort (*Rock'n'Rose*, 1977) et déjà reprise par Lio (*Suite Sixtine*, 1982), et cet « Overseas Telegram » dont elle était la destinataire privée en 1968 et qui lui revient de droit après les versions publiques de Catherine Deneuve et de son auteur-compositeur. Une nuit blanche suffit à Gainsbourg pour laisser parler son cœur. Au matin, il a écrit trois merveilles qui ébauchent l'ambiance émouvante et raffinée de l'album. Sur le papier, il a griffonné dans tous les sens. Philippe Lerichomme décrypte ; Jane transcrit en phonétique.

> « Con c'est con ces conséquences
> C'est con qu'on se quitte
> Faut se rendre à l'évidence
> Ce soir on est quitte[14]... »

Derrière la vitre, cependant qu'elle chante, Jane observe Serge et voit une larme couler sur son visage.

Elle aussi pleurera beaucoup tout au long de la semaine en découvrant une sensibilité à fleur de peau, jamais encore percée à jour à ce point : « Je l'ai compris là mieux que je ne l'avais jamais compris. Je pense qu'il s'est compris aussi à ce moment-là[15]. » Elle en veut pour preuve cette chanson qui lui ressemble sans doute le plus, la préférée de « l'amour de Piccoli » :

« Les dessous chics
C'est la pudeur des sentiments
Maquillés outrageusement
Rouge sang[16]… »

La même pudeur qui s'exprime dans « En rire de peur d'être obligée d'en pleurer », au titre éloquent…

« Une rupture comme celle d'un collier
De culture qui brille moins que le faux, c'est le vrai[17]… »

Le mercredi, puis le jeudi, Jane découvre émerveillée un nouveau bouquet de chansons.

« Fuir le bonheur de peur qu'il ne se sauve » reprend presque littéralement une phrase extraite de l'œuvre poétique de Francis Picabia, *Jésus-Christ Rastaquouère,* écrite en 1920 : « Je fuis le bonheur de peur qu'il ne se sauve pas. »

« Fuir le bonheur de peur qu'il ne se sauve
Se dire qu'il y a over the rainbow
Toujours plus haut le soleil above
Radieux[18]… »

« C'était incroyable. Je crois que jamais il ne m'a écrit quelque chose où les mots avaient tellement d'importance[19]. » Au-delà de l'émotion qui submerge Jane, il y a aussi ce sentiment étrange d'être la voix d'un autre, et pas n'importe qui. De dire ses mots (ses maux) à sa place. Et de se sentir en même temps responsable de son chagrin et destinataire de ces messages d'amour.

« Nos amours brisées ont fait la une
Je les ai lues et relues
Les pleurs sont des vagues sans écume
Qui ne font que troubler la vue
Tu es parti :
Partie perdue[20]... »

« À partir de cet album, constate Jane, Serge me donnait son côté féminin à chanter. Lui se gardait le côté provocateur [...]. En me donnant ce côté blessé, il pouvait faire son Gainsbarre[21]. »

« La même encre coulait dans nos veines
Était-ce Chine ou terre de Sienne
Noire indigène
Aborigène
Encre de feu
Violette ou bleue[22] ?... »

« Rupture au miroir », que Jane Birkin chantera le 30 novembre 1984 collée serrée avec Isabelle Adjani lors d'un « Formule un » des Carpentier qui lui est consacré, enregistré depuis la frégate anti-sous-marine *Dupleix* en rade de Toulon*, évoque la fin d'une liaison entre deux femmes.

* Outre les chansons extraites de son album qu'elle interprète en solo, Jane Birkin chante aussi « Rocking-chair » avec Lio, « Ex-fan des sixties » avec Sheila, et entonne « Les Gars de la marine » avec les quatre-vingt-cinq marins de l'Ensemble de la musique des équipages de la Flotte. La

« Sur le miroir au rouge à lèvres
Elle m'a laissé un mot d'adieu :
"Pardonne-moi petite Jane
Je m'en vais je veux refaire ma vie"
La glace embuée de fièvre
Reflétait mon air malheureux
J'ai pensé m'ouvrir les veines
Puis j'ai réfléchi[23]... »

Le vendredi, la dernière chanson mise en boîte donne son nom à l'album : « Baby Alone In Babylone ». Écrite sur le troisième mouvement de la *Symphonie n° 3 en fa majeur opus 90* de Brahms, elle fait écho à une autre, enregistrée préalablement, « Norma Jean Baker », hommage à Marilyn Monroe, l'actrice préférée de Jane, à nouveau citée dans cette illustration de l'inhumanité du star-system, à travers les rêves illusoires d'une starlette :

« Babe alone in Babylone
Noyée sous les flots
De lumière
De poussières
D'étoiles éphémères
Tu rêves d'éternité
Hélas tu vas la trouver[24]... »

« Et puis, tout était fini. C'était une impression bizarre. Je ne voulais pas que ça s'arrête, mais mon rôle était terminé[25]. » Un sentiment de fierté et de plénitude habite Jane Birkin : « Je me suis trouvée dans une

thématique semble d'actualité en ce qui concerne Jane Birkin puisque, quelques mois plus tôt, en octobre 1983, elle apparaissait en uniforme de marin anglais dans l'émission « Champions » de Michel Denisot pour chanter « It's A Long Way To Tipperary », un air populaire souvent repris par les soldats de l'armée britannique.

sorte d'état de grâce, ce qui ne m'était pas arrivé depuis cinq ans. [Serge] a pu même avoir un regard admiratif envers moi. La voix lui semblait plus belle… J'ai eu ce privilège de le faire m'apprécier et j'étais heureuse de voir ses souffrances terminées[26]. »

Fier comme tout, une fois le mixage terminé, Gainsbourg retrouve Birkin sur le tournage au Maroc de *Garde du corps* pour lui faire écouter le disque. Toute l'équipe du film est conviée dans la suite royale qu'il a réservée à l'hôtel. Jacques Doillon et Baby Lou sont là aussi.

Baby Alone In Babylone est un succès public, couronné d'un Disque d'or. Jane Birkin se réjouit de penser qu'il n'y a pas vraiment un tube qui véhicule l'album mais que les gens l'ont aimé dans sa totalité et, à travers les chansons, les ont aimés aussi eux, Jane et Serge. En 1984, le disque obtient le Grand Prix de l'académie Charles-Cros. Jane, qui tourne *La Pirate*, demande à Serge d'aller le recevoir à sa place et de lire un télégramme qu'elle a envoyé. « J'y disais qu'il avait tout fait, et que c'était normal qu'il reçoive le prix[27]. » Serge a les yeux embués de larmes. Une même émotion le saisit deux ans plus tard quand sa fille Charlotte reçoit le César du Meilleur espoir féminin pour *L'Effrontée*, le film de Claude Miller.

Charlotte et Kate

On a raconté que c'est sur le tournage de *La Pirate*, tandis qu'elle observait dans le coin d'une pièce où elle se faisait toute petite la jeune Laure Marsac donnant la réplique à sa mère, que l'envie d'être actrice est venue à Charlotte Gainsbourg. Elle n'en a aucun souvenir : « J'aimerais tellement savoir ce que je ressentais à l'époque ! J'en ai parlé si souvent que j'ai perdu la trace de ce qui m'animait. Ma mère m'a raconté que, sur le tournage de *La Pirate*, où Jacques Doillon, son compagnon de l'époque, avait engagé Laure Marsac, une autre enfant, je bouffais celle-ci du regard. Elle m'avait sentie jalouse. Envieuse en tout cas[28]. » Aussi, apprenant qu'on cherchait un petit garçon pour jouer aux côtés de Catherine Deneuve dans *Paroles et Musique*, un film d'Élie Chouraqui, Jane Birkin a-t-elle plaidé pour sa fille. « Elle m'a inscrite au casting, atteste Charlotte Gainsbourg. Elle ne me l'a pas dit en face, elle a juste laissé un mot sur la table du petit-déjeuner. Je n'ai pas le souvenir d'avoir hésité une seconde[29]. » Le même été, Charlotte tourne *Paroles et Musique* à Montréal et enregistre « Lemon Incest » à New York avec son père, qui lui demande de chanter dans les mêmes tonalités aiguës que sa mère. La chanson et le vidéo-clip qui l'accompagne font scandale. Mais Jane ne peut s'empêcher de soutenir Serge : « La seule façon de montrer qu'il aimait sa fille, c'était de la mettre sur un piédestal et d'écrire des chansons et des films pour elle… Il n'y avait absolument rien de scandaleux dans ses sentiments pour elle[30]. » Pensionnaire cinq jours sur sept à sa demande, Charlotte poursuit ses études jusqu'au baccalauréat, avant que le cinéma ne l'accapare tout à fait. « J'ai commencé jeune et je n'ai jamais galéré dans un milieu où c'est la norme, reconnaît-elle. J'en suis embarrassée, sans doute à vie. Je n'aurai jamais l'impression de maîtriser ce métier, de m'être assez battue pour réussir[31]. »

De son côté, après avoir été recalée au baccalauréat, Kate Barry se fait recommander pour entrer à l'école de la Chambre syndicale de la haute couture parisienne. Pendant quatre ans elle sera styliste. En 1987, elle a vingt ans. Enceinte de son fils Roman, elle consent à se faire soigner de ses addictions. Jane Birkin, qui adore les bébés, est ravie d'être une jeune grand-mère. Elle s'amuse de la réaction des gens dans la rue : « Quand j'étais avec mon petit-fils, on me demandait parfois si l'accouchement avait été pénible. Je ne pouvais pas me priver de dire : "Oh là, là, oui très difficile !" Roman avait seulement quatre ans de moins que Lou, ma dernière fille. Ils ont grandi ensemble et Lou était très maternelle avec lui[32]. » Par la suite, Kate fondera l'association APTE (Aide et prévention des toxicodépendances par l'entraide) et ouvrira à Soissons le premier centre de soins français à développer cette méthode. Elle choisira finalement d'être photographe pour ne pas être vue, à l'inverse de sa mère et de Charlotte, et plus tard de Lou, qui sont allées vers la lumière. « Pour accepter de donner son visage à l'autre, dit-elle, il faut une confiance que je n'ai pas. Enfant, j'ai été beaucoup photographiée. Ça a dû laisser quelque chose[33]. »

10

Une artiste à part entière

Même s'il lui plaît de s'imaginer étrangère partout, Jane Birkin traîne en elle le regret de ne pas être reconnue dans son pays natal et la fierté d'être considérée en France comme une icône, quoique le mot ne lui paraisse pas très heureux et évoque à ses yeux une statue en plâtre. À la faveur d'une rencontre inopinée dans un vol Londres-Paris à l'orée des années 1980, elle va même devenir le symbole du chic parisien. Ce jour-là, elle voyage sans le savoir aux côtés de Jean-Louis Dumas, président de la maison Hermès. Alors qu'elle fouraille dans son fameux sac en osier à la recherche de son agenda, elle se plaint à voix haute de sa difficulté à trouver un sac chic et pratique dans lequel elle pourrait transporter tout son barda. Son voisin se présente alors et lui propose de dessiner le type de sac qui lui conviendrait le mieux. En 1984, il créera un sac en cuir noir spécialement pour elle et le baptisera « le Birkin ». De cette histoire est né un des sacs les plus mythiques de la maison Hermès, lit-on sur le site de la marque. Il s'agit du premier sac de luxe créé par une célébrité. Parmi les exemplaires qu'elle aura en sa possession, Jane Birkin en vendra plusieurs au profit d'œuvres caritatives. En 2014, à l'occasion d'une vente aux enchères au profit de l'association Anno's Africa, elle aura ce commentaire qui en dit long sur son sens des valeurs et ses priorités dans la vie : « Que ce symbole du chic parisien finisse par être utile aux bidonvilles du Kenya... Je suis très fière... Grâce à cette vente, nous apporterons l'art, la danse, la musique, le cirque et un peu d'amusement et de confiance en eux à des enfants qui n'ont rien... Apporter un peu de légèreté et un futur à des centaines d'enfants des bidonvilles, permettre à des artistes de s'y rendre et de travailler avec eux... Quelle meilleure fin pour un "Birkin" que d'aider cette cause[1] ? » En juillet 2015, en réaction à un reportage de l'association PETA, montrant des pratiques choquantes d'abattage des crocodiles chez deux des fournisseurs de la maison Hermès, au Texas et au Zimbabwe, Jane Birkin menacera de faire débaptiser le sac portant son nom, avant de trouver un accord avec le groupe de luxe qui réaffirmera « son total engagement dans le traitement éthique des crocodiles élevés dans ses fermes partenaires[2] ».

Mais revenons au cinéma, et à l'Angleterre.

Birkin en V. O.

Entre 1984 et 1985, pour la première fois depuis son arrivée en France, Jane Birkin renoue avec sa langue maternelle dans trois films : *Beethoven's Nephew (Le Neveu de Beethoven)* de Paul Morrissey, *Leave All Fair (Souvenirs secrets)* de John Reid et *Dust* de Marion Hänsel. Elle se réjouit de la possibilité d'être enfin reconnue dans son propre pays : « Ah ! Si seulement on pouvait parler une fois de mes films dans un magazine susceptible d'être lu par mes parents ! Quand je revois ma rue, chaque Noël, avec le même épicier et le même marchand de journaux, j'ai envie qu'ils me disent : "J'ai vu ton film" et c'est toujours "Qu'est-ce que tu deviens depuis l'année dernière ?" J'hésite à leur dire que j'ai travaillé, que j'ai tourné. J'ai peur de paraître prétentieuse puisqu'ils n'ont pas pu voir ce que j'ai fait[3]. »

Le Neveu de Beethoven entend profiter du succès mondial du film aux huit Oscars de Milos Forman, *Amadeus*, en posant un regard iconoclaste et distancié sur un mythique compositeur. Trois pays financent le projet (Australie, Allemagne, France) et Paul Morrissey, ancien compère d'Andy Warhol et auteur de la trilogie *Flesh-Trash-Heat* avec Joe Dallesandro, réunit à Vienne Wolfgang Reichmann, Nathalie Baye et Jane Birkin (elle interprète la mère de Karl, le fameux neveu de Beethoven). Mais le résultat n'est pas à la hauteur des ambitions.

S'ensuit un tournage pour la télévision britannique, *Souvenirs secrets,* de John Reid, qui relate la rencontre entre John Middleton Murry (John Gielgud), veuf de la romancière néo-zélandaise Katherine Mansfield, et la femme de son éditeur, Marie, dessinatrice de costumes de théâtre et sosie de la défunte (Jane Birkin). « J'ai accepté ce film à la dernière minute à cause de Katherine Mansfield. Elle était, comme moi, une déracinée[4] », précise l'actrice. Elle se reconnaît un autre point commun avec la romancière, celui d'aller au bout des choses, d'avoir dans une certaine mesure le même penchant pour l'ascétisme.

Jane Birkin présente le film en décembre 1985 au Festival de Londres, qui projette par ailleurs *Dust* de la cinéaste belge Marion Hänsel. Adapté du roman *In the Heart of the Country (Au cœur de ce pays)* du Sud-Africain J. M. Coetzee, futur prix Nobel de littérature (2003), c'est surtout ce film-là qui marque une étape importante dans le parcours de l'actrice. Elle y est bouleversante dans ce personnage de vieille fille en quête de l'amour d'un père qui l'ignore et qu'elle finit par tuer dans un geste de désespoir. Avant que Marion Hänsel ne lui propose le rôle, Jane avait déjà lu le livre de Coetzee et l'idée avait traversé Jacques Doillon de l'adapter au cinéma, mais le sujet était trop proche de *La Fille prodigue*. « Offrir à Jane Birkin un rôle d'une vieille fille vierge habillée en noir pendant tout le film et qui se balade comme une folle dans un désert, ce n'était pas un rôle qu'on lui avait proposé, commente toutefois Marion Hänsel. De plus, c'était en anglais. Comme il s'agissait d'un roman sud-africain, j'avais décidé de tourner en anglais pour rester proche des racines du roman. [...] Jane Birkin était très excitée de faire un film en anglais[5]. » L'ambiance africaine a été reconstituée en Espagne, dans une région isolée qui rappelle les paysages arides et désertiques de la province du Cap, où le romancier a situé son histoire. Pour approcher la souffrance de Magda, le personnage qu'elle incarne, l'actrice a fait appel à ses propres émotions : « J'adore mon père, donc je peux imaginer très fort l'absence de cet amour-là. [...] Je suis possessive, il y a une telle violence en moi, parfois ça me fait peur, ça me picote dans les mains, j'ai envie de frapper n'importe quoi. C'est pour ça que j'ai une compassion terrible pour les gens qui tuent. Il y a des couteaux dans toutes les têtes[6]. » Cinéaste des passions et des pulsions, Marion Hänsel a su tisser une connexion familière et affectivement très étroite entre la comédienne et le personnage de Magda : « En entrant dans son intimité, dans sa sensibilité, j'ai rencontré Magda, témoigne-t-elle. J'ai réécrit de nombreuses scènes pour que cela prenne la tonalité de ce qu'elle m'avait dit. Après cela, je n'avais plus besoin de lui dire qu'elle devait marcher ou parler d'une certaine manière puisque Magda a pris ses couleurs. Elle l'a rendue plus jalouse, plus sensuelle, plus perverse, plus malheureuse d'être la mal-aimée[7]. » Fiers du film, l'actrice et son partenaire John Gielgud se prêtent de bonne grâce à sa présentation dans divers festivals, comme à Londres ou encore à Venise, où *Dust* obtient le Lion d'argent. En artiste engagée, Jane Birkin apprécie en outre qu'il soit projeté en ouverture du colloque d'Amnesty International à Bruxelles, en avril 1985. « Je me suis toujours sentie coupable d'être anglaise dans la situation en Afrique du Sud, dit-elle. Quand on m'a demandé de participer au Festival du Cap, j'ai refusé[8]. »

Un autre événement qui s'annonce comme un grand tournant dans sa carrière attend Jane Birkin au printemps : elle revient au théâtre. Ce retour s'apparente plutôt à de vrais débuts, puisque sa seule expérience sur les planches se résume à de petits rôles en Angleterre, dans les années 1960, et une courte apparition en chanteuse le 18 mai 1984 lors du grand gala « Artistes contre la torture », organisé au Zénith de Paris par Amnesty International.

Le « docteur » Chéreau

Jane Birkin a découvert Patrice Chéreau grâce au cinéma. Elle est sortie bouleversée de la projection de son film *L'Homme blessé*, dont il a écrit le scénario avec l'écrivain et journaliste Hervé Guibert. Au point de retourner le voir une deuxième fois, puis une troisième, et d'adresser des compliments écrits au réalisateur. Définitivement sous le charme, elle court voir au théâtre des Amandiers de Nanterre – Chéreau en a repris la direction depuis 1982 – sa mise en scène de la pièce de Bernard-Marie Koltès *Combat de nègre et de chiens*, avec Michel Piccoli et Philippe Léotard. Birkin est fascinée par son art de rendre au théâtre une proximité semblable à celle du cinéma, en révolutionnant les dispositifs scéniques. En coulisse, tandis qu'elle embrasse son ami Piccoli et le félicite pour sa prestation, celui-ci lui lance sur le ton de la plaisanterie : « Pourquoi est-ce que tu ne ferais pas du théâtre, toi aussi ? » Elle rit, mais Chéreau entend la remarque et la remise dans un coin de sa tête. Et quand il décide de revisiter *La Fausse Suivante* de Marivaux – il en avait donné une première lecture en langue italienne en 1971, d'abord au Festival des deux-mondes à Spolète en Ombrie, puis aux Amandiers –, le visage de Jane se substitue dans son esprit à celui de la comtesse (c'est Francesca Benedetti qui jouait le rôle dans la version italienne). L'actrice est alors à Londres, elle tourne *Souvenirs secrets* de John Reid pour la télévision. Patrice Chéreau vient à sa rencontre, avec la pièce. « Marie qui ? », demande-t-elle ingénument. « Marivaux », répète Chéreau, amusé. « Je ne savais pas qui c'était, parce que c'était si loin de mes pensées, s'excuse-t-elle. Et comme mon éducation, sous cette forme-là, a été arrêtée net à seize ans, je ne connaissais pas[9]. » Par ailleurs, Jane Birkin est soufflée par la proposition : « Je pensais cinéma, il me parlait théâtre, alors que je n'étais pas montée sur une scène depuis l'âge de dix-sept ans. Et encore, je jouais le rôle d'une sourde et muette[10] ! » Conquise par cet homme dont elle ne cessera de vanter la grâce et le génie, elle n'ose refuser. La lecture de la pièce la met en joie, tant elle trouve pétillant et drôle ce diabolique bal des masques et du travestissement. Elle s'en réjouit auprès de son entourage, qui la met cependant en garde contre la difficulté de jouer Marivaux, un auteur difficile et sacré, dont le texte touche à la perfection dramatique. Déjà pas très convaincue de ses talents d'actrice, Birkin capitule et appelle Chéreau pour lui dire qu'il fait erreur en voulant l'engager. Elle a préparé toute une liste d'arguments qu'elle estime rédhibitoires, son accent, sa voix fluette, son impossibilité à reproduire tous les soirs une même émotion, l'absence de garde-fous, tous sont rejetés par un laconique : « C'est un faux problème ! » Au vrai, Jane Birkin a peur. Une peur panique, qui deviendra hystérique à l'approche de la première représentation. Mais Chéreau tient bon, parce que derrière la peur il y a une vraie capacité d'émotion et de courage chez Jane : « C'est quelqu'un qui n'a pas froid aux yeux[11]. » Et s'il la choisit, dit-il, avec tout son background, c'est précisément pour qu'elle marque le personnage de son identité interne : « La célébrité, la notoriété de quelqu'un de très connu, les choses qu'il transporte avec lui sont incluses dans la personne elle-même, explique-t-il quand on lui fait observer qu'il aime s'entourer de stars. On choisit ça aussi avec le talent du comédien ; ça fait partie du talent. Ce sont finalement les divers avatars de la séduction que quelqu'un exerce sur vous. Parce que le choix des comédiens, c'est une affaire de séduction[12]. » Jane Birkin a toujours fonctionné à la séduction. Alors, elle lui dit oui, à condition qu'on ne la lâche pas, qu'elle puisse s'abandonner en confiance. Chéreau promet. Et il tient parole, en la dirigeant au plus près comme il a toujours fait avec ses acteurs, la main posée sur l'épaule et chuchotant des flots de paroles à l'oreille, dont elle retiendra ce qu'elle voudra, mais assurément quelque chose. « Ce qui est formidable avec Patrice Chéreau, dit-elle, c'est qu'il a utilisé tous mes handicaps comme des caractéristiques du personnage. Toutes mes peurs, toutes mes incertitudes, toutes mes hésitations, tout avait presque l'air fait exprès. Il a aussi utilisé des choses en moi que je n'oublierai pas. Il m'a nourrie d'une sorte de psychologie qui m'a été très utile par la suite. Parce que jusque-là, j'avais cette idée un peu puritaine qu'il fallait jouer des gens sympathiques[13]. »

Elle le qualifie par ailleurs de « docteur magique », car « il trouvait une solution à tout. Il relevait toujours les moments où j'étais bonne, et savait dire pourquoi : à cause de trois secondes de pause, d'un mouvement de tête, d'un doute dans les yeux[14]. » Pendant les quatre mois de répétition, Jane Birkin pourra en outre compter sur ses partenaires : « Tout le monde m'a aidée dans la troupe. On m'avait raconté des horreurs sur les gens de théâtre. Tout le monde a été adorable. Piccoli, surtout. Il a été formidable[15] ! »

En journée, en alternance avec les représentations au théâtre, l'actrice enregistre *Les Grosses Têtes*. Elle apprécie ce paradoxe. Tout comme elle aimait Serge Gainsbourg « parce qu'il pouvait écouter Grieg l'après-midi et parler avec Patrick Sébastien à 20 h 30 ». Parce que la vie est comme ça, dit-elle, et que les chauffeurs de taxi qui écoutent RTL n'iront pas la voir au théâtre ni dans un film de Doillon. Et parce qu'elle se sent le devoir d'aller aussi vers ceux-là à qui elle doit sa popularité. Elle n'a pas envie qu'ils l'oublient.

La Fausse Suivante se joue au théâtre des Amandiers du 13 mars au 14 mai 1985, puis du 21 mai au 27 juin au TNP de Villeurbanne. Le soir de la première, Serge Gainsbourg est tout aussi angoissé que son ex-compagne : « Il était comme un enfant, bouleversé par le trac, se souvient Michel Piccoli. Il se répétait : "Elle a peur ! Elle a peur !" et, de fait, Jane était tétanisée. Pendant la représentation je l'ai aperçu, il était subjugué, émerveillé[17]. » Si l'on note la modernité d'un spectacle qui a pour décor trois plans inclinés et un escalier en colimaçon, on souligne cependant le respect de l'œuvre et sa dimension historique : « Les acteurs portent les costumes de l'époque, pas des jeans ! Mais ils ont une intensité de jeu unique, dira l'historien Georges Banu. Je n'ai jamais vu d'acteurs aussi habités que Jane Birkin et Michel Piccoli dans ce spectacle. La marque Chéreau, elle est là. Il injecte du sang neuf dans l'œuvre sans trahir son étoffe[18]. » On apprécie par ailleurs les balbutiements au théâtre de Mademoiselle Birkin, considérant ses faiblesses comme de l'émotion à l'état brut. Ainsi, Guy Dumur dans *Le Nouvel Observateur*: « Incertaine, naïve, la voix faible, aussi peu actrice que possible, plus Jane Eyre que comtesse de Marivaux, Jane Birkin est prodigieusement émouvante : elle vient d'ailleurs. Oiseau blessé, licorne prise au piège, c'est une vraie découverte[19]. »

« Quel lumineux personnage ! s'exclamera Jane Birkin, des larmes dans la voix, à la mort de Patrice Chéreau, le 7 octobre 2013*. Il était d'une loyauté absolue. Il a changé le visage du théâtre. Il a marqué des générations. Mais il était aussi une personne privée impeccable pour les causes dans lesquelles il croyait, impeccable de solidarité. » Pour ce qui la concerne, elle parle d'un homme qui a changé sa carrière et, au-delà de la sexualité, compté dans sa vie autant que Gainsbourg et Doillon. Elle avouera que sans lui elle n'aurait pas été capable de chanter sur scène, comme elle l'a fait au Bataclan, deux ans après.

Quoi ? Un tube et trois films...

Suite à son expérience théâtrale, une chanson va marcher très fort et inciter son entourage professionnel à programmer un album d'abord, un récital ensuite. Cinq semaines sur scène toute seule ! Une première, pour la chanteuse. Sur l'affiche au-dessus

---

* Lors de l'hommage artistique qui sera rendu à Patrice Chéreau le 3 novembre 2013, dans l'enceinte du Théâtre de l'Odéon à Paris, Jane Birkin lui dédiera sa chanson « L'Amour de moi ».

de son portrait, un titre savoureusement ambigu : « Je vais y passer » – sachant que le spectacle est donné au Bataclan, le terme trouve rétrospectivement un écho glaçant. Mais revenons à « Quoi », ce tube dont elle découvre le thème musical en Italie, alors qu'elle enregistre pour la Rai 2 et TF1 (qui la diffusera pour les fêtes de Noël) un des cinq épisodes de *Cinecittà*, une fiction de variétés (« merdique », dit-elle) présentée par Vittorio Gassman, alternant sketches et chansons, avec pour fil conducteur l'histoire des célèbres studios de cinéma italiens. Jane Birkin y interprète également la chanson du générique, « Come un gabbiano » (traduire : « Comme un goéland »), écrite par Cesare de Natale sur une musique des frères Guido et Maurizio de Angelis, deux compositeurs prolifiques de musiques de films transalpins. Un autre thème attire son attention, elle trouve la mélodie sublime mais cette fois elle veut que Gainsbourg l'habille d'un texte français. L'affaire est rondement menée : dès le lendemain, l'auteur expédie sa copie par fax à Rome, où l'enregistrement a lieu. Il en a profité pour revenir d'élégante manière sur leur séparation dont il n'a manifestement pas, malgré sa récente rencontre avec Bambou qui lui donnera un fils en 1986, fait le deuil :

« Quoi
D'notre amour fou n'resterait que des cendres
Moi
J'aim'rais qu'la terr' s'arrête pour descendre
Toi
Tu préfères mourir que de te rendre
Va donc savoir va comprendre[20]… »

Pour la première fois, Birkin enregistre en studio sans la présence dirigeante et protectrice de son mentor.

Plutôt fière d'elle, elle s'empresse de l'appeler pour lui faire écouter le résultat et recueillir son avis. Un temps de silence passe après les dernières notes et elle l'entend qui pleure. Puis, il se reprend et lui lance sur un ton paternaliste, quasi goguenard : « C'est bien, gamine. T'as bien bossé ! » Plus tard, il lui dira que c'est la chanson d'elle qu'il préfère. Sans doute parce qu'elle a très bien marché et que Gainsbourg n'appréciait vraiment que les chansons couronnées de succès.

Sorti en 45 tours au mois de novembre 1985, « Quoi » entre au « Top 50 » pour y rester classé pendant dix-neuf semaines et atteindre la onzième place en février 1986. C'est le plus gros succès de Jane Birkin à qui l'on remet un Disque d'argent pour des ventes certifiées de deux cent cinquante mille exemplaires. Une compilation, opportunément éditée par Phonogram, lui vaut un Disque d'or, tandis que les Carpentier lui offrent un show télévisé en juillet (« Les Dessous chics de Paris »). C'est le moment idéal de songer à la scène, pense-t-on. Et le Bataclan de Paris, qui a retrouvé sa vocation de salle de spectacles depuis 1983, est retenu pour un mois, à compter du 3 mars 1987.

Dans l'intervalle, Jane Birkin tourne trois films et enregistre l'album *Lost Song*.

C'est sur les conseils de Piccoli – « Tu vas recevoir un scénario de Régis Wargnier, lui dit-il. Lis-le avec attention. Régis est quelqu'un que j'aime, c'est un homme bien » – que l'actrice a accepté en confiance la proposition de ce réalisateur débutant, ancien assistant de Michel Deville, Claude Chabrol ou Francis Girod. Dans ce premier film, de facture classique, elle joue Laura, une femme forte et énergique, directrice d'un orchestre de musique classique qu'elle a monté avec trois musiciens, dont Simon, premier violon, qui est l'homme de sa vie.

Mais leur couple est en détresse : bouffé par la peur, Simon a sombré gravement dans l'alcoolisme. Lors d'une crise sévère, il rencontre Pierre (Jean-Louis Trintignant), alcoolique repenti, qui parvient à le désintoxiquer. Laura ne supporte pas l'idée qu'un étranger parvienne à réussir là où elle a échoué et par jalousie, presque inconsciemment, elle finit par être hostile à la rédemption de celui qu'elle aime. Naturellement, ce rôle confronte Jane Birkin à une situation connue qui éveille en elle des émotions encore vivaces : « J'ai aimé les zones d'ombre de ce personnage… "Comment garder quelqu'un ?" C'est une question que l'on se pose souvent dans la vie. Et l'on sait bien que nos motivations ne sont pas toujours très claires. Si la personne que tu aimes est quelqu'un de faible, tu n'as peut-être pas envie de la voir guérir parce que tu sais qu'elle risque alors de t'échapper[21]. »

Sur le tournage, elle partage une belle complicité avec le directeur de la photo François Catonné, à qui elle fera plus tard appel quand elle se lancera dans la réalisation. « On ne peut pas rester indifférent quand on fréquente Jane Birkin, dit-il. C'est une femme bouleversante. D'une générosité comme j'ai rarement vu. » Il se souvient également d'anecdotes amusantes, comme celle-ci : « Un jour, j'avais une crise de foie et j'arrive le matin la mine défaite, pas rasé, les yeux pochés. Jane, qui habituellement ne prêtait pas trop attention à mon aspect plutôt propre sur lui, me dévisage et me lance, admirative : "Oh, comme tu es beau ce matin !" La maladie me donnait un petit côté grunge qu'elle trouvait romantique[22]. »

Le film, qui vaut à son réalisateur le César de la Meilleure première œuvre, remporte un joli succès, appuyé par le thème leitmotiv du film, « T'en va pas », d'abord proposé à Jane Birkin qui a refusé de le chanter et finalement interprété par sa fille dans le film, la jeune Elsa, numéro un au « Top 50 » au début de l'année 1987.

Jane Birkin enchaîne avec un film de Jean-Luc Godard. Un petit rôle ; mais, bon, inscrire un Godard à sa filmographie ne se refuse pas. C'est elle qui a déclenché le désir chez le cinéaste mythique de la Nouvelle Vague. Elle venait de voir en projection privée *Série noire*, qu'il avait réalisé pour la télévision. Fascinée, elle lui avait adressé un mot pour lui faire part de son admiration, comme elle l'avait fait avec Patrice Chéreau. La réponse de Godard est arrivée peu après sur son répondeur téléphonique, sous forme d'une invitation à jouer dans son prochain film, *Soigne ta droite* : « Voulez-vous être la cigale, Villeret sera la fourmi et moi je serai La Fontaine ? »

Elle retrouve ensuite Jacques Doillon pour *Comédie !* Le point d'exclamation n'est pas anodin : il s'agit d'un film à l'humour noir à la Woody Allen, très bavard, dont le thème central est la jalousie passionnelle – Jane y apprend qu'on peut être parfois léger pour dire des choses graves. Le tournage, en Provence, et sa rencontre marquante avec Alain Souchon, en qui elle voit un personnage de Graham Greene et son « exact pareil, qui rit pour ne pas pleurer[23] », concourent à rendre l'expérience plus qu'agréable : « Un tournage avec Jacques, dit-elle, c'est comme un accouchement : on oublie à chaque fois combien c'est difficile[24] ! » Cependant, malgré une présentation en sélection officielle à la Mostra de Venise, le film est un échec public.

Au Bataclan, entre l'émoi et le jeu

Après avoir composé *Charlotte For Ever*, le premier album pour sa fille, Serge Gainsbourg s'attelle à l'écriture de *Lost Song*, dont les bases musicales sont mises en boîte comme à l'accoutumée à Londres, sous la férule d'Alan Hawkshaw. Dans ses bagages, il emporte quelques partitions et des titres à jeux de mots : « On est faits pour s'étendre » (qui ne sera pas utilisé), « Être ou ne pas naître », « Le Couteau dans le Play »... Partie au Japon pour enregistrer une publicité sur un thème inspiré de *Peer Gynt*, une pièce musicale du Norvégien Edvard Grieg (*Suite n° 2, opus 55*), Jane Birkin propose à Serge Gainsbourg de l'habiller d'un texte français. Elle traverse à ce moment une période de doute, aggravée par l'appréhension terrible d'aller chanter pour la première fois sur scène, elle se sent perdue, indécise ; il écrit « Lost Song », qui donne son nom à l'album.

« Lost song
Dans la jungle
De nos amours éperdues
Notre émotion s'est perdue
Lost song
Toi, tu jongles
Avec des mots inconnus
De moi, je n'ai pas assez lu[25]... »

Gainsbourg parle de Birkin – il lui écrit à sa demande « L'Amour de moi », en hommage à son amie Ava –, mais il ressasse encore, désespérément, leur amour passé. Ainsi, « Une chose entre autres » :

« Une chose entre autres
Que tu n'sais pas
Tu as eu plus qu'un autre
L'meilleur de moi...
J'en ai vu d'autres
T'inquiète pour moi !
J'me démerde
Avec c'que j'n'ai pas[26]... »

« C'est une sorte de constat d'échec, plus triste que *Baby Alone In Babylone* où l'on sentait encore une lutte, à travers la mélancolie. Cette fois, il n'y a même plus de violence[27] », note Birkin. Au final, y a-t-il un vainqueur ?

« Jeu de l'amour du hasard épris de vertiges
Ayant conscience que c'est un jeu dange-
Reux tu abuses du je alors je cache mon jeu
Sans pour autant gagner sur toi moi je[28]. »

Le constat s'accompagne ici d'un clin d'œil nostalgique à leur chanson d'amour la plus sublime et emblématique :

« Vrai l'amour physique est sans issue
Tu le sais oui… toi non plus
À dire vrai, il y en a pas des masses
De belles histoires de cul[29]… »

Les retours vers le passé, cependant, sont à proscrire, faute de quoi on replonge gravement :

« N'remue pas s'il te plaît
Le couteau dans le play
Plus de flash-back
Ni de come-back
Les larmes c'est en play-back complet[30]. »

Mais se peut-il que l'amour dans sa dimension la plus absolue transcende la mort ?

« Qu'y a-t-il après le non-être
Est-ce le néant quand tout s'arrête
Ou continue l'amour peut-être
Entre deux êtres[31]… »

L'album s'écrit dans l'urgence, en prévision d'une sortie avant la première du spectacle. Pour obtenir un *long playing* d'une durée conforme à l'ordinaire, Jane Birkin réenregistre deux anciennes chansons parmi ses préférées, « Leur plaisir sans moi » et « C'est la vie qui veut ça », qui viennent s'ajouter aux sept nouvelles (huit, si l'on compte « Quoi »).

Jusqu'au 3 mars, et encore tous les autres jours pendant un mois que vont durer les représentations au Bataclan, Jane Birkin se crée toutes sortes de peurs : oublier son texte, entrer devant une salle vide ou à moitié pleine, être mauvaise et se faire siffler… « La solitude du tour du chant, c'était l'inconnu pour moi. Je ne savais rien de tout ça. J'étais à zéro. J'ai beaucoup appris. À tenir un micro : j'ai commencé par tenir un bâton. À écouter les musiciens : j'étais habituée à la bande-son. J'ai appris aussi à écouter la salle[32]. » Son nouvel ami Alain Souchon lui prodigue quelques conseils. Pour être parfaitement à l'aise, elle choisit de se présenter au public sans fard, dans la tenue où elle se sentira en continuité avec la petite Jane qui jouait aux pirates avec son frère sur l'île de Wight, les cheveux coupés court et habillée en garçon : chemise, pantalon et baskets blancs. La mise en scène, signée Philippe Lerichomme, son directeur artistique, est d'une égale sobriété. Si, lors des répétitions, Gainsbourg insiste auprès de Jane pour qu'elle apparaisse plus glamour, elle campe sur sa décision car elle veut, dit-elle, « disparaître en tant qu'image et ne laisser que ses mots (les mots de Serge) et ma voix[33] ».

Elle commence par « Jane B. », enchaîne avec « Di Doo Dah », deux portraits d'elle-même en chansons, puis déroule le fil de sa carrière discographique pendant près de deux heures. Au total, vingt-huit chansons (l'album *live* à paraître n'en retient que vingt), toutes écrites pour elle par Gainsbourg, sauf « Love For Sale » de Cole Porter et la reprise du chef-d'œuvre de Léo Ferré, « Avec le temps », qui rend Gainsbourg jaloux (« Avec toutes les chansons que je t'ai écrites, tu n'as pas besoin d'autres auteurs », bougonne-t-il). « Le choix des chansons relevait d'un subtil mélange. Si je rate une marche, je me paye tout l'escalier avec des textes de Serge. Ce sont des poésies à rimes très difficiles à retenir[34] », dit Jane. En ouverture de la deuxième partie de son tour et en hommage à son amie disparue, elle se risque à interpréter « L'Amour de moi » *a cappella*, comme on le lui a suggéré – le terme lui est inconnu, elle comprend *Acapulco* ! Le soir de la première, les parents d'Ava sont dans la salle, aux premiers rangs d'orchestre. Serge aussi est là, ému et fier, il vient plusieurs soirs de suite et engueule les gens qui n'allument pas leur briquet sur les chansons lentes ! Un soir, il monte sur scène pour chanter en duo « Baby Lou ».

Le succès n'était pas garanti. Jusqu'au lendemain de la première, dans l'entourage professionnel de la chanteuse à qui l'on épargne ce genre d'informations, l'inquiétude est palpable au jugé des faibles réservations. Puis, le bouche à oreille opérant, ainsi qu'une critique unanime, la salle se remplit tous les soirs. Au point que l'on rajoute des dates : initialement prévu jusqu'au 29 mars, le tour de chant est prolongé d'une semaine et une tournée en province s'ensuit, inaugurée par une soirée mémorable au Printemps de Bourges.

« Je ne m'attendais pas à ce succès, avoue la nouvelle brûleuse de planches. C'était très étrange et excitant le premier soir. La première fois, il a fallu aller me chercher moi et les musiciens dans nos loges pour qu'on redescende chanter une autre chanson. On avait déjà tout chanté. J'avais vu ce genre de chose dans les films.

Mais le deuxième soir, j'avais encore plus peur. C'était très excitant, mais ça donne la trouille, parce que les gens viennent en espérant toujours mieux et les risques de déception sont encore pires[35]. »

Elle se félicite d'avoir surmonté ses peurs et découvert ainsi un espace de liberté dont elle ne pourra plus se passer. Elle éprouve aussi la fierté d'être devenue une artiste à part entière. « Si je ne l'avais pas fait, dit-elle, j'aurais pu me dire que j'étais seulement quelqu'un qui savait tricher avec les play-backs[36]. »

Jane B. par Agnès V.

Pendant la préparation de son tour de chant, puis en alternance avec les représentations à Paris et en tournée, Jane Birkin se livre à un exercice inhabituel devant la caméra d'Agnès Varda : un portrait d'elle à travers des interviews et des tableaux fictifs. Son titre : *Jane B. par Agnès V.*

La rencontre entre les deux femmes résulte d'une démarche épistolaire de l'actrice, au sortir de la projection de *Sans toit ni loi*. Très emballée par le film et sa liberté de ton, Jane Birkin complimentait à la fois Sandrine Bonnaire, qui en tenait le rôle principal, et la cinéaste, à qui elle exprimait son désir de travailler avec elle. Rendez-vous est pris dans un café, mais Varda n'a alors aucun projet en tête. Birkin, elle, travaille déjà à son spectacle du Bataclan. Pourtant, l'idée se fait jour de concevoir une sorte de film puzzle, qui se réaliserait sur une période de huit mois, par petites touches, « comme un peintre peint un tableau[37] », en fonction des disponibilités de l'actrice, « dans les trous », selon l'expression choisie par la cinéaste. Le reste du temps, Varda l'occuperait à imbriquer les séquences entre elles et construire son histoire devant sa table de montage.

Nous sommes en novembre 1986. Les deux femmes entament un long dialogue dont certaines bribes nourriront ce film pas comme les autres. « J'étais très intriguée parce que Jane donnait déjà beaucoup d'interviews, dit Varda. Mais c'est dans la surenchère qu'on a une chance de revenir à la pureté. Je voulais inventer une forme où, avec mon imagination, je fasse passer Jane par tant de fictions et de déformations qu'à la fin on la retrouve. On m'a dit : "Tu tournes avec Jane." J'ai dit : "Non, je tourne autour de Jane !"[38] » Le film montre Jane Birkin telle qu'elle se voit, à travers des confidences dans le « trou » de la caméra (l'expression est de Jane), et telle que Varda l'imagine, la rêve, selon une galerie de tableaux dans lesquels elle l'invite à s'incarner dans divers personnages : Jeanne d'Arc au bûcher, Stan Laurel, Calamity Jane, Eurydice, Ariane, une héroïne de Dickens, une danseuse espagnole…

Varda accompagne également Birkin jusqu'en mer de Chine, où l'actrice volontiers investie dans les causes humanitaires tourne un moyen-métrage, réalisé et joué par Jacques Perrin, sur la tragique épopée des boat people et sur l'action des médecins occidentaux : *Mer de Chine : Le Pays pour mémoire**. Il s'agit d'une fiction pour la télévision, dans la série « Médecins des hommes », dont Jacques Perrin est également initiateur et producteur. « La fiction peut laisser des traces plus profondes que le reportage, avance-t-il. Avec la fiction, on approche le personnage d'un peu plus près. On rentre dans son œil. Mais comme c'est la réalité aussi, on est face à quelque chose de bouleversant. Il y a le drame d'une part et d'autre part l'enseignement d'une formidable volonté de vivre[39]. »

* En 1987, Jane Birkin rejoint par ailleurs le collectif d'artistes qui enregistrent la chanson « Dernier matin d'Asie », au profit des boat people.

En janvier 1987, Jane Birkin profite de sa longue conversation avec Agnès Varda pour évoquer un thème qu'elle rêve de porter à l'écran et dont elle a écrit l'histoire dans un carnet pendant les pauses des tournages de *Dust* et de *La Femme de ma vie*: la relation trouble et troublante d'une femme de son âge et d'un jeune garçon qui pourrait être son fils. « Cette histoire-là, raconte-t-elle, je l'ai imaginée un soir où Charlotte avait donné une boum. J'ai trouvé un garçon de quatorze ans environ, qui vomissait dans l'escalier. Je l'ai emmené dans la salle de bains pour le soigner. Et puis, c'est tout. Mais, après, j'ai imaginé que ce garçon tombait amoureux de moi, que je vivais avec lui une histoire d'amour, que ça faisait scandale, et qu'en punition, on me retirait la garde de ma fille[40]. » Agnès Varda pense en réaliser une séquence de dix minutes qui viendrait s'imbriquer dans le film en cours, *Jane B. par Agnès V.*, mais il apparaît très vite que le sujet mérite d'être développé en un long-métrage. « À l'origine, le petit garçon était très romantique, précise Jane Birkin. Un peu comme le héros de *Un sac de billes*. C'était un petit Arabe ou un petit Juif, un exclu. Ça se passait à Noël. Il voulait voir l'Angleterre à Noël. C'était moi à quatorze ans[41]. » Mais Varda remanie le scénario pour le faire sien : « Ce que j'ai apporté, c'est ce qui n'est pas mélo : les frusques, les jeux, les motos, et un peu d'école quand même ! Le romantisme d'aujourd'hui passe par la provocation, par une certaine méchanceté. Julien, le garçon, et la femme mûre vivent un amour impossible, interdit par la société, par les parents, les proviseurs, et par les autres adolescents – ses copains à lui, sa fille à elle. Il est forcé de se moquer d'elle à la fin, de la renier, de dire qu'elle était moche, que c'était une bourgeoise. Mais c'est lui qui se retrouve seul[42]. »

Ce deuxième film s'appelle *Kung-fu Master*, du nom du jeu vidéo préféré du héros. Le tournage se passe en famille : autour de Jane Birkin, ses filles Charlotte Gainsbourg et Lou Doillon, ses parents, son frère, et pour jouer Julien, le jeune garçon, Mathieu Demy, le fils d'Agnès Varda. L'expérience donne à Jane l'envie de poursuivre dans cette voie : « J'ai pris le goût d'écrire, dit-elle. C'est très intimidant quand on a vécu avec des grands écrivains, alors treize ans avec Serge Gainsbourg, ça te file des complexes, forcément. [...] Mais là je me sens un peu mieux puisque je commence à y arriver. Les dialogues, c'est imaginatif. Il y a une idée pour une personne, l'autre répond, on rebondit, c'est comme des avancées de guerre[43]. » À suivre.

Retour au théâtre

Après cette longue immersion intimiste devant la caméra d'Agnès Varda – une conversation cinématographique de dix-sept mois, ce n'est pas chose commune* ! –, Jane Birkin revient sur les planches dans *L'Ex-femme de ma vie*, où elle se glisse avec ravissement dans la peau d'une héroïne de comédie, sous la direction de Josiane Balasko. La pièce, qui se joue du 5 octobre 1988 au 17 janvier 1989 au théâtre du Splendid Saint-Martin, est drôle, mais aussi tendre et cynique, mettant en scène les retrouvailles d'un couple séparé depuis plus de six ans : Tom, écrivain et séducteur joué par Thierry Lhermitte, et Frankie, enceinte et sans ressources, revenue en quête d'un abri et d'un soutien. Le tournage

* L'amitié entre les deux femmes ne s'est jamais démentie. Le 24 mai 2015, lors de la cérémonie de clôture du Festival de Cannes, Jane Birkin viendra remettre une Palme d'honneur à Agnès Varda pour l'ensemble de son œuvre.

en parallèle de *Trop belle pour toi*, le film de Bertrand Blier, a empêché Josiane Balasko de jouer elle-même le rôle qu'elle s'était écrit, mais elle en assure quand même la mise en scène*. Apeurée sans doute par la nouveauté de l'exercice – faire rire au théâtre –, mais aussi parce qu'il était prévu qu'elle incarne au même moment une femme de médecin vivant en Chine à l'époque de Mao dans *Bethune : The Making Of A Hero*, un film de Philip Borsos, avec Donald Sutherland**, Jane Birkin s'est montrée un temps hésitante à enfiler un costume qui n'était pas taillé pour elle, mais finalement elle ne regrettera pas sa décision : « Cette pièce ne semblait pas sérieuse comme ça, mais il fallait donner l'impression d'être à bout de forces, arriver à fondre en larmes pour, trois secondes après, se mettre à pouffer de rire. J'étais très fière de ce que j'avais fait avec Thierry Lhermitte dans cette pièce écrite par Balasko. Je pense qu'en comédie, c'est peut-être ce que j'ai fait de mieux[44] ! » Josée Dayan en fera une captation pour la télévision.

À partir du 18 janvier 1990, on retrouve Jane Birkin donnant la réplique à Pierre Dux au théâtre des Bouffes-Parisiens dans une adaptation française par Jean-Loup Dabadie de *Quelque part dans cette vie* du dramaturge américain Israël Horovitz. Il s'agit d'un huis-clos psychologique entre deux êtres que tout semble opposer, un ancien professeur et une gouvernante recrutée pour l'assister dans sa vie quotidienne. Jane Birkin avait découvert Pierre Dux dans le téléfilm

---

* Josiane Balasko reprendra le rôle en mars 1989, aux côtés de Richard Berry, au théâtre du Gymnase-Marie-Bell. Elle adaptera ensuite la pièce au cinéma, et demandera à Jane Birkin d'interpréter la chanson du générique : « Parlez-moi d'amour », créée par Lucienne Boyer en 1930.

** Le film devait se tourner au Canada au même moment mais, à la suite d'un retard de près de trois mois, Jane Birkin y renonça.

de Jacques Doillon *Monsieur Abel*, et c'est elle-même qui l'a suggéré pour partenaire, elle apprécie son humilité et sa rigueur dans le travail : « À ses côtés, je me suis sentie sécurisée. Tout de suite, grâce à ses conseils, j'ai compris que rien de grave ne pouvait m'arriver[45]. » La pièce est un triomphe : à l'affiche jusqu'en été, avant de faire la tournée des festivals, elle reprend à l'automne pour une deuxième saison, à guichets fermés. Pierre Dux, qui reçoit au printemps le Molière du Meilleur acteur – également nommée, Jane Birkin s'incline devant Denise Gence (*Avant la retraite*) –, la joue encore quand la mort vient le surprendre, le 1er décembre 1990, à l'âge de quatre-vingt-deux ans.

Entre-temps, aux côtés de son compatriote Dirk Bogarde qui fascine tant Gainsbourg dans *Mort à Venise*, Jane Birkin a tourné *Daddy Nostalgie* de Bertrand Tavernier, en compétition au Festival de Cannes. C'est l'histoire d'une jeune femme qui part au chevet de son père, un homme d'affaires anglais victime d'une crise cardiaque, et apprend à le connaître. Elle interprète également la chanson du générique de fin, « These Foolish Things », accompagnée par le musicien de jazz Jimmy Rowles.

11

Amours défuntes

« Encore un air,
Un peu de toi,
Ton dernier souffle,
Mon filet de voix,
Encore hier
Je chantais ça,
Demain je ne sais pas[1]… »

Derniers soubresauts d'un amour sans feinte

Février 1990. Jane Birkin et Serge Gainsbourg se retrouvent en studio pour graver dans la cire un dernier album, dont l'accouchement se fait dans la douleur. La santé de Gainsbourg décline. « Je sais que je suis en sursis, dit-il, que je peux crever demain, que je suis mathématiquement bien attaqué[2]. » Devant l'état de fatigue extrême de son ancien compagnon, conséquence d'une série d'opérations chirurgicales sérieuses au cours de l'année précédente, dont l'ablation de deux tiers du foie, Jane Birkin est prête à repousser l'enregistrement, voire y renoncer. Elle triomphe alors au théâtre avec Pierre Dux et ne manque point de projets au cinéma. Pourquoi s'obstiner à faire un album ? Mais Gainsbourg tient beaucoup à ce disque, c'est son cadeau d'adieu. Son ultime déclaration sans espoir de retour d'un amour sans feinte.

« Un amour peut en cacher un autre
On est aveugle mais comment faire autr-
Ement il faut payer le jour du crash
C'est l'American Express ou le cash[3]... »

Il semble que Gainsbourg ait enfin accepté la séparation et consente à cheminer vers une forme de sérénité, quoique suintent parfois des relents de rancœur jalouse. « Ces chansons personnelles sont une réflexion sur lui, et peut-être une échappatoire au personnage qu'il se donnait en public[4] », note Jane. Il ressasse néanmoins, comme s'il était lui-même interprète de ses textes, d'éternelles obsessions telles que son attirance pour les nymphettes et la chanson « Love Fifteen » qui y fait référence semble avoir été écrite à l'attention de Vanessa Paradis, pour qui il prépare concomitamment l'album *Variations sur le même t'aime*.

« Elle était mon Eurydice
J'étais
Orphée
Love fifteen
Un James Dean
Est passé[5]... »

L'album est ainsi truffé de références, cinématographiques et littéraires, Vivien Leigh et Greta Garbo (« 32 Farenheit »), Alice de Lewis Carroll et Dorian Gray d'Oscar Wilde (« Love Fifteen »), *L'Empire des sens* de Nagisa Oshima (« L'Impression du déjà-vu »), Des Esseintes de Huysmans (« Litanie en Lituanie », qui rappelle le « Malaise en Malaisie » offert à Alain Chamfort en 1981), *Les Chants de Maldoror* de Lautréamont et « Le Corbeau » d'Edgar Allan Poe (« Et quand bien même »).

« C'est le même dilemme
Entre l'âme et le corps
Comme un arrière-goût de nevermore[6]... »

Au passage, Gainsbourg profite de la voix de Jane pour lui faire dire ce qu'il aimerait entendre à son sujet, même s'il s'agit qu'elle lui reproche un certain nombre de défauts : nihilisme, dandysme, égoïsme, cynisme. « S'il chantait ses textes, ce serait insupportable d'indécence, écrit Karim Demigneux, journaliste de *L'Humanité*. Tout à la fois, on y retrouve son désappointement et sa sérénité. C'est un disque sur la solitude totale et sans rémission[7]. »

« Un jour sûrement saura-t-il que j'étais celle
Qui l'aura aimé plus qu'une autre, plus qu'elle[8]... »

« En terminant cet album je me suis demandé si ce n'était pas la fin de quelque chose[9] », dit Jane.

Testament artistique où Gainsbourg évoque la fin inéluctable, qui exhale tantôt un parfum de roses s'ouvrant sur l'asphalte, vision de névrose (« Asphalte »), avec tantôt une odeur de chrysanthèmes pour « corps refroidis » (« Et quand bien même »).

« Amours des feintes
Au loin j'entends
Là-bas que tinte
Le temps[10]... »

Amours des feintes est publié en septembre. La pochette est un portrait de Jane, par Gainsbourg. « Pas un portrait, un "gribouille", corrige-t-elle. Je lui ai dit que j'en avais marre de me voir en photo, est-ce qu'il pouvait faire un dessin pour la pochette ? Il a pris ça très au sérieux. Il était en clinique alors, il avait sorti ses encres de Chine et fait acheter du papier à Philippe [Lerichomme]. Il a dessiné un premier visage et c'était le visage de Bambou, un deuxième, et c'était moi, mais je m'y trouvais un mauvais œil, j'ai proposé qu'il trace une mèche de cheveux devant, la plume s'est brisée, l'encre a éclaboussé le dessin, c'était beau, c'était la pochette du disque[11]. »

Trois titres en sont extraits, chacun illustré d'un vidéo-clip. Clin d'œil à la *Pavane pour une infante défunte* de Maurice Ravel*, « Amours des feintes » est mis en scène par Gainsbourg : il filme Birkin évoluant dans une enfilade de couloirs en alcôve longée de rideaux de tulle bleu et blanc, parmi la « statue noir et or portant flambeau » de la salle de bains de la rue de Verneuil et les reproductions des Infantes de Vélasquez. « Et quand bien même » est confiée à Patrice Chéreau, qui accentue l'aspect théâtral de la chanson et opte pour les contrastes noir/blanc, ombre/lumière, clair/obscur. Enfin, Jane Birkin se filme elle-même, observant à la fenêtre une lolita en socquettes dans « Love Fifteen ».

La même année, elle tourne pour le cinéma *La Belle Noiseuse*, son deuxième film mis en scène par Jacques Rivette, qui raconte la renaissance d'un peintre, Édouard Frenhofer, joué par Michel Piccoli, à la faveur d'une muse de circonstance, Marianne, qui a les traits et (surtout) le corps d'Emmanuelle Béart. Jane Birkin est Liz, la femme du peintre, la première inspiratrice du tableau *La Belle Noiseuse*, auquel il travaille depuis dix ans. Adaptée d'une nouvelle d'Honoré de Balzac, *Le Chef-d'œuvre inconnu,* cette longue réflexion sur l'art

---

* Ce thème musical de Ravel sera repris en 2006 par Jane Birkin, illustré d'un texte du romancier Hervé Guibert, sur son album *Fictions.*

et le processus créatif qui lie le peintre à son modèle (le film dure quatre heures) reçoit à Cannes le Grand Prix du jury. Mais à ce moment-là, Jane Birkin n'a pas le cœur festivalier.

Double deuil

Le 2 mars 1991, Serge Gainsbourg est retrouvé mort sur son lit, dans son appartement de la rue de Verneuil où il vivait seul. Une crise cardiaque l'a emporté dans son sommeil. Aussitôt prévenue alors qu'elle tourne à Londres *Red Fox*, un téléfilm réalisé par Ian Toynton, Jane Birkin est abasourdie. Elle prend le premier avion le lendemain matin, accompagnée de son petit-fils Roman. Retrouver Paris animé et bruyant lui donne un instant à penser que la chose est impossible, que rien de grave ne peut être arrivé. Elle se dit que Serge lui a encore fait une mauvaise blague, qu'une fois sur le seuil du 5 *bis* rue de Verneuil, elle va voir la porte s'ouvrir et un Gainsbourg facétieux apparaître en faisant « bouh ! » Alors, elle lui criera dessus en riant et en lui frappant la poitrine. Mais Philippe Lerichomme, venu l'accueillir à l'aéroport, lui confirme la nouvelle et lui dit que non, Gainsbourg ne fera plus « bouh[12] ! »

Une foule nombreuse d'anonymes et de célébrités lui fait escorte au cimetière de Montparnasse le 7 mars, où on le couche auprès de ses parents, Olia et Joseph, et pas très loin de Baudelaire, Sartre et Huysmans. Jane a glissé près du cercueil son singe en peluche fétiche Monkey, « pour lui tenir compagnie ». La voix un peu étranglée, Catherine Deneuve lit le texte de « Fuir le bonheur de peur qu'il ne se sauve », en guise d'éloge funèbre. Sur la tombe, parmi d'énormes gerbes de fleurs, on a posé une bouteille de whisky, des Gitanes, des choux, des tickets de métro.

Venu soutenir sa sœur dans cette épreuve et saluer la mémoire de celui qui était son ami, Andrew Birkin passe la nuit rue de la Tour. Le lendemain des obsèques de Gainsbourg, au petit matin, le téléphone sonne. Jane répond : on lui apprend la mort de son père. À cinq jours d'intervalle, elle perd deux des grands amours de sa vie. Hagarde, titubante, elle descend dans la chambre au sous-sol où dort Andrew pour lui annoncer la terrible nouvelle et trouver refuge dans ses bras. Pendant les heures qui suivront, c'est lui qui va s'occuper de tout : « Quand il a fallu partir, prendre l'avion pour aller en Angleterre, il me soutenait dans l'aéroport, dans l'avion, raconte Jane. À l'enterrement, on s'appuyait sur lui, maman, Linda et moi, après la cérémonie, il nous a cachées dans son grand manteau pour nous protéger des journalistes. Je me souviens combien il paraissait fort, et grand, et magnifique[13]. »

Des adieux à jamais ?

Sur les grands boulevards, les colonnes Morris annoncent le spectacle de Jane Birkin au Casino de Paris, prévu du 13 mai au 1er juin et en préparation depuis plusieurs mois avec la complicité de Francine Dux, l'épouse de son ancien partenaire de théâtre Pierre Dux, décédé le 1er décembre 1990. Il n'est pas question d'annuler, ni de différer. Jane se dit que c'est bien une chose qu'elle peut faire pour Serge, peut-être pour la dernière fois. Juste pour l'épater. Elle se présentera telle qu'en elle-même, tee-shirt blanc Agnès b. dont elle a déformé le col pour lui donner un aspect ample et négligé (de la « flasquitude », en langage birkinien), blue-jean délavé, baskets blanches sans lacets. « J'ai d'ailleurs fait enlever, au bout de deux jours, la première affiche du spectacle qui représentait mes pieds croisés avec les jeans et les tennis blanches. J'étais tellement troublée, j'avais l'impression que c'étaient les jambes et les pieds de Serge[14] », commente-t-elle. L'entrée se fait tout en douceur et *a cappella* : Jane dresse le portrait de cet « aquoiboniste » de génie et lui dédie l'entièreté du tour de chant : « Serge, cette soirée est pour toi. » Le public la porte avec une infinie tendresse et une rare complicité : « Je ne savais pas à quel point les gens pouvaient vous soutenir. Au Casino de Paris, ils ont été absolument magnifiques. Ils étaient venus pour les bonnes raisons[15]. » À son propre répertoire (quelques succès anciens et la quasi-totalité de l'album *Amours des feintes*), elle puise parmi les chansons que Gainsbourg avait écrites pour lui-même, « sachant jouer de cette voix si singulière et haute, où se profilent les inflexions de son double masculin », ainsi que l'écrit Véronique Mortaigne dans *Le Monde*[16] : « La Chanson de Prévert », « Sous le soleil exactement », « Manon », « Valse de Melody », Marilou sous la neige ». Comme elle tenait absolument à une chanson différente qui ne soit pas de lui, « au moins une, pour le contraste[17] », elle opte pour le thème du film *Casablanca*, « As Time Goes By », et clôture son récital par un déchirant « Je suis venue te dire que je m'en vais ».

Une tournée de cinquante dates s'ensuit, qui débute fin septembre et sillonne la France, avec des étapes en Belgique et en Suisse. Elle s'achèvera en juillet 1992 aux Francofolies de La Rochelle, sur la même scène où Gainsbourg était monté en 1989. Au final, après avoir chanté « Je suis venue te dire que je m'en vais », elle s'agenouille pour poser délicatement le micro par terre face au public et quitte la scène à pas feutrés. « J'ai promis à Serge que je ferais une dernière tournée en France après sa mort, dit-elle. Je l'ai fait. Je n'ai plus envie de continuer[18]. »

Une décision qui n'est pas suivie d'effet. Ne reprend-elle pas dès 1992 une chanson de Gainsbourg, « Les Goémons », accompagnée au piano par Jeff Cohen, quand on l'invite à prêter sa voix au projet *Urgence*, initié par Étienne Daho au profit de la recherche contre le sida ? À la même période, à l'initiative d'Amnesty International qui célèbre ses trente ans, un collectif de réalisateurs français réalise le film *Contre l'oubli*, rassemblant trente segments de trois minutes, soit trente regards au service d'une même idée : défendre la cause de prisonniers politiques. Jane Birkin retrouve Bertrand Tavernier qui la filme dans *Pour Alirio de Crisanto Medeiros, Venezuela*. Elle-même prend la caméra et réalise un sujet sur une jeune Philippine prisonnière dans un camp militaire (*Pour Maria Nonna Santa Clara, Philippine*). « C'est seulement par l'exemple que l'on transmet quelque chose. J'ai souvent été à des manifestations avec un enfant sur les épaules. Quand j'ai réalisé le film pour les trente ans d'Amnesty International, je suis allée aux Philippines avec ma petite Lou. Elle avait huit ans et trimballait mes bobines de film, distribuait des sandwiches aux jeunes filles que je filmais. Elle était mon "passeport" avec tous les enfants vietnamiens du camp de Palawan. D'ailleurs si je suis allée jusqu'à ces camps, c'est parce que Lou s'était prise d'amitié avec un petit garçon rencontré dans la cale d'un bateau qui s'appelait Tam[19]. » Puis, encouragée par Jacques Doillon avec qui elle s'est formée en tant qu'assistante et scripte sur le tournage de *La Fille de quinze ans* en 1989, Jane Birkin aborde la réalisation d'un premier long-métrage pour la télévision : *Oh ! Pardon tu dormais**.... Pour jouer

* Le téléfilm *Oh ! pardon tu dormais* est diffusé le 8 décembre 1992 sur FR3 en deuxième partie de soirée, puis le 11 décembre 1993 sur Arte.

cette histoire d'un couple usé par l'habitude (Jane a écrit le scénario en s'inspirant de sa propre vie conjugale), elle convoque Christine Boisson et Jacques Perrin, également producteur du film. « Je voulais surtout ne pas être à l'écran, dit-elle. J'en avais marre de moi[20]. » Cet état dépressif passera. Plus tard, elle adaptera son scénario au théâtre et incarnera le personnage féminin. En attendant, elle franchit le cap de la mise en scène et s'entoure d'un chef opérateur en qui elle a toute confiance : François Catonné, rencontré sur le tournage de *La Femme de ma vie*. « Elle m'a choisi pour mon travail et parce que j'avais bon caractère », dit-il en souriant. L'expérience se révèle insolite, mais passionnante : « Jane donne souvent l'impression de se sous-estimer, mais elle sait précisément où elle va. Elle n'est pas forcément autoritaire, mais derrière son doute apparent, elle affirme un goût sûr et des opinions fermes. Certes, elle a une façon très personnelle de diriger avec un langage unique qu'il faut décoder, cela demande un effort d'attention supplémentaire. Elle n'a pas la maîtrise du langage technique, elle n'utilise pas toujours les bons mots, ce qui se traduit par un langage imagé, poétique, parfois touchant ou amusant. Une fois, pour me demander de panoramiquer vers le haut, elle m'a dit : “Retrousse la caméra.” Il m'a fallu dix secondes avant de comprendre, mais j'ai adopté le terme tellement je le trouvais charmant. Autre chose : comme elle dessinait le story-board comme une photo en hauteur, je lui avais appris à incliner sa feuille pour obtenir la forme d'un cadre de cinéma ! Par des voies surprenantes, elle avait une grande maîtrise de la mise en scène. Sur *Oh ! Pardon tu dormais…* qui était son premier film de réalisatrice, elle avait engagé un garçon et une fille du Conservatoire et les avait filmés avec son caméscope, en un seul plan, afin d'expliquer la direction qu'elle voulait prendre et comment elle voulait que je place la caméra. Il n'empêche que ce fut une expérience formidable. Et Jane savait précisément me guider en se servant du moniteur de contrôle. Ensuite, pour ce qui est de la direction d'acteurs, elle n'aimait pas les conventions d'usage qui consistent à actionner le clap et dire "Moteur !", "Action !", "Coupez !". J'avais vite compris que ces injonctions intrusives lui faisaient peur, et comme elle m'en avait attribué le rôle j'intimais doucement les ordres : "On va y aller", disais-je, et dès que la caméra tournait : "Allez-y." Sans trop élever la voix. Elle voulait que ce soit discret, pour ne pas perturber les acteurs. Étant actrice elle-même, elle avait une attitude très protectrice à l'égard de ses acteurs. Elle était très directive, mais aussi très attentive. À la fin de la prise, je disais : "Ça y est", à la place de "Coupez !". C'était moins tranchant[21]. »

En 1993, Jane Birkin et François Catonné se retrouvent pour un projet de court-métrage dans le cadre de l'opération *3 000 scénarios contre un virus* – sur ces trois mille scénarios proposés par des lycéens, une trentaine sont réalisés par des réalisateurs bénévoles, et tournés avec la participation gracieuse des acteurs pour la lutte contre le sida. Jane choisit d'illustrer la chanson « Je t'aime… moi non plus » d'images en gros plans de Lola Doillon (la demi-sœur de Lou) et Mathieu Demy. « Elle avait inventé un mode de filmage très original : on était en macrophotographie le long de deux corps et on terminait en très gros plan sur une main qui déchirait le paquet du préservatif, raconte François Catonné. C'était vraiment étrange et très audacieux. Une vraie prouesse technique qu'elle avait décidé de réaliser[22]. » Le film est diffusé en juin 1994. La même année, Jane Birkin participe au projet *Raconte-moi la vie*, un livre-disque édité par Hachette qui réunit neuf comédiens lecteurs de contes inédits pour lesquels des écrivains ont renoncé à leurs droits d'auteur, au profit des enfants atteints du sida. Jane a choisi de lire *La Rose des eaux* de Tahar Ben Jelloun. En 1995, elle répond à nouveau présent quand on lui propose de créer deux chansons écrites et composées par des auteurs inconnus et séropositifs pour le disque *Entre sourire et larmes* : elle choisit « Les Yeux fermés », enregistrée en duo avec Brett Anderson, et « D'un geste ordinaire », qu'elle chante en solo – elle l'interprète *live* dans « Taratata » le 12 mai 1995*.

> « C'est pas si grave de le dire
> Juste un peu plus de le faire
> Faudrait pouvoir mourir
> Comme on éteint la lumière
> D'un geste ordinaire[23]. »

Mais revenons en 1992. Cependant que Phonogram s'apprête à publier en quatre CD l'intégrale de ses chansons (dont deux inédits en anglais : « Ex-fan des sixties » et « Mister Iceberg », chanson créée par Gainsbourg), la chanteuse bénéficie de la reconnaissance de ses pairs qui lui décernent la Victoire de la musique de l'Artiste interprète féminine pour son dernier spectacle au Casino de Paris et en tournée.

Bretonne de cœur

Depuis les décès successifs de Serge Gainsbourg et de David Birkin, deux des grands amours de sa vie, Jane entretient une conversation ininterrompue avec sa mère.

* Dans ce même « Taratata », Jane Birkin chante « Jolie Môme » en duo avec Kent.

Un jour, elle reçoit par fax la photo d'une maison à vendre, à Lannilis dans le Finistère, en bordure de l'Aber Benoît. On la lui propose parce qu'elle se trouve précisément près du rocher où David Birkin accostait pendant la Seconde Guerre mondiale. C'est une immense et étrange demeure aux allures de manoir, nichée parmi de grands conifères et idéalement exposée. On l'appelle *in situ* l'ancienne maison Delamare, du nom de son constructeur et premier propriétaire, Édouard Delamare-Deboutteville, inventeur du moteur à explosion et créateur dans l'Aber au XIXe siècle de l'élevage d'huîtres de Prat-Ar-Coum. « Je voulais cette maison, parce que je souhaitais récupérer mon père à un âge où je ne l'avais pas connu. J'avais un peu le sentiment de le retrouver[24] », dit Jane. Sur un coup de cœur, elle décide donc de vendre son ancien presbytère normand à la réalisatrice Diane Kurys et de contracter un crédit de quinze ans pour réaliser son souhait. Puis elle inaugure son nouveau chez-soi par un temps épouvantable de fortes pluies accompagnées de bourrasques de vent : « J'étais avec ma petite Lou et mon petit-fils Roman, on a cru qu'on allait mourir dans la nuit. On n'avait rien, les meubles n'étaient pas arrivés de Normandie. On caillait tellement, j'ai mis toute ma valise sur eux, plus mon bouledogue, et on a survécu jusqu'au lendemain[25]. » Elle se souvient précisément de ce jour, le 2 août 1992, parce que la radio de l'épicerie où elle est allée acheter de quoi les ravitailler diffusait le journal qui annonçait la mort de Michel Berger.

« Sur plus de vingt ans, j'ai créé, pour mes enfants et mes petits-enfants, une vraie maison familiale[26] », se félicite-t-elle aujourd'hui. Elle aime l'aspect sauvage de cette région qui s'apparente à son décor d'enfance, « la mélancolie de certains instruments, [...] le bruit du vent dans la cheminée ou le visage très tendre d'une vieille femme que je croise sur le bord de la route[27] », les pique-nique sur la plage et les plateaux d'huîtres confectionnés par son voisin et ami Yvon Madec, descendant d'une des plus vieilles familles ostréicoles de France. Ses autres amis à Lannilis sont Mohammed, le poissonnier, et M. Jourdan, le boucher. Des Bretons elle aime les traditions et le respect des autres, la discrétion et la convivialité. Ici, dans sa « maison folle », parmi les fantômes et les courants d'air, Jane Birkin se sent protégée.

Retour au théâtre, à Paris et à Londres

Longtemps elle a cru qu'elle ne pourrait survivre à la mort de son père. *« Yes, you will! »*, répondait-il quand elle lui faisait part de ses angoisses. De la même façon, elle se demande comment poursuivre sans Serge. Et elle s'enferme dans une bulle nostalgique et mélancolique où elle entretient le lien avec ses morts. C'est alors que, n'y tenant plus, Jacques Doillon la quitte, après douze ans de vie commune. « Ce n'est pas étonnant que ce pauvre Jacques soit parti, c'était une maison en deuil. Je ne changeais même plus les ampoules. Il n'y avait que ma petite Lou qui rallumait les lampes[28]. » Seule Judy Campbell parvient à consoler sa fille et lui redonner l'envie d'aller de l'avant. Sa devise : « Souris, et le monde sourit avec toi. Pleure, et tu pleures tout seul. »

Ainsi Jane consent-elle après une longue hésitation à se présenter à l'audition de *L'Aide-mémoire*, marivaudage contemporain écrit par Jean-Claude Carrière et mis en scène par Bernard Murat : une jeune intrigante débarque avec sa valise chez un séducteur maniaque qui répertorie ses conquêtes dans un aide-mémoire. La pièce se joue du 21 septembre 1993 au 1er janvier 1994 à Paris, à la Comédie des Champs-Élysées, puis de mars à avril au théâtre des Célestins de Lyon, sur la scène de l'Auditorium 44 de Bruxelles et au théâtre de Sète. Jane Birkin et Pierre Arditi succèdent au duo formé par Fanny Ardant et Bernard Giraudeau lors de la précédente saison. « C'est le rôle d'une fille mystérieuse et je ne suis pas mystérieuse », s'inquiète Birkin. Et sa mère de lui rétorquer : « N'importe qui est mystérieuse avec une valise[29]. »

Au début de l'année suivante, elle réitère l'aventure théâtrale, mais à Londres cette fois où, sur la scène de l'Olivier Theatre, elle joue le rôle plus classique d'Andromaque dans *Women of Troy (Les Troyennes)*, d'après Euripide, mis en scène par Annie Castledine. La proposition lui a été faite à la suite du récital qu'elle a donné le 25 septembre 1994 au Savoy, une soirée unique où elle a fait découvrir à ses compatriotes anglais les chansons de Gainsbourg et dont la recette a été reversée au profit de la recherche contre le cancer du côlon. Le programme de ce *Tribute to Gainsbourg* est préfacé par Dirk Bogarde, qui monte également sur scène pour présenter sa récente partenaire de cinéma au public anglais, et émaillé de citations louangeuses de nombreuses personnalités, parmi lesquelles François Mitterrand, Jacques Chirac, Jack Lang, Brigitte Bardot, Claudia Cardinale, Catherine Deneuve, Jean-Paul Belmondo, Alain Souchon ou encore Isabelle Adjani.

Revenue de fait sur sa décision de renoncer à la chanson, Jane Birkin se réserve dans un premier temps pour les étrangers qui ne connaissent pas l'œuvre de Gainsbourg et souhaiteraient combler leur ignorance. La mission lui tient particulièrement à cœur dans son pays natal. Peu à peu, elle va se sentir investie d'une sorte de devoir de mémoire et devenir l'ambassadrice de « l'homme à tête de chou » à travers le monde. Même si l'image de « veuve officielle » installée dans l'imaginaire collectif lui déplaît – « C'est Bambou, la veuve de Serge ! », fait-elle remarquer –, autant que l'idée que Gainsbourg a été le plus grand amour de sa vie : « Cela ne serait pas juste. Je ne peux pas dire ça, parce que j'ai eu d'autres enfants[30]. »

En 1995, Jane Birkin retrouve également les plateaux de cinéma, à la faveur de Jean-Pierre Mocky qui lui donne un premier rôle face à Sabine Azéma dans *Noir comme le souvenir*, un film d'un genre oscillant entre fantastique et polar. Et elle fait une apparition amicale et furtive dans *Les Cent et Une Nuits de Simon Cinéma* d'Agnès Varda.

Retrouver la paix et l'amour à Sarajevo

Au début de juillet 1995, encore fragilisée par son double deuil, Jane Birkin décide de partir pour six jours à Sarajevo, sur les conseils de Patrice Chéreau qui en revient. C'est sa première visite dans ce pays, et c'est aussi la première fois qu'elle s'implique physiquement dans une action humanitaire. La pièce qu'elle vient de jouer à Londres, *Women of Troy (Les Troyennes)*, fait référence à cette tragique actualité, avec des soldats en uniformes et un chœur de femmes assiégées qui se lamentent. « Là-bas, les gens étaient assiégés pour de bon, dit-elle. Je trouvais assez gonflé de faire un métier où l'on s'inspire de ces situations, sans jamais payer de sa personne. Alors, après la dernière représentation, je suis partie. » Et pour ne pas sembler se prévaloir d'un héroïsme exemplaire, elle ajoute : « Il faut dire que je me foutais pas mal de ma vie à cette époque. Peut-être que, dans ces moments-là, on se dit : autant que ce soit pour la bonne cause[31]. » Sur la piste du mont Igman, seule voie d'accès à la ville assiégée, Jane Birkin accompagne un groupe de l'association Paris-Sarajevo-Europe, fondée par le Français Francis Bueb, dont l'objectif est de promouvoir dans un pays en guerre la reconstruction de la vie culturelle : « Je suis allée à Dobrinja, un quartier en première ligne, où habitent [des] étudiantes, depuis quatre mois elles ne peuvent plus sortir de chez elles. Les enfants jouent dans les escaliers, ils ne sortent plus. [...] Francis Bueb a réussi à réunir toutes les étudiantes et les professeurs dans le sous-sol d'un restaurant. Des obus tombaient, les parois de la cave tremblaient. Les filles et les profs avaient l'air épuisé, elles sont si fragiles, sans illusions, même si parfois elles espèrent encore. L'une d'elles a récité un poème de résistance de Desnos [...]. Elles apprennent énormément de textes par cœur. Ça les tient debout[32]. » Judy Campbell avait raconté à sa fille comment en temps de guerre on remonte le moral des populations avec le superflu. Alors, dans le sous-sol de ce restaurant ébranlé par les bombes, Jane a chanté. *A cappella*, car on n'a pu trouver une guitare. Des chansons de Gainsbourg et de Prévert. « Ma fille Lou découpait aux ciseaux à ongles les prix des vêtements que j'avais achetés pour les étudiantes. On leur a aussi ramené plein de bouquins de la Pléiade destinés à leur bibliothèque. Là-bas, j'ai vécu avec des gens incroyables. Un petit garçon tenait sur son cœur un livre d'art sur sa ville parce qu'on la dénigrait sur les ondes. Les femmes fabriquaient leurs robes avec des rideaux pour ne pas porter les mêmes vêtements. C'était leur manière de résister, de narguer les *snipers*[33]. » Avec son Polaroïd, Jane a tiré le portrait de beaucoup de gens : « Ils me le demandaient, et je leur ai laissé mes photos. Une soixantaine à peu près. Depuis trois ans, ils ne font plus de photos de famille, ils disent : on ne sait plus à quoi on ressemble[34]. » Devant la dignité et la pudeur de ce peuple martyrisé, Jane se dit qu'elle n'a pas le droit de se plaindre : « J'ai trouvé une sorte de paix à Sarajevo. Pendant six jours, je n'ai pas pensé à moi. J'avais tout le temps peur pour eux, et eux avaient peur pour nous, ils ne font plus que des gestes essentiels, ils n'ont plus rien mais ils restent généreux, ils ne t'en veulent pas de ta liberté[35]. »

Il n'y a pas d'endroit ni de circonstances propices aux rencontres amoureuses. « J'étais triste, dit Jane Birkin, puis j'ai rencontré quelqu'un et la vie est devenue gaie[36]. » Il est écrivain, il s'appelle Olivier Rolin* et il se souvient d'elle « cramponnée à une poignée pendant du toit d'un engin blindé qui cahote sur la piste du mont Igman, ses cheveux qui volent, blond-roux, ses yeux gris-bleu[37] ». Elle l'avait d'abord aperçu dans le hall de l'hôtel Lutetia, à Paris, où s'étaient retrouvés les membres de l'association Paris-Sarajevo-Europe, avant de partir. Mais son attitude un peu raide lui avait laissé croire qu'il était de ces auteurs snob et ennuyeux. Puis, elle découvre à Sarajevo un autre homme, à la fois autoritaire et sensible, charmeur sous son aspect bourru. Il vient d'obtenir le prix Renaudot pour *Port-Soudan*[38], un roman qui résulte d'une rupture. Comme elle, il se remet difficilement d'un chagrin d'amour. Et quand elle apprend qu'il est un ancien de la Gauche prolétarienne, le mouvement des maoïstes français issu de Mai-68, qui œuvrait au service des luttes populaires et avait notamment plastiqué en 1971 les locaux de l'hebdomadaire d'extrême droite *Minute*, elle décide qu'il est un héros, étant entendu que l'héroïsme et la sensibilité sont les qualités chez un homme qui font chavirer le cœur de

* Son frère Jean Rolin, également écrivain, sera pendant quelques années le compagnon de Kate Barry, la fille de Jane Birkin.

Jane Birkin. Lui-même s'avoue ébloui par cette femme généreuse, au point de risquer sa vie, « qui a mis pendant une semaine son courage et son talent au service de ces abandonnés de l'Europe et du monde[39] ». Il garde en mémoire l'image saisissante, une nuit, au cimetière de Bere, alors que la population enterre ses morts, de Jane « à genoux entre les fossoyeurs, [poussant] la terre de ses mains nues », pour exprimer son soutien et celui de tous ses compagnons, « un geste comme issu de la tragédie antique[40] ».

Leur histoire d'amour va durer cinq ans, entre Paris et la Bretagne où l'écrivain aime parfois se retirer dans sa petite maison de pêcheur, près de Paimpol. Mais chacun chez soi. À Paris, Olivier Rolin a ses habitudes dans le quartier de l'Odéon. « J'ai vendu en vingt-quatre heures la maison dans laquelle j'avais vécu quinze ans, car j'étais amoureuse d'un homme et je croyais qu'il m'avait demandé de vivre avec lui alors que ce n'était pas le cas, raconte Jane Birkin. Je me suis retrouvée une nuit avec Lou, le chat et le chien en face de chez lui dans un meublé. Un choc pour lui ! J'ai agi sans réfléchir. [...] Nous avons vécu une histoire rock'n'roll, sans habiter sous le même toit. Je voyais de ma fenêtre sa lampe allumée quand il écrivait la nuit[41]. » Insomniaque, il arrive souvent à Jane de traverser la rue en pyjama et d'aller se blottir dans les bras de son nouvel amoureux qui lui fait la lecture, comme sa mère quand elle était enfant ou Serge plus tard. Avec Olivier Rolin, elle découvre les *Mémoires d'outre-tombe* de Chateaubriand. Leur relation sera volcanique. À cause de sa mégalomanie à lui, de sa jalousie à elle. « Un jour, elle m'a dit cette chose absolument incroyable et que je trouve très belle en même temps : qu'elle aimerait que je sois très malade de façon que mon seul contact avec le monde, ce soit elle[42] », raconte-t-il. Elle l'appelle « Tiger », pour son courage et sa démarche fière et arrogante, avant même qu'il n'écrive *Tigre en papier*[43]. Pour lui, elle sera « Maline », comme le nom de son bateau, comme « La Maline » de Rimbaud, « celle qui parle comme elle, qui dit tout bas : "J'ai pris *une* froid sur la joue" ; pas "maligne", avec ce côté affreusement médical que ça a[44]. » Elle aurait aimé qu'il lui fasse un enfant, comme les autres hommes de sa vie, mais il n'en veut pas. Et elle sera malheureuse des rapports devenus difficiles avec sa fille Lou, partie vivre avec son père à Saint-Barthélemy : « Nous étions fortement complices, car son père m'avait quittée pour une autre femme. C'était une très grande injustice : son père pouvait faire tout ce qu'il voulait et il était pardonné, et moi je tombais amoureuse et elle ne le supportait pas[45]. »

Jane n'aura pas d'autre enfant, mais elle héritera des amis d'Olivier Rolin. Elle finit par élire domicile dans le même quartier, un huit-pièces au 19 de la rue Jacob. Ensemble, au gré des invitations professionnelles de l'écrivain, ils partageront d'autres voyages : Vietnam, Corée du Sud, Sénégal, Côte d'Ivoire, Burkina-Faso, Brésil. « J'ai découvert grâce à lui le voyage, mais aussi l'histoire. Olivier a des anecdotes sur tout, ça me fascine[46]. » Elle pense qu'il sera son dernier amour.

Versions Jane, à L'Olympia et en tournée

Sa récente expérience anglaise au Savoy Theatre invite Jane Birkin à un nouveau projet. Piquée au vif par un journaliste du *Sun* pour qui sa notoriété se réduit à « Je t'aime… moi non plus » et qui s'est interrogé sur l'existence d'autres *« dirty records »*, elle mûrit l'idée de réhabiliter l'œuvre gainsbourienne : « Je voulais sublimer ses chansons, je voulais faire un cadeau à Serge[47]. »

Le cadeau s'adresse aussi à ses admirateurs qui la suppliaient de continuer de chanter. Et puis, si elle veut être tout à fait honnête, elle retrouve cette légèreté qui lui manquait et se fait plaisir à elle-même : « Chanter, c'est la chose la plus proche de voler. Quand on pousse une note, on défie la pesanteur. Et puis je suis une privilégiée. Serge m'a écrit de si belles chansons. C'est comme les perles d'un collier, il ne faut pas les mettre dans un coffre. Les gens doivent pouvoir admirer le bijou[48]. »

Cette fois, cependant, à deux exceptions près – « Exercice en forme de Z » et « Physique et sans issue » –, elle ne va pas puiser dans son propre répertoire, mais dans l'œuvre tout entière. Car après réflexion et concertation avec son directeur artistique Philippe Lerichomme, il est convenu de choisir des chansons moins attendues, en visant un dosage équilibré de légèreté et de mélancolie, et de les habiller d'orchestrations originales, chaque titre bénéficiant d'un arrangeur particulier. Ainsi, Dominique Blanc-Francard à qui est confiée la réalisation du disque rassemble des musiciens de renom qui acceptent de jouer le jeu : son fils Hubert Blanc-Francard, *alias* BoomBass, du duo électro français La Funk Mob qui a produit les premiers albums de MC Solaar (« Ford Mustang »), le percussionniste sénégalais Doudou N'Diaye Rose (« Couleur café »), le bluesman américain Sonny Landreth (« Sorry Angel »), les jazzmen Eddy Louiss (« Elaeudanla Téïtéïa ») et le Joachim Kühn Trio (« Ce mortel ennui »), le compositeur yougoslave Goran Bregovic (« Comment te dire adieu »), Daran et les Chaises (« Élisa »), la harpiste Catherine Michel (« Dépression au-dessus du jardin »), les pianistes Philippe Deletrez (« Exercice en forme de Z », « Aux enfants de la chance ») et Jeff Cohen (« Physique et sans issue »), les compositeurs et arrangeurs Jean-Claude Vannier

(« Ces petits riens ») et Pierre Adenot (« Le Mal intérieur »), le chanteur Bruno Maman et son ami multi-instrumentiste Patrick Goraguer (« L'Anamour »). L'interprétation achève de donner à l'ensemble son authenticité et la justification de l'intitulé de l'album : *Versions Jane*. Et c'est « La Gadoue », joyeusement emmenée par Les Négresses vertes et illustrée d'un vidéo-clip tout aussi guilleret, réalisé par Philippe Gautier, qui fait un tube, trente ans après la version originale de Petula Clark, et permet à l'album d'être Disque d'or.

> « Il fallait venir jusqu'ici
> Pour jouer les amoureux transis
> Et patauger dans la gadoue
> La gadoue[49]... »

Jane Birkin en assure copieusement la promotion : on la voit à la télévision dans un « Taratata » spécial le 24 février et dans « Le Cercle de minuit » de Laure Adler le 30 avril. Fin janvier, elle partage « Ballade de Johnny Jane » avec Vanessa Paradis et « La Javanaise » avec Alain Souchon et Julien Clerc dans « La Soirée des Enfoirés ».

Pendant tout l'été, Jane retrouve son manoir breton où elle prépare sa rentrée à L'Olympia, du 1er au 13 octobre, qui sera suivie d'une tournée de cinquante-deux dates en province de mars à mai 1997. C'est alors que la maison de sa mère, à Londres, prend feu. « Quand je l'ai eue au téléphone pour lui demander si tout allait bien, elle m'a dit : "C'est génial ! Je suis en train de trinquer au champagne. Tout a cramé, même ma robe de mariage." Elle était devenue légère. Elle avait gardé toute sa vie les photos de nous, de papa, mais elle voulait s'échapper. Quand tout a brûlé, elle est redevenue jeune fille, à quatre-vingts ans[50]. » C'est cette même légèreté qui doit animer Jane Birkin à L'Olympia, selon la consigne de son metteur en scène et orchestrateur Jean-Claude Vannier : « Pour L'Olympia, Vannier m'a demandé de sourire. J'étais tellement terrifiée qu'il m'a fait comprendre que je risquais de communiquer ma peur au public. Moi je lui disais qu'il était difficile de sourire sur une chanson comme "Quoi", et Vannier me répondait de ne pas chanter de façon primaire, que tout le monde connaissait le texte, que l'on avait dépassé le stade de l'interprétation d'une chanson de rupture pour parvenir à ce que sont aujourd'hui les chansons de Gainsbourg : des classiques. Mais il est vrai que ma gaieté d'aujourd'hui n'était pas présente il y a trois ans et à plus forte raison il y a six ans. J'ai eu besoin de temps. Peut-être grâce à mes filles, j'ai choisi l'option de la vie en me disant que les morts ne m'en voudraient pas de déconner autant qu'ils ont déconné[51]. »

Le 16 septembre, un nouveau « Taratata » lui permet d'assurer la promotion de son Olympia : on l'y voit chanter plusieurs extraits de son album *Versions Jane*, puis en duo avec Zazie « Di Doo Dah », et avec Arno « Élisa ».

Sur le plan cinématographique, Jane Birkin se fait plus discrète au crépuscule des années 1990. En 1997, elle participe néanmoins à la comédie chorale d'Alain Resnais *On connaît la chanson*, d'après un scénario d'Agnès Jaoui et Jean-Pierre Bacri, puis elle tourne sous la direction de deux réalisateurs britanniques : elle incarne une mère post-hippie dans *A Soldier's Daughter Never Cries (La fille d'un soldat ne pleure jamais)* de James Ivory (1998), projeté au Festival de Deauville, et une femme ruinée dans *The Last September,* premier long-métrage de Deborah Warner (1999).

12

La vie buissonnière

« Je me suis mariée à dix-huit ans, je n'ai pas eu de vie de jeune fille et, tout d'un coup, vers cinquante ans, ma liberté nouvelle est devenue affolante, raconte Jane Birkin. J'ai paniqué. Je savais que je ne pourrais pas avoir d'enfant avec un prochain amour… J'avais l'impression de n'avoir jamais été au bon endroit au bon moment, de n'avoir retenu des êtres aimés que la douleur de leur absence[1]. »

Il est temps, pense-t-elle, de vivre en harmonie avec son passé pour affronter l'avenir. L'heureuse expérience de *Versions Jane*, avec différents partenaires, lui a redonné l'envie de chanter. Mais, cette fois, pourquoi ne pas envisager de faire appel à de nouveaux talents pour un disque tout neuf, avec des chansons écrites rien que pour elle ? L'indispensable Philippe Lerichomme approuve l'idée. Alors, en 1998, Jane Birkin déploie ses ailes et franchit « à la légère » un cap important, en se lançant dans une aventure qu'elle qualifie « d'infidélité totale » à son Pygmalion.

Les clés de l'émancipation

Douze chansons, gravées au studio Labomatic de Dominique Blanc-Francard, comme autant de fragments éclatés d'une mosaïque de talents, dont la cohérence est rendue par le savoir-faire d'un unique réalisateur et arrangeur, le Perpignanais Frank Eulry, qui a travaillé pour Lio, Helena Noguerra et Jil Caplan, plus tard collaborateur attitré de Laurent Voulzy ou Nolwenn Leroy, ainsi se présente *À la légère*. « Philippe Lerichomme avait cette idée courageuse : pour ce premier album sans Gainsbourg, il cherchait un arrangeur dont le nom ne serait pas associé à un ou plusieurs artistes, quelqu'un qui aurait les capacités d'un professionnel sans être trop connu, raconte Frank Eulry. Je correspondais au profil. Dominique Blanc-Francard, avec qui je travaillais à ce moment-là, nous a donc mis en relation. Philippe m'a appelé pour me rencontrer et c'est seulement là que j'ai su qu'il s'agissait de réaliser un album pour Jane Birkin. Après avoir écouté et aimé les choses que j'avais faites, il m'a donné carte blanche. La difficulté consistait à réaliser quatorze morceaux en un temps très court et de collaborer avec autant d'auteurs-compositeurs d'univers différents. Ils étaient par ailleurs tous renommés, avec des velléités de production et d'aboutissement de leur propre titre. Il fallait donc s'imposer. Et trouver un lien entre tout ça[2]. » Comme le laisse supposer son intitulé, qui adopte celui de la chanson offerte par Alain Souchon et Laurent Voulzy, l'album respire plutôt la grâce et l'insouciance, à la faveur de sonorités enlevées – « J'avais proposé quelque chose qui soit entre la pop et le *trip hop,* l'idée avait plu à Philippe. Et j'ai essayé de toujours ramener les titres à cet univers-là pour qu'il y ait une cohérence[3] », rapporte Frank Eulry – et d'une interprétation aérienne : « Philippe voulait que je chante très haut, pour donner une idée plus périlleuse, mais garder quelque chose de cristallin. Cela explique une certaine innocence de registre[4] », explique Jane Birkin. « Il lui demandait de monter dans les aigus, jusqu'à la limite, jusqu'à la cassure », témoigne Frank Eulry qui avoue ne pas avoir approuvé ce choix : « Personnellement, je n'aurais pas fait ça. Je ne comprenais pas pourquoi, d'ailleurs, mais il avait tellement travaillé avec elle et Gainsbourg que je me suis dit qu'il savait exactement où il voulait en venir. Et de fait il a obtenu un certain effet, sauf que je pense qu'il n'a peut-être pas complètement maîtrisé la chose. Du coup, sur certains titres il a fallu qu'on redescende d'un ton en fin de projet car Jane n'y arrivait pas. C'est une regrettable erreur qui a nui à cet album, pourtant très beau[5]. » Auteure de « La Pleine Lune » sur une musique de son ami Alain Lubrano, Françoise Hardy n'a point caché son mécontentement : « La chanson était réussie, écrit-elle dans son autobiographie, mais fut, comme le reste de l'album, gâchée par une réalisation inadéquate, ainsi que par la très mauvaise idée qu'eut Lerichomme de demander à Jane de chanter encore plus haut qu'elle ne chantait déjà, ce qui l'obligeait à s'égosiller à un point quasi insupportable pour les oreilles sensibles[6]. » L'orientation voulue par le directeur musical différait trop à son goût de l'esprit minimaliste de la maquette, à l'accompagnement de guitare : « J'étais parti sur une idée très inspirée de Portishead, dans le style *trip hop* anglais, car je trouvais que ça collait mieux à Jane[7] », dit-il. Deux ans plus tard, Françoise Hardy se réappropriera le titre dans sa version initiale pour son album *Clair-obscur*.

« Jane était très à l'écoute de Philippe Lerichomme, totalement en confiance. Vu leur passé commun, je comprends qu'elle avait des raisons de l'être[8] », commente Frank Eulry. Cette grande obéissance dont elle fait preuve n'empêche pas un réel investissement de la chanteuse dans le projet et un plaisir non feint à se glisser dans ces différents costumes taillés exprès pour elle, y apportant le reflet de sa personnalité complexe, à la fois offerte et mystérieuse, joyeuse et mélancolique, légère et grave. Cette dualité est subtilement traduite par son ami Étienne Daho dans « L'Autre moi » : « Cette chanson me va bien et lui irait très bien aussi, dit-elle. [...] J'aimais bien l'idée que la chanson aurait pu être interprétée par lui, l'idée qu'en la chantant j'étais lui[9]. »

> « Il y a au fond de moi
> Cet autre moi
> Celle qui me ressemble comme une sœur
> Qui a peur
> Si différente en un instant
> Mais toutes ces facettes te dépriment
> Et tu fous le camp[10]... »

Une facette méconnue du personnage, qui ne serait pas forcément « la plus jolie », « la plus maligne » ou « la plus gentille », transparaît dans « Les Clés du paradis », écrite par Jacques Duvall, sur une musique d'Alain Chamfort et de Jean-Noël Chaléat, l'une des rares chansons du disque qu'elle aura plaisir à faire voyager en public :

> « J'ai les clés du paradis
> L'ennui c'est que je trouve pas la porte
> Est-ce bien la peine que je torture
> Trente-six milliards de serrures[11] ? »

La difficulté d'aimer et de vivre à deux est le thème prédominant, décliné de façon parfois cocasse ou métaphorique, comme dans « Les Avalanches » du Brestois Miossec, sur une musique de Richard Mortier, ancien guitariste d'Alain Bashung, qui égrène « les soupçons, les doutes, la jalousie », tout ce qui menace l'effondrement des relations affectives. C'est Philippe Lerichomme qui a convoqué Christophe Miossec. Une merveilleuse idée. Outre ses inflexions vocales, son inspiration poétique, son allure élégante et princière, ajoutées à un esprit rebelle font penser inévitablement à Serge Gainsbourg. Cette rencontre autant amicale qu'artistique sera suivie de bien d'autres.

La chanteuse fait aussi la connaissance du rappeur poète MC Solaar, avec qui, sous l'impulsion de SOS Racisme, elle ira chanter en 2010 pour les Géorgiens victimes d'un nettoyage ethnique de la part des troupes russes. Avec la complicité d'Al Zackman, Solaar lui offre ici le cinématographique et accrocheur « Love Slow Motion ».

Jane Birkin avait déjà croisé Art Mengo et Nilda Fernandez dans le show télévisé « Taratata » – avec le second, elle y a même partagé deux duos : « Les Dessous chics » en 1993, « Nos fiançailles » en 1997. Ici, le chanteur toulousain et son complice Patrice Guirao l'invitent à faire le compte de ses amours et exprimer l'attente de celui qui viendrait percer « La Bulle » dans laquelle elle est enfermée. L'éloignement et la rupture sont au cœur de « Plus loin de ta rue », offert par Nilda Fernandez, ou encore de « Trouble », écrit par Daria de Martynoff, parolière de Maurane, sur une partition de Michel Cywie. Et la solitude suinte du texte de Marc Lavoine et du piano d'Alain Lanty :

> « Simple, mais oh compliqué
> D'être *single* et d'avoir été[12]. »

Le voyageur solitaire Gérard Manset a écrit « Si tout était faux », une vision singulière du monde, et une seconde chanson au titre célinien, « Voyage au bout de la nuit», évoquant «nos amis d'un jour partis pour toujours», qui sera incluse à une réédition de l'album en 1999.

Auteurs et/ou compositeurs – sans compter les riffs de guitare de Matthieu Chedid sur trois titres, les chœurs «pop acidulés» des Cherche Midi (Pierre Souchon et Julien Voulzy) sur «À la légère» ou *«groovy»* de Sinclair et Jérôme Cotta, *alias* Jehro, sur «Love Slow Motion» –, ils sont au total vingt et un à avoir apporté leur pierre à cet édifice musical délesté de l'ombre tutélaire de Serge Gainsbourg. Enfin, presque. Seule Zazie s'autorise un hommage, «C'est comme ça», qui s'apparente à l'adieu d'une Galatée émancipée à son Pygmalion disparu. Jugée d'abord trop intime, la chanson est ensuite gravée en une seule prise, la voix de Jane portée par une envolée de violons:

> «Repose-toi, dépose-nous
> Mon homme à la tête de chou
> À l'avenir, d'autres me feront dire tout
> Et n'importe quoi[13]...»

Mais Lady Jane n'attendra pas toujours après les autres, elle osera aussi utiliser ses propres mots. Sans jamais renoncer longtemps à ceux de Serge...

Arabesques autour du monde

«Mon passé, on me le rappelle à chaque coin de rue. Les gens me prennent dans les bras en me disant: "Qu'est-ce qu'il nous manque, Gainsbourg!" Même si tu étais en train de faire une balade et que, ce jour-là, tu n'avais pas pensé à lui. Quand j'écris un autographe, les gens me parlent de Serge. Comme je suis vivante et lui pas, je sais que je signe pour nous deux[14].»

Le 22 juillet 1999, à 23 heures, Jane Birkin a accepté l'invitation de Laure Adler à se produire en public dans la cour du musée Calvet, à Avignon. On lui a donné carte blanche pour un spectacle d'une heure, diffusé en simultané sur France Culture. Il s'agit donc de capter un auditoire d'un niveau culturel exigeant – « sophistiqué », dit-elle – et pour ce faire, elle envisage dans un premier temps d'alterner quelques chansons de Serge Gainsbourg et des textes de la poétesse russe Anna Akhmatova. C'est alors qu'à la faveur de sa fille, la photographe Kate Barry, Jane Birkin découvre la musique arabo-andalouse du groupe Djam & Fam, emmené par le violoniste virtuose Djamel Benyelles, un Oranais établi à Besançon. Déjà connu sur la scène « musiques du monde », ce dernier a collaboré avec de nombreux artistes, tels que Cheb Mami, Khaled, Florent Pagny, Manu Dibango, Yannick Noah, Jacques Higelin et Didier Lockwood. L'idée de mêler les textes de Gainsbourg à des rythmes orientaux se fait jour et Philippe Lerichomme organise une rencontre avec Jane Birkin, où on lui fait entendre une version arabisante de « Élisa » qui achève de la séduire. S'ajoutent bientôt deux versions nouvelles de « Couleur café » et « Comment te dire adieu ». Le public d'Avignon et de France Culture est conquis, et le projet devient une évidence : « Une sorte d'indulgence dans la mélancolie, et un pivotement vers la gaieté qu'on trouve dans l'âme slave, dans l'âme juive, dans l'âme arabe sans aucun doute, et tout en étant anglaise, ça m'a permis de prendre le même wagon, et de me sentir comme si j'étais un peu gitane[15] », explique Jane Birkin avec enthousiasme.

Une chanson s'ajoutant à l'autre au gré des événements, le répertoire s'étoffe. Il y a d'abord un festival au Havre, la Comédie de Reims en 2000, une manifestation le 5 octobre 2001 sur l'esplanade du château de Vincennes, célébrant les vingt ans de l'abolition de la peine de mort, où l'on sollicite sa présence musicale, avant trois récitals en Algérie, le 12 novembre à Annaba, les 13 et 14 à Alger (les bénéfices sont reversés à l'organisation humanitaire du Croissant-Rouge, au profit des sinistrés de la catastrophe climatique qui vient de se produire à Bab el-Oued), puis en Turquie.

« À Alger et dans d'autres pays arabophones, on me reconnaît dans la rue, ils ont tous des paraboles. Je suis plus connue là-bas qu'à Londres[16] ! », se rengorge Jane Birkin.

Elle trouve le temps de concevoir avec France 2 une « Nuit Gainsbourg » pour commémorer en mars le dixième anniversaire de la disparition du « fumeur de Gitanes » – dans la première partie de programme, intitulée « Serge, si tu nous regardes », Jane chante « La Javanaise » et, en duo avec Étienne Daho, « Mon amour baiser » –, puis d'être la même année, en décembre, marraine du Téléthon : « Si je peux aider… Ma vie est privilégiée : je n'ai pas connu ça, ces maladies. Ça vous apprend à avoir du recul sur les choses, surtout quand on se dit qu'on vit des moments difficiles qui, finalement, ne le sont pas tant que ça[17]. »

Enfin, du 9 au 13 mars 2002, on l'invite à donner quatre concerts exceptionnels au théâtre de l'Odéon, à Paris, à un jet de pierre de chez elle. Djamel Benyelles réunit autour d'eux ses amis bisontins d'origine ou d'adoption : Moumen, le chanteur de raï du groupe, le claviériste Fred Maggi, passionné de jazz et de *world music,* le percussionniste Azzedine Boulaarouge, le luthiste Amel Riahi el-Mansouri et l'ingénieur du son Stéphane Cretin. Ainsi naît *Arabesque*, au singulier et au pluriel, car l'aventure ne fait que commencer. « Là, il ne s'agissait plus de faire une heure, explique Jane Birkin qui coproduit le spectacle avec son amie de toujours, la photographe Gabrielle Crawford. Donc on a développé, on s'est mis en quête de costumiers, de créateurs lumière… Comme pour une comédie musicale[18] ! »

Elle entre en scène sobrement vêtue de noir, pull-over à col V et pantalon, babouches aux pieds, les cheveux arrangés en un chignon approximatif ; elle commence par les versions délicates, en piano-voix, de « Physique et sans issue » et « Ces petits riens ». Puis, dédie à Gainsbourg la chanson hommage écrite par Zazie, « C'est comme ça », avant de revisiter son répertoire, d'abord assise près du public pour « La Chanson de Prévert », ensuite portée par les nappes envoûtantes de violon bientôt mêlées aux percussions frénétiques sur « Élisa ». Le spectacle décolle alors, avec le groupe au complet. De « Et quand bien même » aux « Amours des feintes », Jane et ses musiciens emmènent d'autres chansons de Serge sur les routes du Sud, « L'Amour de moi », « Couleur café », « Valse de Melody », « Haine pour Aime ». En bordure de scène, tout en confidence, elle dit le texte de « Dépression au-dessus du jardin », dans la continuité de « Close to the River », un poème écrit par son neveu Anno Birkin, mort le 8 novembre 2001 à vingt ans dans un accident de voiture. « Je veux croire que les poètes ne meurent pas si on les porte en nous et avec nous », articule-t-elle avec émotion. Après un intermède du groupe Djam & Fam, elle réapparaît pieds nus et dans une longue robe de soie rouge à fines bretelles pour « Les Dessous chics ». Les lumières de Jacques Rouveyrollis se font plus chaudes quand la chanteuse défait son chignon et s'improvise danseuse sur le rythme syncopé et nonchalant des « Clés du paradis ». Elle égrène enfin, en bouquet final, « Fuir le bonheur de peur qu'il ne se sauve», «Comment te dire adieu» et «Baby Alone In Babylone», avant de terminer, après une heure trente de concert et de fervents rappels, par une interprétation *a cappella* de «La Javanaise».

Le théâtre affiche complet. L'ambiance est à la fête, la salle entière debout ovationne la chanteuse et ses musiciens. «Je n'ose pas dire que je suis contente, dit-elle. J'ai peur qu'alors je sois frappée par une grande main venant de l'au-delà[19].» C'est plutôt une main protectrice qui s'empare de la sienne à l'issue du spectacle, celle d'Olivier Gluzman, partageant l'engouement du public. À la tête de l'agence Les Visiteurs du Soir, qui sert les intérêts des artistes, par ailleurs adhérent de longue date à Amnesty International, Olivier Gluzman a un vrai coup de cœur pour Jane Birkin et lui propose de la représenter en tant que producteur, agent et manager – il la soutient en outre dans son activité d'auteure, et collabore au développement de sa carrière de comédienne et de réalisatrice. Après quelques voyages à travers le monde et une tournée estivale des festivals, où *Arabesque* remporte un égal succès, cette collaboration démarre avec la publication le 28 octobre 2002 de l'enregistrement public sur CD et DVD du spectacle de l'Odéon, une double galette qui atteint le score exceptionnel de deux cent soixante mille ventes et marque de façon glorieuse l'entrée de Jane Birkin au sein de Capitol Music France, alors label du groupe EMI*.

«Je ne savais pas où aller: je me sentais comme un tapis qui avait dû être très beau dans le temps, explique-t-elle. J'ai simplement demandé à Alain Levy, qui était patron d'EMI et qui était un grand pote de Serge, je lui

* Capital Records est un label musical créé en 2013 à la suite du rachat d'EMI par le groupe Universal Music.

ai dit: "Je me sens comme un tapis dont je ne connais pas la valeur." Il m'a répondu: "Je le prends, même avec des trous dedans." Je ne savais même pas si j'étais désirée. J'étais arrivée à cet âge de la vie, où on ne se sent plus jeune, mais pas encore vieux, et où on pense qu'il y a une dernière chance à saisir. J'avais cet orgueil-là, celui d'être encore désirée. Au moins une dernière fois encore[20]... »

Le succès du CD *Arabesque* – « Un disque en marge, où l'on goûte les plaisirs interdits de l'école buissonnière », apprécie Christian Larrède dans *Les Inrockuptibles*[21] – augure la réussite d'une effervescente tournée internationale dans près de quarante pays, soit quelque deux cent cinquante dates un peu partout dans le monde. « Cette tournée m'a permis de faire connaître Serge jusqu'en Australie, en Israël, en Palestine, dans toute l'Amérique, de New York à Rio, en passant par le Mexique... Aucun disque ne m'a porté aussi loin que *Arabesque*[22] », se félicite cette Anglaise intrépide qui a réalisé ce rêve fou de chanter sur tous les continents et de porter un message de paix et de fraternité jusque dans des pays assiégés: « Je ne sais pas faire de pansements, dit-elle, alors je tâche d'aider les causes justes autrement, en chantant, par exemple[23]. » Et elle ne craint pas d'exprimer son engagement de façon plus nette: « J'irai en Asie, en Amérique, en Afrique, fanfaronne-t-elle. Il y a juste Poutine qui m'a enlevé mon passeport parce que j'avais soutenu des enfants tchétchènes. Une action dont je suis très fière[24]. » Mobilisée avec un collectif informel d'artistes et d'intellectuels au sein de l'association Marcho Doryila (traduire: « Que la liberté entre avec vous »), Jane Birkin a en effet contribué à accueillir en mars 2002 sur la scène de la Cartoucherie de Vincennes la troupe des enfants danseurs de Grozny, Daymokh

(« la Terre des ancêtres » en tchétchène), surnommés « les danseurs des ruines » parce qu'ils vivent au milieu des décombres de la capitale tchétchène. Depuis, chaque année, des scènes prestigieuses en France, en Allemagne et en Belgique s'offrent pour des manifestations culturelles autour de la Tchétchénie. « Je peux certes chanter et manifester, signer, pour des causes, mais il est encore bien plus important de montrer la culture des autres, soutient Jane Birkin. Je voulais que les gens sachent ainsi que les Tchétchènes ne sont pas ces brutes qu'on présentait souvent. J'ai aussi parlé du commandant Massoud, par exemple, mais curieusement alors aucune chaîne de télé française n'a accepté mon témoignage. Curieux[25]. »

Le cinéma ne l'oublie pas pour autant, même si ses apparitions y sont désormais sporadiques. Depuis 2001, on l'a vue dans *Ceci est mon corps* de Rodolphe Marconi, avec Louis Garrel et Annie Girardot, *Reines d'un jour* de Marion Vernoux, avec Karin Viard et Sergi Lopez, *Merci… Docteur Rey!* d'Andrew Litvack, avec Stanislas Merhar, Dianne Wiest et Vanessa Redgrave. À l'automne 2002, Jane Birkin tourne à Cannes *Mariées mais pas trop* de Catherine Corsini et se réjouit à l'idée de retrouver le joyeux Pierre Richard.

13

L'affirmation de soi

Elle dit être allée au bout de ce qu'elle pouvait faire pour Serge Gainsbourg, même si elle avoue par ailleurs ne pas vouloir se libérer de lui ; après trois années passées à servir son œuvre dans le monde entier, Jane Birkin s'autorise le droit de passer à autre chose et de s'amuser si possible à suivre un nouvel itinéraire artistique, dont elle serait l'instigatrice. Sorti en mars 2004, l'album de duos *Rendez-vous* s'inscrit dans la démarche entreprise six ans plus tôt avec *À la légère*, combinée avec le voyage d'*Arabesque* à travers le monde.

Les duos chic

Elle donne rendez-vous à des artistes de nationalités, de générations et d'univers différents, dans le but d'échanger dans une harmonieuse combinaison musicale : « J'avais envie de ne plus être seule. L'idée de chanter avec d'autres, c'est comme avoir un partenaire dans une pièce de théâtre ou un film[1]. » Sous la responsabilité artistique de Renaud Letang et du musicien berlinois Gonzales (le collectif VV), Jane Birkin chante davantage dans les médiums et gagne en profondeur. Elle chemine avec un égal bonheur entre légèreté et gravité, ouvrant les festivités avec Michaël Furnon, chanteur leader de Mickey 3D, qui, fort d'avoir aidé au retour triomphal d'Indochine en écrivant « J'ai demandé à la lune », concourt à propulser l'album au rang de Disque d'or en quatre semaines à la faveur de l'impertinent et tubesque « Je m'appelle Jane » :

> « Je m'appelle Jane et je t'emmerde
> Toi tu ne t'appelles pas Tarzan
> Tu t'appelles Mickey, je t'emmerde
> Moi je ne m'appelle pas Minnie[2]... »

Parmi ses compagnons de route, certains anciens, d'autres moins, elle retrouve Miossec pour une version joliment reconsidérée, plus alanguie, presque mélancolique, de « Pour un flirt avec toi », le tube de l'été 1971 de Michel Delpech* – « Il se passe toujours un drôle de truc avec Jane, dit-il. C'est comme si nous n'étions pas que tous les deux : il y a du monde autour, Gainsbourg évidemment, et d'autres fantômes[3] ». Elle échange avec Étienne Daho une « Grippe » contagieuse, contractée des années plus tôt par Brigitte Fontaine et Jacques Higelin (*Douze chansons d'avant le déluge*, 1966). Puis, emprunte à Keren Ann « Surannée », une chanson que cette dernière a écrite pour son propre compte avec Benjamin Biolay (*La Disparition*, 2002), et la réinvente avec Françoise Hardy. Tandis qu'elle revisite seule son « Port-bail » (*C'est comme vous voulez*, 1985), Alain Souchon l'entraîne dans une balade romantique dans les jardins du « Palais-Royal » jadis inaugurés par Alain

* Chaque nouveau rendez-vous avec Miossec est une occasion de faire perdurer une belle complicité amicale. Jane et lui se retrouveront encore en 2006 lors de « La Musicale spéciale Gainsbourg » (Canal+) pour revisiter la « Ballade de Melody Nelson » (Miossec l'avait enregistrée cinq ans plus tôt en solo pour l'album *Pop Sessions*), puis en 2013 dans « Vivement dimanche » (France 2), accompagnés au piano par Baptiste Trotignon, pour une reprise inédite du « Temps de l'amour » de Françoise Hardy.

Chamfort (*Poses*, 1979). Celui-ci confirme son élégance en partageant avec son amie un titre inédit, « T'as pas le droit d'avoir moins mal que moi », composé par son vieux complice Jacques Duvall sur un texte de Jean-Noël Chaléat qui sied bien à une amoureuse exclusive et passionnée :

> « Ta douleur à ma douleur se doit d'être égale
> Si je verse cent une gouttes de mon sang
> Et que tu n'en verses que cent, c'est blessant[4]... »

Jane rencontre ensuite Manu Chao et unit sa voix à la sienne sur le très beau « Te souviens-tu », extrait de l'album *Sibérie m'était contée* (2004). Parmi un choix éclairé de stars internationales, sollicitées par Jean-Christophe Thiéfaine, signataire et producteur du projet pour Capitol Records, ce sont les plus jeunes d'entre elles, honorées de rencontrer l'éternelle égérie gainsbourienne, qui ont apporté des chansons spécialement écrites à son intention, ce qui la met en joie : « C'est attendrissant, comme quand un enfant demande un autographe dans la rue et que je pourrais être sa grand-mère[5]. » Ainsi, pour Brian Molko, cofondateur du groupe Placebo, approcher Jane Birkin est une façon idéale d'assouvir sa passion pour Serge Gainsbourg* ; il a écrit « Smile » (sur une musique de Rachel Borkett) qui

* En 2003, Brian Molko a repris, en duo avec Asia Argento, « Je t'aime... moi non plus » en inversant les rôles : il chante la partie réservée à Jane Birkin sur la version originale. Deux ans plus tard, à l'occasion du projet *Monsieur Gainsbourg Revisited* (CD Barclay), il interprétera « The Ballad of Melody Nelson » et, rejoint par Françoise Hardy et le groupe Faultline, une version anglaise de « Requiem pour un con » (« Requiem for a Jerk »). Puis, en octobre 2008, à l'occasion de l'exposition « Paris Gainsbourg 2008 » à la Cité de la musique, à La Villette, et du concert événement *Histoire de Melody Nelson*, Brian Molko reprendra « Ballade de Melody Nelson » en

renvoie aux conseils donnés par Judy Campbell à sa fille : « So smile, smile / And the whole world will smile with you » (« Alors souris, souris / Et le monde entier sourira avec toi[6] »). Prêtresse du *trip hop* britannique et voix du groupe Portishead, Beth Gibbons a offert « Strange Melody », superbement interprétée. « J'ai écouté ses disques chez ma fille Lou. Et elle est venue en studio, avec ses cheveux rouges. Ça s'est passé divinement bien. Une bosseuse. La chanson était en anglais mais elle adorait mon accent en français. [...] Peut-être parce que j'ai quitté l'Angleterre il y a trente-cinq ans et que j'ai l'accent périmé de mon père[7] », raconte Jane. Quant à la Canadienne Feist (qui fait carrière en France), elle perçoit son aînée comme une grande amoureuse et se positionne dans « The Simple Story » en débutante qui lui demanderait conseil*.

Telle une reine entourée d'une glorieuse escorte, Jane Birkin glisse majestueusement de la pop éthérée et classieuse de son compatriote Bryan Ferry – ils se donnent la réplique sur « In Every Dream Home a Heartache », extrait du deuxième album de Roxy Music, *For Your Pleasure* (1973) –, au standard de bossa nova « O Leaozinho » du Brésilien Caetano Veloso** (*Bicho*, 1977), puis s'aventure dans les couleurs jazz-pop italiennes avec « Chiamami adesso » de Paolo Conte (*900*, 1992) et la folk nippone de Yosui Inoue (« Canary, Canary », extrait de *Blue Selection*, 2002). Pour illustrer l'album, elle

---

français, en duo avec Martina Topley-Bird, accompagné par l'orchestre Lamoureux et une section rythmique dirigés par Jean-Claude Vannier.

* Feist intégrera le duo « The Simple Story » sur son propre album *Open Season*, en 2006.

** En mars 2008, le texte à la main, Jane Birkin chantera seule « O Leaozinho » à Rio de Janeiro, lors de son *Rendez-vous Tour*. Le 3 septembre 2009, à São Paulo, elle chantera en duo avec Caetano Veloso « Je suis venu te dire que je m'en vais ».

choisit une photographie prise par sa fille Kate Barry, la représentant de dos face à un mur lépreux. Il lui faut insister auprès de sa maison de disques pour imposer ce choix insolite. « J'aimais beaucoup être vue par ma fille Kate, dit-elle. Elle était tellement exacte dans les lieux qu'elle avait choisis, des murs abattus, des ruines. Là où elle vous posait, c'était vraiment un tableau pictorialiste, dans la veine de Julia Cameron. Être vue par elle, cela a donné des choses merveilleuses[8]. » À l'intérieur du livret, d'autres photos de Kate et des notes gribouillées du carnet de rendez-vous personnel de Jane.

Décorée par la France de l'Ordre national du Mérite le 9 septembre, après un été passé à sillonner le pays, Jane Birkin poursuit sa tournée aux États-Unis en novembre : elle chante à New York, Philadelphie, Washington, Austin, Los Angeles. « Je suis devenue une grande voyageuse, dit-elle. Avant, il y avait toujours du monde à la maison. Ils sont partis. Je n'ai donc plus de raison d'y rester[9]. »

Le succès de son dernier disque motive la firme EMI à publier en DVD le film *Rendez-vous avec Jane*, tourné de décembre à janvier sous la direction de Régis Roinsard (futur réalisateur de *Populaire*, avec Romain Duris) et qui rappelle les shows télévisés d'antan du couple Carpentier. Il s'agit, selon une vague trame servant de fil conducteur – Jane Birkin angoissée à l'idée de ne pouvoir honorer tous les rendez-vous consignés dans son agenda –, de mettre en images en des lieux insolites plusieurs duos de l'album, ajoutés à quelques-uns qui étaient envisagés mais furent manqués lors de l'enregistrement du disque et bénéficient ici d'une session de rattrapage. L'aventure commence mal : la duettiste, vêtue d'une élégante robe Dior, se fait poser un lapin par son premier partenaire, Bryan Ferry, qu'elle attend accoudée au bar du Ritz ; mais, passant par là, sa compatriote Marianne Faithfull, également parée en Dior, accepte de lui donner la réplique dans « In Every Dream Home a Heartache ». Revigorée par les mots doux du gentil Souchon, furtivement apparu en début de film, et par la pétillante Sabine Azéma, que l'on rencontre en différents lieux, du salon de coiffure au magasin de chaussures, Jane promène tous azimuts son grand cabas en cuir noir, fidèle observatrice du précepte : « Courir pour ne pas penser ». Un taxi la conduit jusqu'au studio d'enregistrement où l'attend Yann Tiersen pour une reprise de « Plus d'hiver », extrait de son album *Les Retrouvailles*. La rejoint Dominique A qui lui avoue avoir écrit « Revenir au monde », qu'ils interprètent ensemble, spécialement pour elle, avant de l'enregistrer pour son propre compte (album *Tout sera comme avant*). Dans une vieille R5 emportée sur un camion dépanneuse, elle « playbackise » joyeusement avec l'ami Daho sur leurs voix sorties de l'autoradio. Ils se séparent place du Châtelet : Jane rejoint Paolo Conte sur la scène du théâtre avant sa représentation. Après leur duo italien, elle repart en taxi en direction de la gare Montparnasse. On la retrouve « flirtant » en tout bien tout honneur avec Miossec dans la chambre à l'ambiance feutrée d'un hôtel brestois, puis en tête à tête avec Beth Gibbons dans un club anglais pour un duo inédit (« A Day Like Any Other »). D'une cabine de téléphone londonienne, elle échange avec Alain Chamfort, resté à Paris. La revoilà française, venue à la rencontre de Daniel Darc à l'invite de Frédéric Lo : ils chantent ensemble dans le salon de son appartement « Mes amis », extrait de son album *Crèvecœur* (2004). Cali l'apostrophe dans une rue de Paris, sous la pluie. Il l'entraîne dans un bar-restaurant pour lui dédier une chanson qu'il a écrite en quelques heures, simplement intitulée « Pour Jane* ». Elle l'écoute, émue, essuyant quelques larmes avec une serviette en papier.

> « Pour Jane
> On s'étreint, on se serre comme on se boit
> Est-il nécessaire que je répète tant de fois
> Je t'aime, je t'aime, je t'aime je n'aime que toi[10]... »

« Cela faisait longtemps qu'on ne m'avait plus dit "je t'aime" dans une chanson », soupire-t-elle... Elle croise encore Alain Bashung au Parc Floral de Paris, sollicite un duo, mais il se fait passer pour un sosie qui ne sait pas chanter... Puis, harcelé pour rire au fil de l'émission, Mickey 3D lui donne une réplique volontairement renfrognée, chacun chantant sa partition dos à dos, séparés par une porte.

La maison vide

Le tournage achevé, Jane s'envole pour Londres où elle interprète la reine Gertrude dans *Hamlet*, mis en scène par Rupert Gould, du 17 mars au 3 avril au Royal Theatre de Northampton. Elle traverse alors une période douloureuse : Judy Campbell, sa mère tant admirée, est morte quelques mois plus tôt et cette réalité lui apparaît cruellement par la vente de la maison de Chelsea qu'elle est contrainte de déménager avec sa jeune sœur Linda. « Je n'ai gardé que les lettres de ma mère et les tableaux de papa[11] », dit-elle. Pour garder le souvenir présent au quotidien : « Je conserve ma mère dans la cuisine, à côté des boîtes de thé : ses cendres sont dans un pot de confiture à la fraise. Dessus, il y a marqué "maman"[12]. »

---

* « Pour Jane » figure sur l'album de Cali, *Menteur*, sorti en 2005.

Le vide laissé par la vente de la maison est insoutenable : « Cette maison [...] est pour moi synonyme de jours heureux, le lieu de rencontres de toute la famille et il m'a semblé qu'avec la mort de ma mère, toute gaieté s'était envolée[13]. » Alors, quand à l'automne elle rentre à Paris c'est pour enregistrer un album qui va la ramener aux sources de son enfance et de sa vie. Entre-temps, elle est partie tourner à Cuba un film en deux parties pour la télévision française, *Les Aventuriers des mers du Sud*, réalisé par Daniel Vigne, dans lequel elle incarne la femme de l'écrivain Robert Louis Stevenson.

Coming home...

Avec *Fictions*, un opus qui jette une passerelle entre l'Angleterre et la France, soit les deux pays qui font battre son cœur, Jane Birkin continue de creuser son sillon, intime et mélancolique. De fait, malgré un intitulé qui laisse supposer une distance entre les thèmes abordés et l'interprète – hésitant entre *Fragments* et *Fictions*, deux vocables qui s'orthographient pareillement en anglais et en français, Jane a finalement opté pour le second, parce que « quand on parle de fiction, c'est souvent une excuse pour parler de sa vie privée[14] » –, on a ici affaire à un album très personnel, incarné par la chanson d'ouverture, « Home », écrite sur mesure par l'Irlandais Neil Hannon et dont elle tourne le clip à Londres, sous la direction du réalisateur belge Thierry Dory. Sans jamais rencontrer son interprète – « J'ai écrit la chanson chez moi dans mon grenier, je la lui ai envoyée par mail et elle a fini sur son album[15] ! », s'exclame-t-il –, le fondateur et leader du groupe The Divine Comedy* a saisi en trois coups de plume des instantanés d'enfance d'un réalisme

---

* En 2006, à la suite de sa collaboration avec Jane Birkin, Neil Hannon rencontrera Charlotte Gainsbourg. Il participera à la composition de deux

troublant : « Comment pouvait-il savoir que, quand j'étais petite, on mangeait des toasts froids avec de la marmelade et on courait vers la mer[16] ? » Dans le même esprit, le Canadien Rufus Wainwright ramène Jane à « Waterloo Station » et au souvenir encore prégnant de sa mère : « Waterloo a toujours été pour moi le moment des retrouvailles avec ma mère. Je sautais dans un taxi et en dix minutes, j'étais chez elle. Maintenant, elle n'est plus là[17]. » Le souvenir d'une étreinte dont on ressent cruellement la perte est évoqué dans « My Secret », une composition de Beth Gibbons aux accents délicats et à l'interprétation fébrile. « Elle m'a dit que c'était une chanson à propos de Serge, précise cependant Jane Birkin. Pour les Anglais, je suis toujours avec lui, d'une certaine manière[18]. » Et la maison où l'on ne viendra plus, comme un sourire qu'on a perdu, sert de prétexte à « Steal Me A Dream », que lui offre Romeo Stodart (The Magic Numbers). À l'origine, illustré de photographies d'inspiration cinématographique signées Carole Bellaiche et enregistré entre septembre et décembre 2005, *Fictions* s'apparente donc à la nostalgie d'un pays, un retour aux sources, vers une maison, des racines. D'où la nécessité pour Jane Birkin de chanter dans sa langue maternelle, animée par un persistant besoin de reconnaissance : « J'ai pensé que ce serait une jolie idée de passer à la radio, de faire de la promo là-bas. C'est trop tard pour mon père et ma mère, mais pour mes neveux, mes cousins[19]... » À nouveau sous la houlette du pianiste Gonzales – il a écrit et composé le lancinant « Living in Limbo », sur le thème de l'itinérante amenée à poser ses bagages ici et là – et du producteur Renaud Letang, supervisé par le Britannique Johnny

---

chansons de son album *5:55* : « Beauty Mark » (avec Air) et « The Songs that We Sing », qu'il chantera en duo avec elle dans l'émission « Taratata ».

Marr, ancien membre fondateur des Smiths, le projet s'affine de quelques emprunts puisés aux meilleures sources : « Alice », lancinante ballade d'amour désespérée de Tom Waits, librement inspirée du conte de Lewis Carroll (*Alice*, 2002), l'excellent « Harvest Moon », qui marquait le retour de Neil Young à la country-folk en 1992, et « Mother Stands For Comfort » de Kate Bush (*Hounds of Love*, 1985), ou le portrait d'une mère prête à tout pour défendre son enfant meurtrier. « Le disque va sortir partout, pour une fois[20] », se réjouit Jane Birkin. Et pourtant, dans un souci de ne pas faire offense à son pays d'accueil, elle a soin de le compléter de quelques titres en français, composés par la jeune garde de la nouvelle scène hexagonale. « Je me suis retrouvée comme ces enfants adoptés, qui à dix-huit ans ont la possibilité de savoir qui sont leurs vrais parents, mais qui ont un moment d'hésitation, alors qu'ils en ont rêvé toute leur vie. Comme s'ils avaient peur de décevoir leurs parents, ou l'inverse. [...] Peut-être aussi pour ne pas blesser leurs parents adoptifs. Et la France m'a adoptée de façon si large et si complète, que j'ai cherché des chansons qui soient aussi fortes que les titres en anglais[21]. » Ainsi, avec « Où est la ville ? » et son tempo électro aux accents de « Born to Be Alive », Dominique A chasse la mélancolie ambiante et obsédante, en dépit d'un texte inquiétant. Cali en appelle à un amour perdu qu'on désespère d'attendre « comme un miracle qui n'arrive pas », cependant qu'Arthur H, nouvelle plume dans l'univers Birkin, voit en elle une « Reine sans royaume » qui ne sait plus pourquoi aimer*. Ne dit-elle pas de l'amour que « c'est un état d'angoisse

* Jane Birkin retrouvera Arthur H. (et d'autres artistes : Carlens, Camille O'Sullivan, St Vincent, Erika Stucky) sur la scène de Pleyel le 22 novembre

quand on est dedans, et on est bien triste quand on n'y est pas. C'est déjà extraordinaire de l'avoir connu quatre fois de suite. Mais je ne veux plus avoir ce visage de la dépendance. Maintenant, quand je rentre chez moi, je retrouve ma chienne Dora. Les animaux n'ont pas d'ardoise. Ils sont juste contents de vous voir le matin[22]. » L'album, disponible le 20 mars 2006, s'achève avec émotion et solennité par « Image fantôme », un texte d'Hervé Guibert sur la *Pavane pour une infante défunte* de Maurice Ravel, qui effleure comme une caresse le souvenir du poète disparu. Comment se défaire de l'ombre infiniment présente de celui dont même les Anglo-Saxons commémorent les quinze ans de la disparition à travers un album-hommage intitulé *Monsieur Gainsbourg Revisited* ?

De Cologne à Barcelone, après la Russie et la Turquie, puis la Suisse, l'Italie, la Lettonie, la Pologne, le Québec, et encore l'Angleterre, le Japon, le Liban, la Norvège, le Brésil, l'Argentine, le Chili, l'Uruguay, l'Australie, la Grèce et l'Allemagne, la tournée 2008 de Jane Birkin associera donc l'inévitable répertoire gainsbourien et ses nouvelles créations, issues de *Rendez-vous* et *Fictions*. Musicalement portée par une jeune équipe de multi-instrumentistes prodiges – Thomas Cohen-Seat au violon et au piano, Thomas Cœuriot à la guitare et à la harpe et Éric Lafont à la batterie et à la basse, sous la direction musicale de Frank Eulry, dont on a apprécié le travail sur *À la légère* –, la chanteuse itinérante court vaillamment les routes avec pour fidèle compagnon Dora, son « chien péteur ». Frank Eulry garde un souvenir ébloui de cette aventure qui a commencé au

---

2011 pour un concert exceptionnel, *Rain Dogs Revisited*, d'après l'album culte de Tom Waits. Ensemble, ils chanteront « Time ».

Japon : « Jane est une artiste très impliquée, animée de la volonté de faire au mieux pour que tous ceux qui l'entourent soient contents. À partir du moment où elle donne sa confiance à un réalisateur ou un directeur artistique, elle se met au service de ses idées. C'est un être foncièrement généreux. Il n'y a aucune différence entre la Jane publique et la Jane privée, ce que je ne pourrais pas dire de tous les artistes avec lesquels j'ai travaillé. Et quand elle va sur scène, elle donne tout[23]. »

Entre deux escales, on l'aura vue au cinéma dans *La Tête de maman* de Carine Tardieu, avec Pascal Elbé, Kad Merad et Karin Viard, puis elle aura joué au théâtre des Amandiers, à Nanterre (du 5 janvier au 4 février 2007) et dans une quinzaine de villes de province, dans *Électre* de Sophocle, véritable chant d'amour au père mis en scène par Philippe Calvario, disciple et ami de Patrice Chéreau, et tourné son premier film de réalisatrice.

Trilogie intime

« Quand il m'a semblé que j'avais utilisé toutes les portes de sortie, il y en avait une que je n'avais pas encore envisagée. Je me suis dit : pourquoi ne pas écrire des choses très proches de moi ? Avec cet espoir que si on tape très proche de soi, on a de grandes chances de toucher d'autres personnes aussi[24]. »

Elle avait commencé à se dévoiler à travers un dialogue conjugal, *Oh ! Pardon tu dormais...*, qui exprimait le temps qui passe, l'usure d'un couple après sept ans de vie commune, quand celui-ci s'enlise dans l'habitude. La rupture sera consommée au terme d'une nuit d'insomnie où l'un attend de l'autre un mot qui ne vient pas (« Tu me trouves belle ? », demande-t-elle à celui qu'elle réveille en rentrant à 2 heures du matin), où souvenirs et regrets jaillissent et où chacun finit par se renvoyer la faute de la dégradation de la situation. « En entendant les acteurs dire mes textes, cela m'a fait comprendre que je pouvais écrire. Cela m'a un peu décomplexée[25]. » Après l'avoir traité sous la forme d'un téléfilm, produit par Jacques Perrin, Jane Birkin avait adapté ce texte pour le théâtre* et s'en était approprié le rôle féminin, aux côtés de Thierry Fortineau. La pièce s'est jouée du 12 janvier au 6 juin 1999 au théâtre de la Gaîté Montparnasse**, mise en scène par Xavier Durringer, qui a donné une vision très féminine et sensuelle du personnage, dans la tenue vestimentaire – robe échancrée et escarpins à talons – et l'allure, à la fois gracieuse et énergique, un peu à l'image des personnages incarnés au cinéma par Gena Rowlands. « C'est un véritable cadeau qu'il m'a fait, se réjouit Jane. Être vue par Xavier Durringer me permet de prendre cette distance, très précieuse pour moi en tant qu'actrice jouant mes mots. Ce look, curieusement, me donne une petite armure de pudeur, m'aide à n'avoir pas peur d'être moi à l'intérieur, puisqu'à l'extérieur ce n'est pas moi[26] ! »

Le deuxième volet de sa trilogie intime s'appelle *Boxes*. C'est son premier film de cinéma, en tant que réalisatrice. L'idée du scénario est venue à Jane au début de sa relation amoureuse avec Olivier Rolin, elle voulait écrire sur la crise d'une femme à l'approche de la cinquantaine : « C'est un film sur toutes les questions qu'on ne s'est pas posées, sur les douleurs, la difficulté d'être mère, tout ce qu'on pensait être la vérité certifiée et qui n'était pas tout à fait la vérité. On pense qu'on a toutes les cartes en main, qu'on a été quittée, que c'était

* Le texte de *Oh! Pardon tu dormais* est édité en février 1999 par Albin Michel.

** La pièce sera reprise en 2008 au Théo Théâtre, à Paris, avec Gaëlle Gedon et Christophe Belair, mise en scène par la compagnie On Air.

affreux, mais non, il y avait un autre côté de l'histoire. Qu'est-ce qui se passe dans la tête de l'autre, c'est ça que je voulais raconter. C'est vrai pour les enfants aussi, les moments où on s'est mis en premier et où on n'a pas pensé à eux. […] Ce qui comptait pour moi, c'était le point de vue de mes filles, qu'elles comprennent ce que je voulais dire[27]. » Les boîtes du titre, renfermant les souvenirs d'une vie, sont les nombreux cartons qui encombrent la grande maison dans laquelle emménage Anna, le personnage incarné par Jane Birkin et qui lui ressemble comme une sœur jumelle. Car si aucun personnage n'est appelé par son vrai nom, on reconnaît forcément l'entourage affectif de la réalisatrice. Elle dit avoir voulu un film « de filles et de femmes », une sorte de foutoir où l'on rencontre toute la tribu Birkin, de la mère, incarnée par Geraldine Chaplin*, récente partenaire dans le téléfilm *Les Aventuriers des mers du Sud*, aux trois filles, dont l'une – Charlotte – est curieusement campée par sa sœur Lou Doillon (sollicitée, l'intéressée n'a pas souhaité se jouer elle-même), mais où la place occupée par les hommes, amants et pères, n'en est pas moins prééminente. Ainsi déclare-t-on un amour sans faille à David Birkin, figuré par Michel Piccoli, ami de la famille, et règle-t-on quelques comptes avec John Barry, Serge Gainsbourg et Jacques Doillon (que l'on reconnaît respectivement sous les traits de John Hurt, Max Bénichou et Tchéky Karyo). On découvre à l'écran une femme à une période-butoir de son existence, où elle affronte son passé, ses parents, ses enfants, ses amours, ses fantômes, afin d'entrevoir la possibilité

---

* À l'initiative du projet, il était entendu que le rôle serait tenu par Judy Campbell, la propre mère de Jane Birkin. Avant de mourir, sur son lit d'hôpital, elle avait fait promettre à Gabrielle Crawford, la meilleure amie de sa fille, que le film serait tourné.

de sortir d'un état de crise et rebâtir dans un avenir rapproché : « J'ai voulu que mes filles retrouvent leurs pères et qu'elles soient heureuses. Mais qu'ensuite, mes fantômes s'en aillent, que mes filles partent et que tout le monde me laisse tranquille. Il a alors fallu que je me libère de tous mes souvenirs pour faire à nouveau entrer l'amour[28]. » Et cet amour qui entrouvre l'espoir en fin de film est personnifié par Olivier Rolin, dont le visage souriant apparaît à la porte.

« Sur *Boxes*, elle s'était rajouté une complication en jouant, témoigne François Catonné, son fidèle chef opérateur. Pour moi aussi, d'ailleurs, parce que quand l'acteur joue on se retrouve seul derrière la caméra pendant les prises, mais comme on avait déjà établi une connivence sur *Oh ! Pardon tu dormais...*, on se comprenait très bien. Quand Jane joue, elle oublie tout, elle n'est plus metteuse en scène le temps de la prise. Aussi, comme on ne commençait pas de tourner avant midi, on se retrouvait tous les deux le matin et on passait une heure ou deux sur le plateau à décider de la manière de filmer les scènes. Elle avait une approche très précise du film qu'elle voulait voir naître. Tourner avec elle a été parmi les grands moments de mon trajet dans le cinéma[29]. »

« J'ai vu Jane sur son film très directive, précise dans la direction de l'équipe et j'ai été bluffé, car j'avais l'habitude de la voir sur scène, très à l'écoute des autres », atteste Frank Eulry qui a composé la musique de *Boxes.* « Au début, précise-t-il, Jane voulait concevoir son film dans l'esprit de Doillon, sans musique. Mais Philippe Lerichomme a fini par la convaincre que ça donnerait un souffle au film. J'ai alors cherché des idées pendant une semaine, sans que rien ne vienne. J'avais des rushes devant moi, illustrés d'une musique-témoin. En fait, une image imprime un rythme. Puis il y a une étape où c'est comme si on passait derrière le miroir et les idées arrivent : j'ai écrit la totalité des thèmes en deux heures de temps le lundi dans la matinée, et le mardi j'avais rendez-vous avec Philippe pour lui faire écouter[30]. »

Le film a mis longtemps à se monter, faute de trouver un financement. Finalement produit par Emmanuel Giraud pour Les Films de la Croisade, avec l'aide du Conseil régional de Bretagne et du CNC (Centre national du cinéma et de l'image animée), *Boxes* se tourne en quatre semaines, entre mai et juin 2006, dans la maison bretonne de Jane Birkin, en bord de mer, qu'elle avait redécorée et remeublée. Il sort sur les écrans l'année suivante, après une présentation discrète à Cannes en sélection officielle pour la Caméra d'or, à l'occasion des soixante ans du Festival, qui coïncident à quelques mois près avec ceux de Jane Birkin, mais, trop personnel et intime pour toucher le public, peine à atteindre les trente mille entrées.

La trilogie se clôt en musique, avec l'album *Enfants d'hiver* qui, comme *Boxes*, est le fruit d'une longue gestation. Cinq ans plus tôt, en 2001, son scénario s'opposant à la frilosité des producteurs, Jane se réfugie dans sa maison bretonne et pose ses états d'âme sur des mélodies qu'on lui a confiées. Pendant six jours entiers, elle écrit. Assise à une table, face à la mer.

> « Les sorciers sont sortis
> Vers l'Aber-Wrac'h
> Les souvenirs pêle-mêle
> Les portes qui claquent[31]... »

Les mots jaillissent d'elle avec une frénésie presque désespérée. « Tempête dehors et dedans, je crois qu'il y avait une accalmie, et j'ai écrit sur le sable, sur la plage

Sainte-Marguerite, les pages volaient avec le vent… sur les dunes, je parlais dans mon dictaphone[32]… » Elle a alors cinquante-cinq ans, le temps qui passe et la solitude qui l'étreint parfois sont sources d'inspiration. Et dans le bruit des vagues qui frappent inlassablement les rochers, telle une musique lancinante, se profile l'ombre du père, ce héros qu'on appelle au secours.

> « Papa, sauve-moi
> Mes amours m'ont tous quittée
> Et mon espoir aussi[33]… »

Sept ans passent, durant lesquels ces textes griffonnés sous l'impulsion d'une nécessité intérieure demeurent inexploités. Les retrouvant en 2008 dans un tiroir, possiblement confortée par le triomphe de la tournée *Arabesque*, Jane se dit qu'il est temps de les livrer au public. L'âge et l'expérience aidant, elle fait taire les scrupules et se convainc de la sincérité du projet, de l'intérêt de se montrer sous son vrai jour et non perçue à travers le prisme idéalisé du poète ou du cinéaste amoureux. « C'est un luxe d'utiliser son mal-être pour s'exprimer quand il y en a d'autres qui sont au chômage… Le risque de se montrer, c'est que les gens disent que vous ne valez pas un clou[34] », reconnaît-elle. Rassurée par ses proches, la parolière néophyte ajoute de nouvelles strophes aux esquisses bretonnes, prise d'une boulimie d'écriture, griffonnant partout, sur sa table de nuit, le dos d'une enveloppe, une nappe de restaurant ou sur le grand cahier laissé sous un panier d'huîtres dans la maison de Lannilis. Les textes sont bruts, délestés de leurs fautes de français par Philippe Lerichomme et assortis de mélodies mélancoliques comme elle les aime, composées par Alain et Pierre Souchon (« Période bleue », qui fait l'objet d'un *single* de promotion*), le Canadien Hawksley Workman (« Enfants d'hiver »), les pianistes Alain Lanty (« Pourquoi ») et Pierre-Michel Sivadier (« À la grâce de toi »), les guitaristes Pascal Rodde (« Il fait nuit »), Bertrand Louis Perrin (« Oh, comment ça va ? ») et Nicolas Richard (« Maison étoilée » et « Je suis au bord de ta fenêtre »), l'arrangeur Frank Eulry (« Madame » et « Aung San Suu Kyi »), l'écrivain et photographe Phil Baron, frère de Zazie (« Prends cette main »), la compositrice Annika Grill et la réalisatrice de l'album Édith Fambuena, ancienne chanteuse des Valentins et amie proche d'Étienne Daho (« 14 février »). Jane Birkin est sous le charme de cette nouvelle aventure artistique et humaine : « Édith Fambuena m'a accompagnée jusqu'au bout comme une accoucheuse magnifique, elle a fait venir les forceps et tout ce qu'il fallait, l'énergie, les bras gentils pour vous caresser, les soins intensifs, tout plus le courage de penser que vous pouvez le faire vous-même[35]. »

La vie de Jane, en filigrane. Quelques fragments et figures connues. L'ombre de Serge, au bord de la fenêtre. Les parents, les enfants. D'anciens amants réels ou fictifs – au passage, quelques comptes réglés avec un ex devant qui on fait bonne figure, tout en lui souhaitant intérieurement les pires supplices (« Oh, comment ça va ? »). Les vivants, les morts. La difficulté de dire « je t'aime » (« Pourquoi »). Le désespoir d'une femme face à la maladie de son enfant (on pense alors à Charlotte, victime en 2007 d'un grave accident cérébral à la suite d'une chute en jet-ski), avec des mots qui prendront

* Jane Birkin a tourné un vidéoclip de « Période bleue », sans réalisateur. « Elle n'en voulait pas, déclare François Catonné. Elle avait décidé que nous le ferions tous les deux. » (Propos recueillis par l'auteur le 6 novembre 2015.)

un sens déchirant dès lors qu'ils seront lus d'une voix étranglée par une mère blessée en hommage à Kate, sa fille disparue, le 19 décembre 2013 :

« Pourquoi la grâce de toi
Me frappe, ensommeillée ce soir ?
Ton visage avec les yeux clos
Me rappelle toi dans mes bras[36]... »

La pochette du disque, sorti le 17 novembre 2008, présente un portrait de Jane à l'âge de douze ans et le livret rassemble des photos de famille. De l'enfance qu'elle a chevillée au cœur, « période bleue » des jeux insouciants avec son frère Andrew, « ces enfants sur la plage noire / au regard triomphant[37] », Lady Jane rembobine sa vie : « Ce disque part de la postadolescence et saute à soixante ans, au moment où il n'y a plus d'histoires d'amour, où elles ne sont plus les mêmes, les personnes sur lesquelles on a compté sont mortes[38]. » Un âge que l'on découvre brusquement dans le regard des autres : « Un jour, quelqu'un te dit "Madame", et tu n'es plus la vieille ado attardée avec ses vêtements de mec qui tombent. Tu n'es plus la garçonne de *Je t'aime moi non plus* ni la fille des comédies de Zidi. Tu deviens autre chose de difficile à définir. Ça surprend[39]. » Et ce sentiment n'est pas uniquement l'apanage des chanteuses et des actrices. C'est le lot de toutes les femmes. C'est à elles que, dans la continuité de *Boxes*, Jane dédie en priorité son disque, à ces femmes-là qui ont passé le seuil de la cinquantaine et s'interrogent sur la possibilité de vivre encore un dernier amour, comme un heureux « accident de la vie ».

« Je veux sentir ton cœur reposé
Contre la cage

Qui enferme le mien
Oser être vue par toi demain
Les yeux bouffis[40]… »

Le message est explicite : « Si les garçons aiment cet album, je suis mille fois touchée parce que ça veut dire qu'ils ont compris, et qu'ils peuvent être séduits par nous… Est-ce qu'eux aussi peuvent aimer les défauts, le doute et le temps qui passe ? À part me mettre sur Meetic, je ne sais pas comment je pourrais mieux leur demander[41]. »

14

L'engagement

Lou Doillon, à propos de sa mère : « Elle aime plaire, mais elle aime surtout donner. Un jour, après être partie longtemps pour des raisons humanitaires et m'avoir laissée sans nouvelles, elle m'a dit : "Ils avaient plus besoin de moi là-bas que toi, ici." J'étais petite et c'était terrible, mais c'était vrai[1]. »

Aung San Suu Kyi

Une chanson, déjà interprétée sur scène lors de la dernière tournée, se démarque de l'album *Enfants d'hiver* par sa portée militante, c'est la seule écrite en anglais, afin d'être entendue par le plus grand nombre sur les scènes du monde entier ; elle porte le nom de celle à qui elle est dédiée, Aung San Suu Kyi, bouddhiste pacifiste, lauréate 1991 du prix Nobel de la paix pour son combat en faveur de la démocratie en Birmanie et internée à ce moment-là à la prison de Rangoun, alors qu'elle vit déjà en résidence surveillée depuis 2003*.

« Quand j'étais petite, la Birmanie appartenait à l'Empire britannique, donc je connaissais bien l'histoire

---

* La junte militaire cédera la place en mars 2011 à un régime civil d'anciens généraux réformateurs. Libérée le 13 novembre 2010, Aung San Suu Kyi dite « la Dame de Rangoun » sera élue à la députation en avril 2012, lors d'élections partielles remportées par son parti.

de cette très belle femme Aung San Suu Kyi, mariée à un très bel Anglais, raconte Jane Birkin. J'ai suivi sa décision de rester en Birmanie alors qu'elle était juste de passage dans ce pays pour rendre visite à sa mère malade, puis son engagement politique et ses déboires avec la junte militaire. Au retour d'un concert au Japon, j'ai chanté en Birmanie à la demande du directeur de l'Alliance française. Mais je ne voulais pas y aller sans rencontrer Aung San Suu Kyi. Je me souviens qu'il y avait des micros partout. Ensuite je me suis rendue dans un orphelinat où j'ai vu des enfants de cinq à quinze ans ramassés dans les gares pour être enrôlés plus tard au sein de l'armée. J'avais acheté pour eux en France des flûtes de Pan et des xylophones. Ils ont chanté "Sous le soleil exactement" de Serge, ça sonnait comme un chant partisan contre la junte, à cause de la couleur jaune du soleil[2]. » Car, pour Jane, le sort des enfants est primordial : « La Birmanie est un enfer pour les enfants. C'est une plaque tournante du marché de la drogue, un territoire ravagé par le sida et surtout, on y dénombre près de soixante mille enfants-soldats[3]. »

Depuis cette rencontre qui remonte à 1999 et qu'elle qualifie de lumineuse (« Pour moi, c'est comme d'avoir rencontré Gandhi[4] »), Jane Birkin s'est fait le porte-parole du comité de soutien français au peuple birman, en appelant les pays occidentaux à retirer leurs intérêts du Myanmar (nom officiel de la Birmanie) pour affirmer leur opposition à la junte militaire au pouvoir depuis quarante-cinq ans et demander la libération de tous les prisonniers politiques, en particulier Aung San Suu Kyi, devenue un symbole de la non-violence. « Si on ne fait pas quelque chose maintenant, on va la trouver sur un T-shirt », s'indigne Jane Birkin qui, au printemps 2007, sollicite une rencontre à l'Élysée entre Sein Win, Premier ministre du gouvernement birman en exil, et le président Sarkozy. Cette visite de Sein Win, cousin germain d'Aung San Suu Kyi, survient à l'automne, juste après la « révolution safran », soulèvement pacifiste des moines birmans (le terme de safran fait référence à la couleur de leurs robes) qui a viré au rouge sang suite à l'intervention des forces armées. S'adressant au président Sarkozy, Jane Birkin dénonce la compagnie pétrolière française Total qui exploite en Birmanie gaz et pétrole, apportant une perfusion financière au régime dictatorial en place. Dans une lettre ouverte au PDG de Total, publiée dans *Le Monde*, elle supplie en vain : « Après les années de bénéfices monumentaux tirés de l'exploitation du gaz, du pétrole et autres constructions de pipelines, n'est-il pas temps de vous racheter une conscience ? N'est-ce pas le moment d'agir pour Aung San Suu Kyi, vous qui, avec vos dollars, avez une "influence" là-bas auprès de la junte[5] ? » Souvent discrète sur ses engagements humanitaires, Jane Birkin utilise alors toutes les tribunes pour faire entendre sa voix. Mais elle comprend lors de ses visites à l'Élysée, en novembre, puis à nouveau en mai pour s'entretenir avec le président des tragiques dégâts causés par le cyclone « Nargis » et de l'éventualité de mettre les moyens de Total à disposition des rescapés, que la volonté dictée par un simple élan humain de se porter au secours des autres se heurte à des logiques d'intérêt et de puissance qui la dépassent : « Là où les enjeux économiques sont prépondérants, on ne bougera pas. C'est le message que j'ai reçu du président Sarkozy et des autres politiciens dans leur globalité. [...] Il y a une grande problématique qui devrait déterminer ou non la légitimité d'une implication, à savoir si les populations souffrent[6]. »

Jane s'active alors par ses propres moyens. En juin 2008, elle se déplace exprès à Cannes, en plein festival, pour inviter ses amis du cinéma à la mobilisation. Escortée de quatre moines bouddhistes birmans et de prêtres catholiques et protestants, elle conduit une procession œcuménique en faveur de la Birmanie. « Les acteurs et les réalisateurs présents à Cannes sont extrêmement réceptifs, comme tous, aux souffrances du monde. La Birmanie est en danger. Il faut tout essayer, tout faire[7] », dit-elle. Un autre rassemblement se tient à la même période devant la tour Eiffel, en solidarité avec le peuple birman. Et quel meilleur langage que la chanson pour porter le message au-delà des frontières ? Jane Birkin écrit un texte émouvant qui rend hommage à Aung San Suu Kyi et responsabilise l'opinion. Frank Eulry en compose la musique : « Je suis très fier, dit-il, d'être associé à ce titre. De tous les artistes avec qui j'ai travaillé, Jane est vraiment hors normes humainement parlant. Elle est d'une sincérité totale dans tout ce qu'elle fait. Tout est vrai chez elle, même cet accent que d'aucuns croient étudié. C'est un être attachant, étonnant. Il suffit de la voir sur scène pour comprendre pourquoi les gens l'aiment autant[8]. » Le vidéoclip de la chanson est réalisé par Jeremiah, jeune réalisateur issu de l'équipe des Concerts à Emporter, qui a pour ambition de filmer la musique autrement et de la diffuser autour du monde. « Je vais la chanter en Belgique, je l'ai chantée dans un temple bouddhiste, au bois de Vincennes, et je viens de le faire au Portugal et en Espagne, se félicite Jane Birkin. Je le ferai durant toute ma tournée, jusqu'à ce qu'elle soit relâchée et que son gouvernement démocratique soit considéré[9]. »

De fait, après avoir donné une représentation exceptionnelle de son spectacle *Arabesque* le 28 octobre 2008 à la Cité de la Musique à Paris, dans le cadre de l'hommage rendu à Gainsbourg par des concerts et une exposition, Jane entame un nouveau périple musical annoncé par une affiche où elle apparaît telle l'« enfant d'hiver » de son dernier disque, affublée d'une casquette et d'un tricot de marin, une pomme à la main, face à la côte bretonne. Inaugurée au théâtre Simone-Signoret de Conflans-Sainte-Honorine le 7 février, la tournée *Enfants d'hiver* fait une halte symbolique au Palace de Paris (Gainsbourg y triomphait trente ans plus tôt avec sa relecture rasta de *La Marseillaise*) du 12 au 15 mars, avant de sillonner les routes de France et du monde entier, de l'Angleterre à l'Amérique du Nord (Washington et New York), en passant par le Japon, le Brésil, la Russie et toute l'Europe, jusqu'en février 2010. Une cinquantaine de dates, au total. Partout, le public est accueilli par deux portraits d'Aung San Suu Kyi qui occupent le devant de la scène avant le début du spectacle. Le 13 décembre, Jane Birkin réaffirme son engagement humanitaire en revenant au Palace pour un concert donné au profit de la Fédération internationale des ligues des droits de l'homme (FIDH). Son émotion et son humanité sont au cœur de ce tour de chant, élaboré par Philippe Lerichomme et orchestré de façon sobre et délicate par Édith Fambuena. Le cheveu court ébouriffé, gracieuse dans une tenue pensée par sa fille Lou, des vêtements d'homme trop grands pour elle – gilet rayé sur liquette blanche, cravate à pois et pantalon ample, la bretelle tombante –, Jane évolue sous les lumières savamment agencées de Philippe Berthomé, lequel a pour habitude d'éclairer les mises en scène de théâtre et d'opéra. Complice avec ses quatre musiciens : le pianiste Fred Maggi (fidèle depuis *Arabesque*), le guitariste Nicolas Dubosc, la contrebassiste Hélène Szanto et la violoncelliste Dominique Pinto, elle égrène ses succès («Ex-fan des sixties», «Quoi», «Fuir le bonheur…»), présente la presque totalité (huit chansons sur douze) de son dernier album, exhume des titres inattendus du répertoire de Gainsbourg («Pas long feu», «L'Eau à la bouche», «Pauvre Lola»), emprunte des chansons écrites pour d'autres («L'Anamour», «Sous le soleil exactement», «Les P'tits Papiers»), s'immisce au cœur du public en entonnant sous un parapluie constellé de loupiotes «Yesterday Yes A Day». Elle dit que les chansons de Serge ont mis les siennes en valeur et se réjouit que leurs deux langages soient enfin réunis: «Pour la première fois, Serge et moi on va être tous les deux complètement ensemble[10].»

Lors d'une longue halte, elle vient défendre le nouveau film de Jacques Rivette, *36 vues du pic Saint-Loup*, tourné dans l'Hérault et sorti en salles le 9 septembre 2009 après une présentation en compétition à la Mostra de Venise. Elle y joue une femme qui reprend les rênes d'un petit cirque itinérant à la mort de son père. C'est sa troisième collaboration avec Rivette, elle s'en réjouit: «Quand un cinéaste vous propose pour la troisième fois un rôle, que vous avez soixante ans, que la première fois vous en aviez à peu près trente, c'est magnifique, c'est comme si quelqu'un qui connaissait tous vos défauts par cœur vous demandait votre main à quatre-vingt-dix ans! […] C'est un cadeau d'une infinie tendresse. […] C'est quelqu'un d'unique. Un cinéaste comme lui ne pourrait pas exister en Angleterre. Le système n'a pas de place pour lui, ni pour sa productrice, Martine Marignac. Sur ce film, on était tous là pour lui faire plaisir. C'est un monument en danger, il faut le protéger[11].»

Serge et Jane *via* Japan

Jane Birkin est authentique dans son engagement humanitaire, c'est un combat qui la tient en éveil et en action. Ses armes de guerre : la scène et l'œuvre de Gainsbourg qu'elle se fait une fierté de faire connaître au-delà des frontières. « J'ai du temps, plus de parents, je peux m'offrir ce luxe : essayer de toucher le plus de gens possible dans des endroits perdus où les artistes français ne vont pas, y compris des lieux politiquement délicats : le Liban, la Palestine, un peu pour leur dire : "Tout le monde pense à vous. Vous ne crevez pas dans l'indifférence du monde !"[12] »

Dès lors qu'elle se sent utile, Jane intervient auprès d'Amnesty International, de l'Unicef, Médecins sans frontières, Médecins du monde, SOS Syrie... Elle réagit pour s'opposer à ce qu'elle trouve injuste : ainsi, adresse-t-elle une fervente lettre de soutien à Sakineh Mohammadi Ashtiani, Iranienne condamnée à la lapidation, et s'associe-t-elle à un collectif de femmes qui demande la libération de Meriam, une jeune Soudanaise menacée de la peine de mort pour avoir renié l'islam. Un jour de septembre 2010, on la retrouve sous les fenêtres du ministre de l'Immigration et de l'Intégration nationale, Éric Besson, chantant à tue-tête avec quelques camarades, dont Régine, « Les P'tits Papiers » en signe de protestation contre le durcissement de la politique migratoire du gouvernement Sarkozy, puis défendre à nouveau la cause des sans-papiers lors d'un concert donné à Bercy (*Rock sans papiers*, avec entre autres Josiane Balasko, Jeanne Cherhal, Tryo, Jacques Higelin et Cali). En mai 2014, elle marche dans les rues de Paris en solidarité avec les lycéennes nigérianes enlevées par le groupe terroriste Boko Haram. Elle s'implique encore pour bien des causes : l'Algérie, le

Tibet, la Tchétchénie, le sort des Roms, les victimes du tremblement de terre en Haïti, les hôpitaux publics français, l'enfance handicapée, la lutte contre le sida et l'homophobie, l'accueil des migrants, etc. S'applique à trouver de l'argent pour un directeur de théâtre et son cinéma à Ramallah. N'hésite pas à annuler un spectacle à Montpellier en soutien aux intermittents du spectacle, en grève. Portée par l'amour des autres, elle peut s'élever invariablement contre toute forme de souffrance et de barbarie. « Jane s'investit de façon discrète, sans forcément alerter les médias, témoigne François Catonné. On ne sait pas le quart de tout ce qu'elle fait pour les autres. Dès que quelqu'un va mal elle accourt. Et accourant, elle prend les tourments et la douleur de l'autre à bras-le-corps. Et je suppose que ça l'atteint beaucoup plus que ça ne le devrait. C'est une personne elle-même hantée par les malheurs qui lui arrivent. Très émotive et mélancolique, mais avec une vraie force. Quel que soit le trajet des artistes, chanteurs ou comédiens, on ne fait pas une carrière sans avoir une très grande force. Même si le registre public est une certaine fragilité. Je me souviens que quand elle habitait rue de la Tour, elle s'était prise d'affection pour une clocharde et la recueillait chez elle. La pauvre femme lui avait souillé tout son canapé. Jane avait dit : "Mais c'est pas grave, c'est jamais que de la merde." Annie Girardot avait joué le rôle de cette clocharde dans *Boxes*. L'actrice, qui souffrait de la maladie d'Alzheimer, ne comprenait rien à ce qui se passait. On lui soufflait son texte. Et Jane lui tenait la main entre les prises[13]. »

« J'ai l'impression de ne pas en faire assez[14] », dit pourtant Jane Birkin. Car il y a tant à faire pour un monde plus humain et fraternel. « Depuis le soutien que j'ai apporté à Sarajevo [en 1995], on m'appelle quand il s'agit de réagir.

D'autres artistes vivent à l'extérieur de ce monde, on ne peut pas les blâmer. Moi, je suis sur une liste[15]. »

Le 11 mars 2011, le Japon affronte un séisme d'une ampleur historique, suivi d'un gigantesque tsunami qui déferle sur les côtes du nord-est de l'archipel et frappe la centrale de Fukushima, déclenchant une catastrophe d'une gravité égale à celle de Tchernobyl en 1986. Le bilan est extrêmement lourd, de triple nature : humain, écologique et nucléaire. Face à cette tragédie dont on devine les conséquences sans encore les chiffrer avec exactitude*, Jane Birkin obéit à un élan du cœur et, faisant fi des mises en garde contre la menace radioactive, décide de se rendre sur place à ses frais pour saluer le courage de ce peuple dévasté. Elle fait le voyage dans un avion presque vide. À Tokyo, alors que la plupart des spectacles ont été annulés, elle improvise le 6 avril un concert caritatif *Together for Japan* dans un club du quartier de Shibuya, en complicité avec Médecins du monde à qui l'intégralité de la recette est reversée. En quatre jours, son amie et productrice locale Sachiko Uno a réuni autour d'elle les meilleurs musiciens du cru, à la faveur desquels le projet *Jane Birkin Sings Serge Gainsbourg via Japan* va voir le jour. « Les Japonais m'ont beaucoup donné, venir pour un concert est le minimum que je puisse faire », dit-elle à la presse. Rentrée à Paris, elle poursuit sa mission, en participant le lundi suivant avec d'autres artistes français et japonais au show bénéfice *Tsunami et demain* sur la scène du théâtre du

* Les données publiées par l'Agence de reconstruction du gouvernement japonais au 15 février 2013 font état de 11 départements endommagés, 15 880 morts, 2 694 disparus, 6 135 blessés, 2 303 cas de décès liés aux catastrophes et survenus ultérieurement, 128 900 bâtiments entièrement détruits, 1 005 300 partiellement détruits. Le montant des dommages estimés atteint 16 560 milliards de yens (138 milliards d'euros).

Rond-Point des Champs-Élysées. Puis, à son initiative, une grande soirée de solidarité est organisée le 31 mai au Châtelet, en présence du ministre de la Culture Frédéric Mitterrand et d'une trentaine d'invités parmi ses amis chanteurs et comédiens, de Catherine Deneuve à Olivier Rolin, en passant par Charlotte Rampling, Charles Aznavour, Alain Souchon, Dominique A, Miossec, Les Têtes Raides, Daphné, Alain Chamfort, Vincent Delerm, Abd al Malik, Lambert Wilson… Jane Birkin n'a essuyé aucun refus. Au final de ce concert retransmis en direct sur France Inter, tous se rassemblent autour d'elle pour reprendre en chœur « La Javanaise ». « Je crois profondément que les pensées des autres AIDENT à surmonter le chagrin », écrit-elle sur son site Internet.

Né à la suite de cette tragédie de Fukushima, à la faveur de la rencontre à Tokyo du pianiste et orchestrateur Nobuyuki Nakajima qui a revisité sur le mode jazzy le répertoire de Gainsbourg et rameuté un quintette de musiciens émérites, violonistes (Hoshiko Yamane, Rina Odera), trompettiste (Takuma Sakamoto), pianiste (Hiroshi Murayama) et batteur (Ichiro Onoe), le spectacle *Jane Birkin Sings Serge Gainsbourg via Japan* commémore le vingtième anniversaire de la disparition de l'homme à tête de chou. « La musique n'est pas japonaise du tout. C'est entre le super-classique et la comédie musicale américaine. Les Anglais ont dit que c'est ce que j'avais fait de mieux[16] », se rengorge Jane Birkin qui parcourt derechef le monde pendant deux ans, avec un arrêt contraint de six mois à compter de juin 2012 en raison d'une maladie auto-immune affectant le cœur qui exige plusieurs séjours à l'hôpital et un repos complet. « C'était des péricardites, explique-t-elle. Cinq fois. En Australie, j'aurais déjà dû arrêter mais je ne voulais pas, j'ai quitté l'hôpital. Je suis remontée sur scène. Ça a repris en Corée du Sud, en plus de bronchites en chaîne. J'ai eu deux pleurésies de suite. Des années sans m'arrêter, avec des antibiotiques… Je n'ai tellement pas fait gaffe. J'ai affolé les enfants[17]. » Avec son humour coutumier, elle se compare à « une machine à laver qui ne serait plus sous garantie. Parfois, il est préférable de changer la machine plutôt que de chercher des pièces de rechange, sauf que nous, on ne peut pas. Alors il y a des trucs qui pètent. On entre à l'hôpital pour une péricardite, puis pour l'eau autour des poumons, on en retire un litre et demi, mais après ce sont les globules qui commencent à te faire des farces[18]… » Requinquée, Jane reprend la route le 11 janvier avec une halte à Saint-Dié dans les Vosges, puis elle fait escale à Londres, Dublin, Athènes, Paris (salle Pleyel)… À son répertoire nouvellement habillé, elle ajoute quelques pépites qu'elle n'avait jamais encore osé s'approprier, comme « Requiem pour un con », « Comic Strip » – en duo avec la violoniste et chanteuse Hoshiko Yamane qui articule la série d'onomatopées jadis gloussées par Brigitte Bardot : « Zip ! Shebam ! Pow ! Blop ! Wizz ! » – et une chanson méconnue, créée par Juliette Gréco en 1959, « Les Amours perdues ».

« Mes amours perdues
Hantent toujours mes nuits
Et dans des bras inconnus
Je veux trouver l'oubli…[19] »

« On a l'impression de voir Patti Smith restituer sur scène les cris de Ginsberg, son mentor. La même pureté abrupte, la même classe », écrit Paola Genone dans *L'Express*[20], au sortir de l'Opéra Garnier de Monte-Carlo.

En 2013, Jane Birkin retrouve le public nippon : elle chante le 28 mars à Tokyo, après avoir offert deux mini-concerts à Ishinomaki et Matsushima, deux villes durement touchées par le tsunami. Elle évalue les dégâts et la désespérance des pauvres gens qui ne peuvent ni reconstruire ni partir ailleurs. Et se dit que, même si ce n'est pas grand-chose, « la musique aide à guérir les enfants, et pas seulement eux, des traumatismes. Alors, peut-être que ce qu'on fait est un petit pansement de solidarité[21] ».

En concomitance avec sa tournée, Jane Birkin a mené une autre aventure aux côtés de Wajdi Mouawad : *La Sentinelle*...

Guerrière de l'espoir

> « Je suis la sentinelle sur le navire égaré
> au milieu d'une mer sans nom. Je fixe l'horizon
> sans savoir ce que je cherche ni ce que j'attends.
> Je n'ai plus de mots pour les maux. »
>
> Wajdi Mouawad

C'est à travers son œuvre que Jane Birkin fait la connaissance du dramaturge québécois d'origine libanaise Wajdi Mouawad. En 1999, elle assiste à Avignon à la représentation de la pièce *Littoral*, fable philosophique autour de la mort et de la paternité, avec pour propos central la quête identitaire. La perte du père et le temps qui passe sont des thèmes qui parlent au cœur de Jane Birkin. Touchée par la puissance poétique et la sensibilité de l'auteur, elle veut voir toutes ses pièces et si possible le rencontrer. Aussi, quand en février 2011 il présente *Seuls* au théâtre des Célestins à Lyon, se précipite-t-elle avec un enthousiasme rare : « Je n'avais jamais fait ça ! Prendre un billet de train, un hôtel pour une pièce. Bouleversée par son spectacle, je vais le voir après la représentation, on va dans un café, on parle jusqu'au petit matin[22]. » L'estime est immédiate entre ces deux adultes aux allures d'adolescents attardés. « Nous avons discuté de tout : de la vie, de la mort, des enfants, des filles[23]... » Ils ont en commun la nostalgie de l'enfance, entendue comme le sentiment de la continuité identitaire – né à Beyrouth en 1968, Wajdi Mouawad a fui sa terre natale avec sa famille à l'âge de neuf ans pour cause de guerre civile –, et partagent la même notion de l'engagement à travers un art salvateur qui console, berce, guérit. Tout autant inspirée par la comédienne que par la femme engagée, l'écriture de *La Sentinelle* trouve une justification dans cette amitié nouvelle, à la suite d'un projet initié par Blandine Masson, directrice de la fiction sur France Culture, pour le Festival d'Avignon. Artiste associé de cette édition 2009, Wajdi Mouawad présente dans la cour d'honneur du palais des Papes les trois premiers volets de sa tétralogie *Le Sang des promesses*, tragédie-fleuve de onze heures qui s'étire de la guerre de 1914-1918 à la chute du mur de Berlin. Fidèle à ce qui constitue le thème prédominant de son œuvre, il conçoit une lecture spectacle donnée en parallèle au musée Calvet les 14 et 15 juillet et intitulée *Discours guerriers – Parole guerrière*. S'y confrontent en diptyque les discours des hommes qui en appellent à la guerre – trois acteurs* lisent dans une première partie des extraits de grands textes de même portée belliqueuse, puisés à toutes les époques et rassemblés par le dramaturge Daniel Loayza – et ce que Wajdi Mouawad nomme une « tentative de réponse », à savoir la parole fragile mais fervente d'une femme d'aujourd'hui, une parole résistante, d'espoir et d'amour, « une voix vivante cherchant à consoler les morts » – monologue inédit

* Les trois acteurs, accompagnés à la guitare par Francis Jacob, sont Jérôme Kircher, Bruno Blairet et Hugues Quester, qui – souvenons-nous – jouait Padovan dans le film de Gainsbourg, *Je t'aime moi non plus*.

lu par Jane Birkin. « C'était une lecture, et je n'ai eu connaissance du texte que la veille de l'événement ! dit-elle. J'ai ponctué les mots de respirations, de dessins pour avancer dans la lecture sans savoir trop de quoi il s'agissait. J'étais juste simplement heureuse d'être avec Wajdi que j'admirais tant depuis des années[24]. »

Entre 2009 et 2013, le projet connaît diverses métamorphoses au gré des représentations, de New York au Québec, avant le Liban (Festival de Beyrouth). Détaché du préambule sur la guerre et enrichi de textes complémentaires, *La Sentinelle* devient un récital poétique à deux voix, Wajdi Mouawad unissant la sienne à celle de Jane Birkin. Un second texte, *Desdémone*, est écrit. Jane s'offre les services d'une coach en la personne de Bérengère Basty, fondatrice et directrice artistique d'Art'aire Studio, qui a également pour mission de lui faire répéter une chanson intitulée « Droit dans le soleil » – coécrite au Liban par Bertrand Cantat et Wajdi Mouawad, elle n'existera que dans la représentation donnée à Beyrouth*.

« Assiégée par le chant des sirènes
Sentinelle au milieu de la plaine

* Ami de longue date de Wajdi Mouawad, Bertrand Cantat fut une première fois sollicité pour prêter sa voix à la bande musicale du spectacle *Ciels* en 2009. Il est alors en liberté conditionnelle, après quatre ans de détention pour le meurtre de sa compagne Marie Trintignant. Quand, deux ans plus tard, le dramaturge libano-québécois a l'idée de monter sa trilogie théâtrale *Des femmes*, d'après Sophocle, dans un esprit rock, il fait à nouveau appel à l'ex-chanteur de Noir Désir pour composer (avec la complicité du bassiste Pascal Humbert) et interpréter la musique du chœur antique, suscitant un vif émoi dans l'opinion publique, en France comme au Canada. Sa musique, malgré son absence physique, habitera toutefois la pièce. Le 30 septembre 2013, avec son nouveau groupe, Detroit, formé avec son ami Pascal Humbert, Bertrand Cantat sort un album, *Horizons*, qui contient la chanson coécrite avec Wajdi Mouawad, « Droit dans le soleil ».

Le tranchant de l'œil en éveil
Pour regarder droit dans le soleil[25]. »

Finalement incarnés par la voix rauque et torturée de son auteur sur l'album *Horizons*, publié en 2013, les mots de cette chanson auront les accents d'un homme qui contemple le désastre de sa propre vie.

À cause de ses ennuis de santé, Jane Birkin ne pourra promener le spectacle comme elle l'aurait souhaité*. Cependant, elle éprouve une infinie gratitude pour le texte à l'engagement si beau que son ami Wajdi lui a légué, un texte – dit-elle – qu'elle pourra jouer dans ses vieux jours, quand plus personne ne la demandera.

D'autant que le cinéma semble l'oublier : elle regrette de ne pas y avoir été très courtisée ces dernières années. Depuis 2010, à l'exception de *Thelma, Louise et Chantal* de Benoît Pétré, où elle campe aux côtés de Catherine Jacob et Caroline Cellier l'une des héroïnes d'un road-movie drôle et tendre, et deux polars avec Patrick Chesnais pour France 2, *Hiver rouge* et *Bleu catacombes*, Jane Birkin s'est contentée de rôles subalternes dans des films de qualité inégale**. Le plus joli personnage qu'elle a eu à interpréter récemment est sans doute celui de Sonja, une citadine bernoise nostalgique d'un passé révolu dans *La Femme et le TGV*, un court-métrage de dix-huit minutes du jeune réalisateur zurichois Timo von Gunten.

---

* Jane Birkin est contrainte d'annuler les cinq spectacles prévus en Loire-Atlantique, soit les quatre représentations de plein air de *La Sentinelle* prévues au château de Clisson (22 et 23 septembre), à la carrière de Fégréac (21 septembre) et à l'École nationale supérieure d'architecture de Nantes (26 septembre), ainsi que son concert *Jane Birkin Sings Serge Gainsbourg via Japan* le 28 septembre à la Cité des congrès de Nantes.
** Voir filmographie en annexes.

15

Au bord du tableau

Sourire, en toutes circonstances. Telle est la recommandation de Jane Birkin, pour gagner quelques années. Elle dit que vieillir n'est pas si catastrophique en ce qui la concerne, parce qu'un lien très fort l'unit à ses filles. Elles sont la continuité d'elle-même, et son bonheur consiste à les voir réussir là où elle n'a pas su. Elle dit que le focus a changé, qu'elle n'est plus au centre du tableau, mais au bord: « Aujourd'hui, le point est fait sur un autre cœur, mes filles, et moi je suis dans le flou[1]. »

Le clan Birkin

Quand Isabelle Huppert, présidente du jury de l'édition 2009 du Festival de Cannes, prononce le nom de Charlotte Gainsbourg, à qui est décerné le Prix d'interprétation féminine pour *Antichrist* de Lars Von Trier, Jane Birkin revient de Manchester, elle se trouve dans un taxi qui la ramène de l'aéroport jusqu'à son domicile parisien. La nouvelle la transporte de joie. « C'est la gloire ! s'écrie-t-elle. Les Américains vont se l'arracher[2] » Et elle ne peut réprimer quelques larmes quand Charlotte lui adresse publiquement ses pensées, en souvenir des confidences échangées toutes deux pendant le tournage, à distance – Charlotte tournait en

Allemagne et Jane était dans la région de Montpellier, sur le film de Jacques Rivette. Des pensées aussi pour Serge Gainsbourg, avec l'espoir qu'il aurait été heureux et fier de ce prix obtenu pour un film si controversé.

Une égale émotion envahit Jane Birkin le 8 février 2013 quand les votants des Victoires de la Musique choisissent de couronner Lou Doillon Interprète féminine de l'année plutôt que Céline Dion, Françoise Hardy et La Grande Sophie. Le trophée honorifique s'ajoute comme une cerise sur le gâteau au concert de louanges et au succès populaire – mérité – qui a accueilli son premier album, *Places*, dont elle a bricolé – dit-elle – tous les titres dans sa cuisine à la guitare folk et qui a été produit par Étienne Daho, l'ami de la famille. « *Mom, I got it!* » (« Maman, je l'ai ! »), s'écrie-t-elle en brandissant son sacre, sur la scène du Zénith de Paris. Jane Birkin la félicite en duplex depuis Monaco, elle doit chanter le lendemain à l'opéra de Monte-Carlo et son autre fille Charlotte lui fera la joie de monter sur scène pour reprendre en duo « La Chanson de Prévert »*. La voilà comblée ! « C'est un très grand bonheur parce que ça fait dix ans que dans les interviews les journalistes me parlaient de Charlotte alors que Lou faisait le même métier, actrice de théâtre et de cinéma. Là, tout d'un coup, on lui découvre un don qui n'a rien à voir avec ma mère, moi ou Charlotte. Sa voix ne ressemble à aucune des nôtres, c'est elle[3]. » La jeune femme qui ne se voyait pas chanteuse a enfin trouvé sa voix – un beau timbre rauque un brin éraillé digne des grandes divas du rock – et sa voie. Un deuxième album, *Lay Low*,

* C'est la deuxième fois que Jane Birkin et Charlotte Gainsbourg se retrouvent sur scène pour un duo. La première fois, c'était en 1994 au Grand Rex pour le spectacle des Enfoirés, elles avaient chanté « Di Doo Dah ».

viendra bientôt le confirmer. La scène musicale trace désormais sa route, obstinément, même si Jane la rêve encore au cinéma : « Ma mère se perd parfois dans des jeux d'éternité. Elle me dit : "Mais tu n'as pas envie de tourner un film pour qu'on puisse immortaliser ton visage, là, tel qu'il est ?" Non, cela me convient tout à fait, cet aspect éphémère[4]. » Le 16 juillet, la mère et la fille sont à l'affiche des Francofolies de La Rochelle, Lou chante sur la grande scène de Saint-Jean-d'Acre, Jane au théâtre de la Coursive*.

Voir réussir ses filles est la plus grande fierté de Jane Birkin, il lui arrive alors de penser qu'elle peut s'éclipser et leur laisser toute la place : « Moi, je faisais des choses pour épater John (Barry), puis Serge (Gainsbourg), puis Jacques (Doillon)… Elles, elles ne vivent pas à travers quelqu'un, elles prennent leur destin en main. Elles ont plus d'audace que moi[5]. » Comme si c'était donné à tout le monde d'avoir sublimé le talent des artistes qui l'ont prise pour objet de leur quête…

Seule Kate Barry avait choisi d'être en retrait. Jane respectait sa discrétion et n'admirait pas moins son talent de photographe et son engagement personnel. Le 26 septembre, le clan Birkin était rassemblé à l'inauguration de la galerie CINEMA, dans le Marais, qui présentait l'exposition *Point of View,* de portraits et natures mortes, signée Kate Barry. « Ma mère a un sens clanique qu'elle tient de sa propre mère, racontait Kate. L'entente de ses filles est une des choses les plus difficiles qu'elle ait réalisée. Elle a su insuffler une dynamique. Elle a banni toute comparaison entre nous et remplacé

---

* Lors de ce concert exceptionnel à La Rochelle, Jane Birkin est rejointe sur scène par deux invités : Rufus Wainwright, venu chanter avec elle « La Chanson de Prévert » et Miossec pour un duo sur « La Ballade de Johnny Jane ».

la compétition par l'émulation[6]. » Jane disait de Kate qu'elle était la bienveillance même. Comme elle était l'aînée, elle veillait sur ses sœurs. « Elles forment une bande de filles. S'il arrive un pépin, elles ne seront jamais seules, elles accourront les unes pour les autres[7] », affirmait Jane. Elle se réjouissait à l'idée d'être toutes les quatre réunies pour Noël chez son frère Andrew à Manchester, Jane profitant d'une pause dans la tournée d'*Arabesque* qu'elle avait relancée à Marseille dix ans après sa création. La mort de Kate a dévasté ses certitudes et bouleversé ce bel équilibre. « On a traversé une tempête dont on ne se remettra sans doute jamais[8] », dira Lou.

Gainsbourg for ever

Après *Arabesque*, Jane devait jouer au théâtre une pièce qui pose la question de la croyance en l'invisible et des échanges possibles entre les morts et les vivants. Elle avait été écrite pour elle par la dramaturge suisse Claire de Ribaupierre et son compagnon, le metteur en scène d'origine italienne Massimo Furlan, à la suite d'une conversation échangée au Festival d'Avignon. « Ce qui nous a frappés en parlant avec Jane, rapportent-ils, c'était sa manière d'évoquer les morts avec la même intensité que les vivants. D'où cette idée d'une création sur les disparus, plutôt burlesque, drôle, dans laquelle elle aurait joué[9]. » Le projet était bien entamé, les répétitions avaient commencé en janvier 2014, mais la perte de sa fille était proche et la douleur trop présente. Jane a renoncé, et la pièce s'est jouée sans elle. Elle avait encore évoqué, à cette période-là, un projet de film qu'elle souhaitait réaliser à partir d'un scénario qu'elle avait écrit. Elle rêvait de Fanny Ardant pour jouer le rôle principal…

Quelques semaines ont passé. Un jour, dans la petite maison qu'elle occupe dans le quartier Saint-Victor, près du Jardin des Plantes, depuis qu'elle a vendu son huit-pièces de la rue Jacob, Jane Birkin a décidé qu'il était temps de se relever et de reprendre la route. Pour ce faire, elle appelle une fois encore Gainsbourg à son secours.

L'idée de « parler » les textes de « l'homme à tête de chou », avec le support de quelques notes de piano, est venue à Jane Birkin au festival Les Correspondances de Manosque, lors de la récente tournée *Arabesque*, avant de se concrétiser le 7 novembre 2013 à Toulouse, sur la scène du théâtre Sorano. Une parenthèse pour redécouvrir soixante-neuf textes puisés dans l'œuvre de l'artiste, les écouter autrement, mis à nu, dépouillés de leur habillage musical. Proposer une alternance : le concert un soir, une lecture le lendemain. Et ce fut ainsi fait. Le second soir fut créé un spectacle à trois voix, celles des comédiens Hervé Pierre (membre de la Comédie-Française) et Michel Piccoli s'unissant à celle de la muse gainsbourienne, conçu avec la complicité de l'indispensable Philippe Lerichomme selon une scénographie sommaire : les trois acteurs assis chacun à une table de bistrot, lisant leurs textes tandis que le pianiste Fred Maggi, installé en retrait, égrène ses notes comme un élégant murmure. Une tournée est au programme, qui fait halte deux soirs à Paris, au théâtre de l'Odéon. Elle s'interrompt en raison de nouveaux problèmes de santé qui affectent Jane Birkin à quelques jours du premier anniversaire de la mort de sa fille aînée. Le spectacle sera repris une dernière fois le 7 décembre 2015, au théâtre du Rond-Point des Champs-Élysées. Les bénéfices de la soirée iront à « La Maison de Kate », centre alternatif de soins des toxicomanies que Kate Barry avait fondé en 1993.

Gainsbourg poète majeur ? « Il n'aimait pas les gens qui se vantent, dit Jane Birkin. Il avait une pudeur là-dessus, mais il admettait volontiers qu'il était bon parolier[10]. » Pour sa part, elle le classe volontiers parmi les Rimbaud, Baudelaire ou Apollinaire du xxe siècle. « Serge, c'est une forêt riche derrière la boiserie[11] », dit-elle avec ce langage imagé tout personnel qui fait son charme. Et c'est là l'ambition du projet, révéler la richesse d'une œuvre tour à tour érotique, tendre, drôle, sombre, désespérée, provocatrice, et toujours d'une audace admirable. Un acte d'amour, assurément. « Moi, j'ai eu le meilleur de lui, je n'ai pas eu le temps de lui dire merci[12] », dit Jane Birkin qui retrouve le sourire grâce à la saveur des mots de son Pygmalion et la complicité de ses partenaires.

« Pouvoir chanter Serge, avec des chansons que j'aurais pu chanter pour ma fille (Kate), comme "L'Amour de moi", c'est une façon de la rendre présente, ajoute-t-elle. La grande consolation de tout pour moi, ce sont les gens. En chantant, en parlant, c'est là que je suis heureuse et que je sers à quelque chose[13]. »

Et, de l'intime au symphonique, la voilà qui s'investit sans tarder dans un autre grand projet. Il voit le jour en juin lors des Francofolies de Montréal, en cette année de célébration du vingt-cinquième anniversaire de la mort de Gainsbourg : Jane Birkin, accompagnée par l'Orchestre symphonique de la ville, ouvre le festival avec deux concerts. La journaliste québécoise Monique Giroux, en lui rappelant lors de sa précédente venue que le répertoire de Serge, par ses emprunts fréquents au classique (Chopin, Brahms, Beethoven, Dvorák), méritait d'être porté par un grand orchestre, lui a soufflé l'idée de ce « Birkin/Gainsbourg : le symphonique ». « J'aime la grande musique, disait Gainsbourg. Moi je fais de la petite musique. De la musiquette. Un art mineur. Donc, j'emprunte. » Birkin va magnifier son œuvre et lui rendre grâce. Renvoi d'ascenseur posthume. Elle signe pour une tournée de deux ans. Pas de répit. Le temps s'accélère, l'horizon se rétrécit. La chanteuse, qui séjourne régulièrement à l'hôpital Avicenne de Bobigny, en a conscience : « Il y a chez moi une espèce de précipitation. L'envie de faire tout pendant qu'on peut. C'est l'hôpital qui m'a appris ça. À un moment, j'ai pensé que je n'en sortirais plus[14]. » Elle reste discrète sur sa maladie : une leucémie, diagnostiquée en 1998 (« J'avais eu un petit cancer, le premier[15]... », consigne-t-elle dans son journal intime), avec récidive en 2012, qui affaiblit son immunité. On la voit changer physiquement. « À force d'avoir la colonne vertébrale qui se brise, j'ai du plastique entre sept vertèbres et je rapetisse[16] », dit-elle. Alors que sa santé vacille, elle s'active pour contrarier le destin et relever le défi qu'elle s'est lancé. Ce nouveau projet la tient debout et la réjouit : « Je vais jouer dans le monde avec à chaque fois un orchestre et un chef différents[17]. »

Elle enregistre d'abord en Pologne les vingt et une chansons du spectacle, avec l'orchestre de la radio de Varsovie. Les arrangements, sous la direction artistique de Philippe Lerichomme, avec qui s'est décidé le choix des chansons, ont été confiés au pianiste japonais Nobuyuki Nakajima, que Jane avait rencontré lors du concert donné à Tokyo en 2011 pour les victimes et les survivants sinistrés de Fukushima. Le résultat la ravit : « Une magie à la Mendelssohn, Messiaen... des airs de jazz, de fantaisie et de charme[18]... ». Ses préférences vont aux titres les plus tristes, qui expriment les nuances des sentiments (« ceux que je chante le mieux[19] »), comme « Lost Song », « Baby Alone in Babylone », « Les Dessous chics », « Fuir le bonheur de peur qu'il ne se sauve », « La Chanson de Prévert » ou « Dépression au-dessus du jardin ». Et elle redécouvre « Une chose entre autres », qui prend soudain une résonance particulière (« Les parcours sans faute n'existent pas »), reprend « Pull marine » et « La Javanaise ». L'album sortira chez Parlophone/Warner le 24 mars 2017. « Je suis rarement sûre de ce que Serge aurait pensé de quoi que ce soit, dit Jane. Mais le connaissant comme quelqu'un de très drôle et de triste à la fois, je pense qu'il aurait été bouleversé par ce disque[20]. »

Dans l'intervalle, la chanteuse inaugure ce voyage intime avec Gainsbourg et la musique classique à Troyes le 26 octobre, lors du festival des Nuits de Champagne. Quatre étapes en terre bretonne (Rennes, Vitré, Brest et Vannes) précèdent deux concerts à guichets fermés au Hong Kong Symphony Hall et un triomphe aux premières Francofolies de La Réunion, à La Ravine Blanche de Saint-Pierre. Portée par les meilleurs orchestres au monde, Jane B. sublime les mots de son mythique compagnon sur les plus prestigieuses scènes musicales : Carnegie Hall de New York, Orchid Hall de Tokyo, Barbican de Londres, Filharmonia Narodowa de Varsovie, Opéra de Monte Carlo, Fondation Gulbelkian de Lisbonne… Elle doit cependant renoncer à un concert à Shanghai, pour des raisons politiques. « La Chine a refusé mon visa. Je pense que mes prises de position pour le dalaï-lama, Aung San Suu Kyi et Amnesty International leur ont déplu. […] C'est la première fois que je suis interdite dans un pays, je crois. Ce n'est peut-être pas plus mal, car je n'aurais pas pu m'empêcher de parler des droits de l'homme pendant le spectacle[21]. » Elle se produit également dans tous les grands festivals de chanson et de musique : Primavera Sound Festival de Barcelone, Francofolies de La Rochelle et d'Ashdod, Festival d'été de Québec, Paléo Festival de Nyon, Festival de Recklinghausen (Allemagne), Les Nuits de Fourvière à Lyon, Les Vieilles Charrues de Carhaix…

Sa voix gracile et aiguë, sur le fil, à la limite de la brisure, transmet une émotion vécue de l'intérieur, amplifiée par l'apport de l'orchestre classique. « Il fallait avoir un cœur de pierre pour ne pas vibrer d'émotion devant pareil déploiement[22] », lit-on dans la presse québécoise. « Fragile et tout dans la nuance, écrit la spécialiste culture de Franceinfo, [Jane Birkin] prouve qu'elle peut monter haut mais donne toujours une impression de danger dans les notes les plus risquées. C'est sans doute ce qui fait le charme de son interprétation mais c'est aussi ce qui donne sa mesure au défi de l'entreprise[23]. » Un avis que partage Valérie Lehoux dans *Télérama* : « Ce n'est pas un scoop, Jane Birkin a la voix fluette […], elle peine à accrocher les aigus, et on s'en moque éperdument tant elle sait faire passer de couleurs et de nuances. C'est tout l'art de l'interprétation. La grâce d'un pointillisme fragile, et d'un timbre intact en dépit des années et des affronts de la vie[24]. »

« Je ne pourrais pas faire mieux pour Serge[25] », se félicite-t-elle.

Jane Birkin a accompli ce qui lui semblait une mission, la plus belle sans doute, qui consiste à porter une œuvre aimée le plus loin possible et l'inscrire dans les mémoires pour la postérité. Pour le reste, selon sa tendance à se sous-évaluer, elle se persuade qu'elle n'a pas réalisé de grandes choses. « Parfois je regarde d'autres artistes sur Wikipédia. Ils ont un tellement beau parcours, ils ont fait des films qui ont compté. Qu'est-ce que j'ai fait de moi-même par rapport à eux[26] ? »

Cette dévalorisation de soi transparaît dans ses carnets intimes qu'elle écrit depuis l'âge de quatorze ans et qu'elle rend publics en septembre 2018 et octobre 2019, chez Grasset[27], se refusant à les corriger pour donner une meilleure image d'elle-même. « Ça fait un peu peur de se mettre à nu, en donnant des armes aux autres et de s'apercevoir que vous ne valez pas grand-chose. C'est un risque[28]. » Elle confie avoir cessé l'écriture de ce journal de toute une vie à la mort de Kate. « Lorsque Kate est morte, je n'ai plus eu envie de m'exprimer. »

Il faudra l'amitié précieuse d'Étienne Daho, ses mots tendres, son regard bienveillant et son implication professionnelle, pour lui redonner confiance.

En attendant, pour prolonger l'aventure « Gainsbourg/Birkin : le symphonique » et en faire profiter un plus large public, Jane en propose d'un été à l'autre une version intime pour orchestre de chambre, mais plusieurs dates s'annulent pour des raisons médicales. Puis, dans l'intervalle, face à la pandémie de Covid-19, la France vit l'expérience inédite du confinement général. La chanteuse dit avoir été contaminée six fois : « C'est quand même incroyable. […] Même mes docteurs n'en revenaient pas. Comme je me déplace pour faire la promotion de mes concerts dans les pays où je joue, j'ai pris pas mal de risques[29]. »

Et, sous l'impulsion de l'ami Daho, elle va occuper ce temps arrêté à écrire.

« Sur la pointe des pieds, je ferme la porte[30] »

« Je n'avais rien d'urgent à dire, avoue Jane Birkin. Je ne sais pas quel disque j'aurais fait ni même si j'aurais eu l'idée d'en faire un. Cela aurait été un disque de réminiscences, de mélancolie, de temps qui passe, ça aurait été chiant je crois[31]. »

Mais il y avait toujours cette idée qui trottait dans la tête d'Étienne Daho de composer une version musicale de la pièce *Oh! Pardon tu dormais*, vue et revue à l'époque, vingt ans plus tôt, puis lue et relue afin d'échafauder les grandes lignes du projet, fragments de notes et phrases clés autour desquelles construire des chansons. Il en appelle depuis longtemps à l'implication de Jane. « Il y a eu un temps de maturation extravagant[32] », dit-il, amusé. Cette fois, il la sent partante. Et elle propose d'emblée deux chansons ébauchées à Lyon lors de sa tournée symphonique, textes griffonnés, mots entremêlés dans son agenda, écrits à brûle-pourpoint après la vision furtive dans une pharmacie d'un set manucure. Le détail qui foudroie. « Ça m'a rappelé les pieds de Kate et combien elle aimait en prendre soin[33]. » Dans sa chambre d'hôtel, les mots jaillissent comme une fulgurance, exutoire vibrant et bouleversant, dans leur vérité crue, habillés pour les contrarier d'une musique légère au piano, plutôt gaie :

> « Ma fille s'est foutue en l'air
> Et par terre, on l'a retrouvée
> A-t-elle ouvert la fenêtre
> En fait pour chasser la fumée[34] ? »

Puis, dans l'ambiance terrifiante d'un cimetière où l'on vient déposer des fleurs de printemps, la douleur de l'absence prolonge celle de la perte : « Moi dehors/ Toi dessous/Cris muets… » Daho trouve un titre : « Ces murs épais ». Jane ajoute : « Comme je les hais ».

D'accord pour le disque, à condition de commencer par là. Exorciser le mal. Graver dans la cire ce qu'il est advenu de pire, l'événement qui a englouti tout espoir et toute certitude, fichu en l'air tous les repères, comme une crue soudaine qui balaye et disperse tout. La lucidité désespérée de l'artiste, qui exprime l'innommable et expulse le chagrin de sa voix fragile et délicate, parfois teintée d'une gravité âpre qu'on ne lui soupçonnait pas, donne la couleur de l'album. Une œuvre composite, intime et audacieuse, d'une troublante étrangeté (« Une toile de maître à la belle noirceur », lit-on dans le journal *La Croix*), que Daho compose et produit, épaulé par son ami Jean-Louis Piérot (ex-Les Valentins), avec Édith Fambuena, laquelle avait produit le précédent album intime de Jane Birkin, *Enfants d'hiver*, douze ans plus tôt – ce n'est pas un hasard : la chanteuse a besoin d'être en confiance, comme en famille. « Étienne m'a accouchée d'une ancienne douleur d'être, me sauvant de la mélancolie, de l'inertie[35] », dit-elle avec pudeur. Autant inspirés de Serge Gainsbourg que de John Barry, les deux complices ont su envelopper ses mots (maux) d'une belle orchestration pop envoûtante, mélancolie des violons mêlée à la puissance des cuivres, aux accents cinématographiques. « On découvre à quel point elle écrit d'une manière originale, poétique, qu'elle a vraiment un style, témoigne Daho. Peut-être le fait que ce ne soit pas sa langue maternelle… Elle a des trouvailles, des choses qui ne viendraient pas à l'idée de quelqu'un qui écrit en français. Parfois des imperfections, de petites incorrections, que j'ai laissé passer parce qu'on comprend… Passer ainsi de muse à autrice, la voir prendre vraiment le pouvoir de son travail, de son disque, c'est assez réjouissant pour nous. C'est précisément là où on voulait l'emmener, on voulait l'accompagner dans ce passage[36]. » Sous sa tutelle rassurante, Jane B. n'hésite pas à dévoiler son côté sombre, ce qu'elle croit être les aspects les moins séduisants de sa personne : la jalousie féroce (« Telle est ma maladie envers toi »), la soumission (« Je voulais être une telle perfection pour toi »), la lâcheté et la cruauté (« À quelle distance on n'entend plus pleurer/Je me suis mise à cette distance/Exacte pour ne plus t'entendre pleurer[37] »). Et de régler au passage des comptes envers Gainsbourg (« Je te faisais la gueule, parce que t'étais rentré/Sans même dire bonsoir, même pour un chien, on a des gestes[38] » ou bien « Dans ce corps à corps j'esquive les coups/Et j'exprime très fort, mon désaccord[39] »). Daho gomme par touches la douceur délicate que le public lui connaît et l'intime à chanter d'une voix plus basse : « Je lui ai dit de ne pas être gentille. Je l'ai poussée à révéler une partie de sa personnalité qu'elle n'a jamais osé montrer, le fait qu'elle puisse aussi être cruelle, rageuse, prompte à montrer les crocs[40]. » Elle enrage de vieillir, lorsqu'elle observe les jeunes gens qui s'aiment sur les bancs publics (« Ta sentinelle »). Se dévalorise elle-même. « C'est mort, je pue la défaite », ose-t-elle dans « À marée haute ». « Personne ne dit ça, commente Daho. Personne n'a envie de communiquer de manière négative sur soi et de faire fuir son monde (rires)[41]. »

Plus fantaisiste et légère, enfin, lorsqu'elle témoigne dans « Les Jeux interdits » de la complicité de ses deux filles aînées, influencées par le film éponyme de René Clément (1952) vu un soir à la télévision. « Kate et Charlotte jouaient dans le jardin et s'amusaient à enterrer des lapins et des taupes mais aussi le rôti du dimanche ou des côtelettes. Kate, qui avait un grand sens de la justice, veillait aussi à répartir les fleurs sur les tombes, pour que tout le monde en ait un peu. On m'a demandé de les réattribuer à qui elles appartenaient[42]. » De l'humour aussi, avec « F.R.U.I.T. », dialogue sans musique, repris de la pièce de théâtre initiale, dans lequel Étienne Daho se moque affectueusement de son impossibilité à prononcer les mots « fruit » ou « sexe », en français comme en anglais. Puis, c'est avec solennité qu'elle convoque, dans sa langue maternelle, tous ses chers fantômes (« Ghosts »), anges déchus, grand-père, grand-mère, mère, père, fille, neveu, chats, maris et amis, dont elle apprécie à la tombée de la nuit la présence consolatoire. À sa fille Kate, elle demande de l'aider à combattre la peur de vieillir et à la protéger tandis qu'elle s'achemine vers elle (« Catch Me If You Can »). Dans les éditions limitées de l'album, dernière étape créative, Jane Birkin illustre chaque titre par des dessins de corps désarticulés ou squelettiques, qu'on perçoit entre la vie et la mort, inspirés des œuvres d'Egon Schiele.

La presse salue unanimement un album « intime et universel, entêtant et touchant » (*Les Inrockuptibles*), « atypique et étrange, mais à fleur de peau et sincère » (*Le Devoir*), « qui sonne comme un adieu, presque un testament » (*Causeur*).

Les votants des Victoires de la Musique, au lieu de récompenser ce nouvel opus, sans doute le meilleur depuis *Baby Alone In Babylone*, décident de célébrer l'artiste, en lui décernant le 12 février 2021 un trophée d'honneur, qui honore l'ensemble de sa carrière. Une façon de lui déclarer, tant qu'il est encore temps, l'amour sans faille que lui portent les Français. Et c'est Lou Doillon qui, après un hommage chanté par ses amis Vanessa Paradis, Étienne Daho, Eddy de Pretto et Thomas Dutronc, trouve les mots justes et émouvants : « Cinquante ans qu'on te regarde sans jamais te cerner. Toi, l'équilibriste qui as traversé tout en donnant tout. À la fois grave et nonchalante. Vulnérable et redoutable, tragique et comique. Toi, à fleur de peau, la fleur au fusil, toi sans te poser de questions, tu as brisé les frontières, la drôle, la dangereuse, la muse, l'aventurière, l'engagée… »

Son autre fille, Charlotte, lui témoigne de son amour à travers un film commencé en 2018, lors de concerts au Japon, poursuivi à New York, à Paris et en Bretagne, dans la maison de Lannilis, et présenté en avant-première au mois de mai 2021 en marge de la compétition cannoise. Dans *Jane par Charlotte*, conversation intime qui rejoint l'universel, une jeune femme cherche à déchirer le voile pudique qui la sépare de sa mère. Sa façon de lui dire « je t'aime ». C'est chose courante dans la famille de communiquer indirectement, au travers du prisme du micro ou de la caméra. « Je cherchais une excuse pour me rapprocher d'elle et distinguer le personnage public de la mère[43] », avoue Charlotte Gainsbourg qui a profité de ce long moment privilégié pour obtenir des réponses sincères à ses questions, un éclaircissement à ses doutes. Dans un final émouvant, elle adresse une lettre ouverte à sa mère, dans laquelle elle lui déclare son amour et son besoin d'elle. « J'ai besoin que tu m'apprennes à vivre, lui dit-elle. J'ai peur de ta maladie. J'ai peur de ton âge. Je cherche des détails rassurants qui me permettent d'avoir l'esprit tranquille et je les trouve en toi. » Le film anticipe aussi le jour où il lui faudra vivre sans elle. Charlotte contourne le sujet, elle évite d'aborder ce thème frontalement. Sa voix poursuit en *off* : « Pourquoi apprend-on à vivre sans sa maman ? Il me semble que c'est un but qu'on se donne : s'affranchir à tout prix. J'ai pas envie de m'affranchir. »

Un premier accident vasculaire cérébral, survenu en septembre 2021 empêche Jane Birkin de retrouver la scène et le public, alors qu'une série de trois concerts était programmée à la Philharmonie de Paris. Le 18 septembre de l'année suivante, elle y donnera son dernier spectacle, achevé par un discours de soutien à l'Ukraine, agressée par la Russie. Au printemps suivant, une fracture à l'épaule la contraint d'annuler à nouveau des dates parisiennes (Olympia, La Cigale) et une tournée des festivals d'été. Aucun report n'est prévu.

La postérité ?

« Casser sa pipe… » Jane Birkin s'est parfois figuré l'hommage qui accompagnerait la nouvelle de son départ. Elle entendait déjà l'intro de « Je t'aime… moi non plus », inévitable partout, sur toutes les ondes. Et formulait le souhait d'une soirée cinéma à la télévision, avec les films dont elle était fière, ceux de Doillon et de Rivette, et puis le sien, *Boxes*, même s'il n'avait pas marché… « Et puis peut-être une pièce de Patrice Chéreau, *La Fausse Suivante*. Je serais assez contente qu'on montre ça. Avec un film de Claude Zidi aussi, parce qu'avec Pierre Richard c'était trop bien[44] ! » Casser sa pipe… Elle en parlait sans peur, au détour d'une conversation. « Cela va être comme pendant le sommeil, je ne vais être coupable de rien. Même peut-être dans les souvenirs des autres, mes erreurs seraient un peu gommées car, quand on meurt, on se retrouve rehaussé d'un petit cran[45]. » La postérité ? « Il ne faut pas imaginer qu'on va durer plus qu'une génération », dit-elle. Et Jane de nous ramener inévitablement à une métaphore marine : « Je pense que des empreintes dans le sable, avec la mer qui vient, ce sont de très jolies empreintes[46]… »

Notes

Prologue

1. « Une chose entre autres », paroles et musique de Serge Gainsbourg. © Melody Nelson Publishing/Polygram.
2. À Fabio Dell'Anna, Le Matin.ch, janvier 2023.
3. « Rive gauche », paroles d'Alain Souchon, musique de Laurent Voulzy. © BMG Music Publishing France, 1999.
4. « Ceux qui restent », paroles et musique d'Henri Tachan. © Adèle Productions et Édition.

Comme la vague irrésolue

1. *Le Journal du dimanche*, 27 avril 2014.
2. *Libération*, 10 juin 2012.
3. *Télérama*, n° 3386, 6-12 décembre 2014.
4. « Dépression au-dessus du jardin. » Paroles et musique de Serge Gainsbourg © Sidonie / Melody Nelson Publishing.
5. *Télérama*, n° 3386, *op. cit.*
6. *Direct Matin*, 31 août 2013.
7. France Bleu Bretagne, 26 novembre 2013.
8. Livret du CD *Enfants d'hiver*, 2008.

Les Pirates de l'île de Wight

1. *Paris Match*, n° 2533, 13 juillet 1984.
2. *Le Nouveau F*, n° 10, décembre 1982.
3. Jean-Philippe Thomann, *Jane Birkin*, Éditions Pac, coll. « Têtes d'affiche », 1979.

4. RFI Musique, 2 avril 2004.
5. *L'Express Styles*, 12 mars 2009.
6. *Elle*, n° 2669, 24 février 1997.
7. *Psychologies Magazine*, n° 264, juin 2007.
8. *Ouest-France*, février 1967 (article fourni à l'auteur par le cinéaste et documentariste Rolland Savidan, réalisateur du film *Passeurs de l'ombre – La Résistance en Bretagne avec le réseau d'évasion « Shelburne »*, Cinémathèque de Bretagne).
9. *Les Inrockuptibles*, n° 33, janvier-février 1992.
10. *Les Inrockuptibles*, n° 33, janvier-février 1992.
11. Sir Brooks Richards, *Flottilles secrètes – Les Liaisons maritimes clandestines en France et en Afrique du Nord 1940-1944*, Éditions Marcel-Didier Vrac (M.D.V.), 2001.
12. Vidéo « Jane Birkin ou l'éloge des Bretons », interview de David Cormier, lors du Festival du film de Douarnenez, LeTélégramme.fr, 25 juillet 2010.
13. Le blog d'Amnesty International, 29 juin 2012.
14. Reportage d'Alain Stanké pour Radio Canada, 2014.
15. Propos recueillis par l'auteur le 9 novembre 2015.
16. *Ouest-France*, février 1967.
17. Propos recueillis par l'auteur le 13 novembre 2015.
18. Propos recueillis par l'auteur le 9 novembre 2015.
19. Sir Brooks Richards, *Flottilles secrètes, op. cit.*
20. Propos recueillis par l'auteur le 13 novembre 2015.
21. *Ibid.*
22. « Les Essentiels de Jane Birkin » (RTL), émission présentée par Marie Drucker, 16 novembre 2014.
23. *Cf. Le Télégramme*, 21-22 janvier 1978.
24. « La visite d'État de François Mitterrand en Grande-Bretagne, du 23 au 26 octobre 1984 », par Agnès Tachin, maître de conférences en histoire contemporaine à l'université de Cergy-Pontoise. Texte publié dans la *Lettre* n° 44 du site internet de l'Institut François-Mitterrand.
25. *Elle*, n° 3280, 10 novembre 2008.
26. *Direct Matin*, 20 septembre 2007.
27. « Di Doo Dah » (Serge Gainsbourg), 1973 © Warner Chappell Music France / Melody Nelson Publishing.
28. *Première*, n° 162, septembre 1990.
29. *Télé Loisirs*, n° 57, 4-10 avril 1987.
30. *Côté Femme*, n° 32, décembre 2004.
31. « Enfants d'hiver » (Jane Birkin / Hawksley Workman), 2008 © EMI Music France.
32. *Jane Birkin, So French*, série « Empreintes », documentaire réalisé par Gilles de Maistre. Production France Télévisions / Mai Juin Productions, 2010.
33. Tvmag.lefigaro.fr, 25 mars 2010.
34. *Elle*, n° 2501, 6 décembre 1993.
35. *Elle*, n° 3280, *op. cit.*

36. *Elle*, n° 2501, *op. cit.*
37. *Jane B. par Agnès V.*, film d'Agnès Varda, 1987. Productions : Ciné Tamaris / La Sept Cinéma.
38. *Le Figaro*, 4 avril 2014.
39. *Jane B. par Agnès V.*, *op. cit.*
40. Jean-Philippe Thomann, *Jane Birkin*, *op. cit.*
41. *Bretons (Ouest-France)*, n° 21, mai 2007.
42. « Souffrir de se souvenir » (Alain Souchon / Laurent Voulzy), 2014 © Éditions Alain Souchon / Éditions Laurent Voulzy.
43. *Elle*, n° 2501, *op. cit.*
44. *Elle*, n° 3280, *op. cit.*
45. *Bretons (Ouest-France)*, n° 21, *op. cit.*
46. Jean-Philippe Thomann, *Jane Birkin*, *op. cit.*
47. Lucien Rioux, *Jane Birkin*, Éditions Seghers, « Le Club des Stars », 1988.
48. *Adjectif*, n° 1, mars 1980.
49. *Citizen K International*, n° 403, mars 2004.
50. « Di Doo Dah », *op. cit.*
51. *Cf. Paris Match*, n° 1614, 2 mai 1980.
52. *Les Inrockuptibles*, 28 août 2001.
53. *Ibid.*
54. *Cf. Paris Match*, n° 1614, *op. cit.*

AFFAIRES D'AMOUR

1. *Ciné Revue*, 29 juin 1972.
2. Jean-Philippe Thomann, *Jane Birkin*, *op. cit.*
3. Lucien Rioux, *Jane Birkin*, *op. cit.*
4. *Ciné Revue*, 29 juin 1972.
5. Eddi Fiegel, *John Barry – A Sixties Theme : From James Bond to Midnight Cowboy*, Boxtree / Pan-MacMillan, London, 2001.
6. Gabrielle Crawford et Jane Birkin, *Attachments (Pièces attachées)*, Éditions de La Martinière, 2014.
7. *Ibid.*
8. *Le Monde*, 27 mars 2014.
9. Eddi Fiegel, *John Barry – A Sixties Theme : From James Bond to Midnight Cowboy*, *op. cit.*
10. *Ibid.*
11. *Le Parisien*, 1er février 2011.
12. Eddi Fiegel, *John Barry – A Sixties Theme : From James Bond to Midnight Cowboy*, *op. cit.*
13. *Cf. Ciné Revue*, 29 juin 1972.
14. *Elle*, n° 3280, *op. cit.*
15. *Elle*, n° 3572, 13 juin 2014.

16. *Les Inrockuptibles*, n° 277, 13 février 2001.
17. *Elle*, n° 2669, *op. cit.*
18. *Platine*, n° 34, octobre 1996.
19. *Cf. Libération*, 3 août 2012.
20. *Jours de France*, n° 735, 11 janvier 1969.
21. *Ibid.*
22. *Ibid.*
23. Gérard Lenne, *Jane Birkin*, Éditions Henri Veyrier, 1985.
24. *Télérama*, n° 908, 28 mai 1967.
25. Gérard Lenne, *Jane Birkin*, *op. cit.*
26. *Elle*, n° 3280, *op. cit.*
27. *Le Parisien*, 1er février 2011.
28. *Le Monde*, 27 mars 2014.
29. *Psychologies Magazine*, n° 264, *op. cit.*
30. *Le Soir illustré* (Belgique), n° 3039, 2 septembre 1990.

Jane et Serge sur le pont des Arts

1. « Rive gauche » (Alain Souchon), 1999 © Éditions Alain Souchon.
2. « 69 année érotique » (Serge Gainsbourg), 1969 © Intersong Paris.
3. Gilles Verlant, *Gainsbourg*, Éditions Albin Michel, 2000.
4. Pierre Grimblat, *Recherche jeune homme aimant le cinéma*, Éditions Grasset, 2008.
5. *Recherche jeune homme aimant le cinéma*, *op. cit.*
6. Propos recueillis par l'auteur le 6 mars 2015.
7. *Recherche jeune homme aimant le cinéma*, *op. cit.*
8. Gilles Verlant, *Gainsbourg*, *op. cit.*
9. *Jours de France*, n° 735, *op. cit.*
10. *Elle*, n° 2501, *op. cit.*
11. *L'Express*, 1er février 1996.
12. *Cf. Mes images privées de Serge*, un film de Jane Birkin, avec la complicité de Philippe Lerichomme. Production : Kachalou (avec Les Visiteurs du soir / Arte France / Unité Culture et Spectacles Gabrielle Babin Guggenheim), janvier 2011.
13. « La Chanson de Slogan » (Serge Gainsbourg), 1969 © Warner Chappell Music France / Melody Nelson Publishing.
14. « Overseas Telegram » (Serge Gainsbourg), 1981 © Melody Nelson Publishing / Sidonie.
15. *Télérama*, n° 1792, 19-25 mai 1984.
16. *Ciné Revue*, 29 juin 1972.
17. *Ibid.*
18. *Jours de France*, n° 1710, 10 octobre 1987.
19. Andrew Birkin et Alison Castle, *Jane & Serge. A Family Album*, Éditions Taschen, 2013.

20. *Marie Claire*, n° 658, juin 2007.
21. « La vie est une belle tartine » (Serge Gainsbourg), 1969 © Melody Nelson Publishing / Sidonie.
22. *Elle*, n° 2669, *op. cit.*
23. *Ibid.*
24. *Les Inrockuptibles*, n° 277, *op. cit.*
25. « Rive gauche », *op. cit.*

Un duo en râles mineurs

1. « Jane B. » (Serge Gainsbourg), 1969 © Éditions Bagatelle.
2. *L'Express*, 1er février 1996.
3. *Rock & Folk*, n° 53, juin 1971.
4. *Elle*, n° 1894, 15 février 1982.
5. Loïc Picaud et Gilles Verlant, *L'Intégrale Gainsbourg – L'histoire de toutes ses chansons*, Éditions Fetjaine, 2011.
6. *Télérama*, n° 2668, 3-9 mars 2001.
7. *Platine*, n° 34, *op. cit.*
8. Gilles Verlant, *Gainsbourg*, *op. cit.*
9. © Melody Nelson Publishing.
10. © Transatlantiques Éditions / Warner Chappell Music France.
11. *Télérama*, n° 2668, *op. cit.*
12. *Le Monde*, 26 août 2013.
13. *L'Express*, n° 947, 1-7 septembre 1969.
14. *Les Inrockuptibles*, n° 277, *op. cit.*
15. « Discorama », 23 mai 1971, archives Ina.
16. *La Chronique Amnesty International*, juillet-août 2012.
17. Brigitte Bardot, *Initiales B.B.*, Éditions Grasset, 1996.
18. *Télérama*, n° 3386, *op. cit.*
19. *Lui*, n° 71, décembre 1969.
20. *Elle*, n° 3572, *op. cit.*
21. *Le Journal du dimanche*, 27 avril 2014.
22. Publié en français sous le titre *En marge*, traduit par Brice Matthieussent, Paris, Christian Bourgois éditeur, collection « Fictives », 2003 ; réédition poche 10/18, 2003.
23. Gilles Verlant, *Gainsbourg*, *op. cit.*
24. Propos recueillis par l'auteur le 9 novembre 2015.
25. *Mes images privées de Serge*, *op. cit.*
26. *Les Inrockuptibles*, n° 277, *op. cit.*
27. *L'Officiel de la Mode*, n° 904, mars 2006.
28. André Cayatte, coll. « Cinéma d'aujourd'hui », n° 57, présentation par Guy Braucourt, Éditions Seghers, 1969.
29. *Télérama*, n° 1219, 26 mai 1973.
30. Gérard Lenne, *Jane Birkin*, *op. cit.*

31. *Vidéo Internationale*, 1983.
32. Gérard Lenne, *Jane Birkin, op. cit.*
33. *Télérama*, « Gainsbourg, le dandy de grand chemin », hors-série, 2008.
34. *Télé Magazine*, n° 1660, 29 août-4 septembre 1987.
35. *Télérama*, n° 3386, *op. cit.*
36. *Ibid.*
37. *Télérama*, n° 3323, 21-27 septembre 2013.
38. Gérard Lenne, *Jane Birkin, op. cit.*
39. *Salut les Copains*, n° 106, juin 1971.
40. *Rock & Folk*, n° 53, *op. cit.*
41. *Recording Musicien*, n° 32, avril 2004.
42. *Bonne soirée*, n° 2577, 4 juillet 1971.
43. *Visions* (Belgique), n° 32, octobre 1985.
44. Gilles Verlant, *Gainsbourg, op. cit.*
45. *Bonne soirée*, n° 2622, 14 mai 1972.

Melody bonheur

1. « Ballade de Melody Nelson » (Serge Gainsbourg), 1971 © Warner Chappell Music France / Melody Nelson Publishing.
2. *Le Monde*, 26 août 2013.
3. *Pop Music Superhebdo*, n° 58, 6 mai 1971.
4. *Recording Musicien*, n° 32, *op. cit.*
5. Télérama, « Gainsbourg, le dandy de grand chemin », *op. cit.*
6. *L'Express*, février 2006.
7. *Le Monde*, 26 août 2013.
8. *Ibid.*
9. Propos recueillis par l'auteur le 15 juin 2015.
10. *Recording Musicien*, n° 32, *op. cit.*
11. *Les Inrockuptibles*, n° 277, *op. cit.*
12. *Le Monde*, 1er mars 2011.
13. *Le Monde*, 26 août 2013.
14. « Les Langues de chat » (Serge Gainsbourg / Jean-Claude Vannier), 1972 © Éditions Sidonie / Kapagoma.
15. *Salut les Copains*, n° 106, *op. cit.*
16. Gilles Verlant, *Gainsbourg, op. cit.*
17. Propos recueillis par l'auteur le 15 juin 2015.
18. *Paris Match*, n° 1295, 2 mars 1974.
19. *Les Inrockuptibles*, n° 834, 23-29 novembre 2011.
20. *Gala*, n° 923, 16 février 2011.
21. *Paris Match*, n° 3360, 10 octobre 2013.
22. Premiere.fr, 27 février 2011.
23. *Paris Match*, n° 3360, *op. cit.*

24. *Rock & Folk*, n° 53, *op. cit.*
25. *Paris Match*, n° 3360, *op. cit.*
26. *Les Inrockuptibles*, n° 277, *op. cit.*
27. « Pour des haricots » (Serge Gainsbourg) © Droits réservés.
28. Album *Pop Sessions* (hommage à Serge Gainsbourg), 2001, Mercury Records.
29. © Melody Nelson Publishing.
30. *Ibid.*
31. *Ibid.*
32. © Melody Nelson Publishing / Première Music Group.
33. Le gala de l'Union des Artistes, 1971-1975. Dossier de presse, musée Carnavalet.
34. Éditions Flammarion, 2008.
35. Gilles Verlant, *Gainsbourg*, *op. cit.*
36. *Télérama*, n° 3386, *op. cit.*
37. « Je suis venu te dire que je m'en vais » (Serge Gainsbourg), 1973 © Melody Nelson Publishing.

Populaire... lui non plus

1. Jean-Philippe Thomann, *Jane Birkin*, *op. cit.*
2. 16 mars 1974.
3. *Jours de France*, n° 1006, 25 mars 1974.
4. *Privé*, n° 2, octobre 1973.
5. *Jours de France*, n° 1006, *op. cit.*
6. *Dépêche Mode*, n° 129, juin 1999.
7. *France-Soir*, 10 octobre 1974.
8. Pierre Richard (avec Jérémie Imbert), *Je ne sais rien mais je dirai tout*, Éditions Flammarion, 2015.
9. Lucien Rioux, *Jane Birkin*, *op. cit.*
10. *Confidences*, n° 1905, 8 juin 1984.
11. Pierre Richard, *Je ne sais rien mais je dirai tout*, *op. cit.*
12. *Ciné Revue*, 15 avril 1982.
13. *Cinématographe*, octobre 1978.
14. *Ibid.*
15. *Dépêche Mode*, n° 129, *op. cit.*
16. *L'Express Styles*, *op. cit.*
17. *Bouquet* (Belgique), n° 18, 3 septembre 1980.
18. Gilles Verlant, *Gainsbourg*, *op. cit.*
19. Propos recueillis par l'auteur le 20 avril 2015.
20. Le gala de l'Union des Artistes, 1971-1975, *op. cit.*
21. Propos recueillis par l'auteur le 5 octobre 2015.
22. *Ibid.*

23. *Cf.* Gilles Verlant, *Gainsbourg*, *op. cit.*
24. © Melody Nelson Publishing.
25. *Ibid.*
26. Gilles Verlant, *Gainsbourg*, *op. cit.*
27. « À bout portant » (TF1), émission consacrée à Jane Birkin et diffusée le 22 novembre 1975.
28. Propos recueillis par l'auteur le 5 octobre 2015.
29. Propos recueillis par l'auteur le 23 avril 2015.
30. *Elle*, octobre 1975.
31. *Ibid.*
32. *Adjectif*, n° 1, *op. cit.*
33. Propos recueillis par l'auteur le 20 avril 2015.
34. Propos recueillis par l'auteur le 23 avril 2015.
35. *Les Inrockuptibles*, n° 277, *op. cit.*
36. Propos recueillis par l'auteur le 20 avril 2015.
37. Propos recueillis par l'auteur le 23 avril 2015.
38. *Télé Magazine*, n° 1660, *op. cit.*
39. Propos recueillis par l'auteur le 23 avril 2015.
40. Propos recueillis par l'auteur le 20 avril 2015.
41. Jean-Philippe Thomann, *Jane Birkin*, *op. cit.*
42. Gilles Verlant, *Gainsbourg*, *op. cit.*
43. Propos recueillis par l'auteur le 20 avril 2015.
44. © Melody Nelson Publishing.
45. *Ibid.*
46. *Platine*, n° 34, *op. cit.*
47. © Melody Nelson Publishing.
48. © Melody Nelson Publishing.

Passer à autre chose vaudrait mieux…

1. « Fuir le bonheur de peur qu'il ne se sauve » (Serge Gainsbourg), 1983 © Melody Nelson Publishing.
2. *Cinématographe*, octobre 1978.
3. *Ibid.*
4. Gérard Lenne, *Jane Birkin*, *op. cit.*
5. *Le Soir illustré*, n° 2867, 4 juin 1987.
6. Gérard Lenne, *Jane Birkin*, *op. cit.*
7. *Ibid.*
8. « L'Amour de moi » (Traditionnel / Serge Gainsbourg), 1987 © Melody Nelson Publishing.
9. *Télérama*, n° 2668, *op. cit.*
10. *Elle*, n° 2501, *op. cit.*
11. Lucien Rioux, *Jane Birkin*, *op. cit.*
12. *L'Humanité*, 2 juillet 2009.

13. Universciné.com, 30 novembre 2010.
14. *L'Express*, 12 mai 1979.
15. Gérard Lenne, *Jane Birkin*, *op. cit.*
16. *Ibid.*
17. *Le Soir illustré*, n° 2549, 30 avril 1981.
18. *L'Humanité*, 2 juillet 2009.
19. *Le Nouveau F*, n° 10, *op. cit.*
20. Gérard Lenne, *Jane Birkin*, *op. cit.*
21. *Télérama*, n° 1792, *op. cit.*
22. Lucien Rioux, *Jane Birkin*, *op. cit.*
23. Gilles Verlant, *Gainsbourg*, *op. cit.*
24. Voir.ca, 14 février 2008.
25. *Cf. Libération*, 2 octobre 1996.
26. *Elle*, n° 3280, *op. cit.*
27. « Dépression au-dessus du jardin », 1981 © Melody Nelson Publishing.
28. *Ciné Revue*, 8 octobre 1981.
29. *Le Quotidien de Paris*, 24 octobre 1981.
30. *Cf. Libération*, 10 juin 2012.
31. *Psychologies Magazine*, n° 287, juillet 2009.
32. *Marie Claire*, 24 août 2009.
33. *Psychologies Magazine*, n° 287, *op. cit.*
34. *Marie Claire*, 24 août 2009.

L'État de grâce

1. *Le Soir illustré*, n° 2549, *op. cit.*
2. *Le Monde*, 15 septembre 2009.
3. *Télérama*, n° 1792, *op. cit.*
4. *Chanson Magazine*, n° 7, décembre 1983-janvier 1984.
5. *Télé 7 jours*, n° 1262, 4-10 août 1984.
6. N° 360-361, juillet-août 1984.
7. *La Vie de château*, diffusée le 26 avril 1985. Source : Ina.
8. *Télérama*, n° 1792, *op. cit.*
9. *Cf. Première*, n° 165, mai 1990.
10. *Ibid.*
11. *L'Humanité*, mars 2006.
12. Gérard Lenne, *Jane Birkin*, *op. cit.*
13. *Chanson Magazine*, n° 7, *op. cit.*
14. « Con c'est con ces conséquences » © Melody Nelson Publishing.
15. *Télérama*, n° 2668, *op. cit.*
16. « Les Dessous chics » © Melody Nelson Publishing.
17. « En rire de peur d'être obligée d'en pleurer » © Melody Nelson Publishing.
18. « Fuir le bonheur de peur qu'il ne se sauve », *op. cit.*

19. *Chanson Magazine*, n° 7, *op. cit.*
20. « Partie perdue » © Melody Nelson Publishing.
21. *Le Monde*, 26 août 2013.
22. « Haine pour Aime » © Melody Nelson Publishing.
23. « Rupture au miroir » © Melody Nelson Publishing.
24. « Baby Alone In Babylone » © Melody Nelson Publishing.
25. *Chanson Magazine*, n° 7, *op. cit.*
26. *Ibid.*
27. *Télérama*, n° 2668, *op. cit.*
28. *Télérama*, n° 3393, 24-30 janvier 2015.
29. *Ibid.*
30. *The Independent*, 27 janvier 2013.
31. *Télérama*, n° 3393, *op. cit.*
32. *Côté femme*, n° 31, décembre 2004.
33. *Libération*, 10 juin 2012.

Une artiste à part entière

1. LaProvence.com, 11 septembre 2014.
2. Communiqué de presse du groupe Hermès, 11 septembre 2015.
3. *Télé Magazine*, n° 1660, *op. cit.*
4. *Télé 7 jours*, n° 1262, *op. cit.*
5. *La Revue de cinéma*, n° 132, janvier 1988.
6. *Acte 1*, n° 2, octobre 1985.
7. Propos recueillis par Jacqueline Aubenas pour Flach Film Production, 2013.
8. *Acte 1*, n° 2, *op. cit.*
9. *La Revue de cinéma*, n° 149, novembre 1990.
10. *France-Soir Magazine*, 16 avril 1983.
11. *Le Nouvel Observateur*, 1er mars 1985.
12. *La Revue de cinéma*, n° 149, *op. cit.*
13. *Studio Magazine*, n° 8, mars 1988.
14. *On n'est pas des moutons* (magazine des sympathisants du Front de gauche du pays salonais), 8 octobre 2013.
15. *France-Soir Magazine*, 16 avril 1983.
16. *Cf. Le Monde*, 13 novembre 2008.
17. Gilles Verlant, *Gainsbourg*, *op. cit.*
18. *Le Temps* (Suisse), 12 octobre 2013.
19. *Le Nouvel Observateur*, 22 mars 1985.
20. © Cabum / Magister.
21. *Première*, n° 112, juillet 1986.
22. Propos recueillis par l'auteur le 6 novembre 2015.
23. *Télé Magazine*, n° 1660, *op. cit.*

24. *Télérama*, n° 1967, 23 septembre 1987.
25. © Melody Nelson Publishing.
26. *Ibid.*
27. Gilles Verlant, *Gainsbourg*, *op. cit.*
28. « Le Moi et le Je » © Melody Nelson Publishing.
29. « Physique et sans issue » © Melody Nelson Publishing.
30. © Melody Nelson Publishing.
31. « Être ou ne pas naître » © Melody Nelson Publishing.
32. *Le Parisien*, 23 février 1987.
33. *Dépêche Mode*, n° 129, *op. cit.*
34. *Le Soir illustré*, n° 2867, *op. cit.*
35. *Télé Magazine*, n° 1660, *op. cit.*
36. *Télé Loisirs*, n° 57, *op. cit.*
37. *Télérama*, n° 1967, *op. cit.*
38. *7 à Paris*, n° 329, 9-15 mars 1988.
39. *Le Soir* (Belgique), 8 septembre 1988.
40. *Télérama*, n° 1967, *op. cit.*
41. *7 à Paris*, n° 329, *op. cit.*
42. *Ibid.*
43. *Foto Music*, n° 21, décembre 1987.
44. *Le Mensuel*, n° 343, décembre 2013.
45. *Cf.* André Asséo, *Mes aveux les plus doux*, Éditions de L'Archipel, 2014.

Amours défuntes

1. « C'est comme ça » (Zazie), 1998 © Éditions Larsen.
2. *Le Parisien*, 4 mars 1991.
3. « Un amour peut en cacher un autre » © Melody Nelson Publishing.
4. *Elle*, n° 2385, 23 septembre 1991.
5. « Love Fifteen » © Melody Nelson Publishing.
6. *Ibid.*
7. *L'Humanité*, 17 octobre 1990.
8. « Des ils et des elles » © Melody Nelson Publishing.
9. Gilles Verlant, *Gainsbourg*, *op. cit.*
10. « Amours des feintes » © Melody Nelson Publishing.
11. *Télérama*, n° 2668, *op. cit.*
12. *Cf.* Jane Birkin dans *Un jour, un destin – Serge Gainsbourg : Faces cachées*, France 2, 9 septembre 2012.
13. *Elle*, n° 2501, *op. cit.*
14. *Dépêche Mode*, n° 129, *op. cit.*
15. *Elle*, n° 2385, *op. cit.*
16. 18 mai 1991.
17. *Cf. Libération*, 2 mars 1996.

18. *L'Humanité*, 18 juillet 1992.
19. Le blog d'Amnesty International, 29 juin 2012.
20. Gérard Lenne, *Jane Birkin*, *op. cit.*
21. Propos recueillis par l'auteur le 6 novembre 2015.
22. *Ibid.*
23. « D'un geste ordinaire » (Guy Delacroix / Lionel Florence) © Droits réservés.
24. *Côté femme*, n° 32, *op. cit.*
25. Interview sur France Bleu Bretagne, 26 novembre 2013.
26. *Ouest-France*, 9 décembre 2013.
27. *Bretagne Magazine*, juillet-août 2013.
28. *Psychologies Magazine*, n° 264, *op. cit.*
29. *Ibid.*
30. *The Independent*, 27 janvier 2013.
31. *L'Officiel de la Mode*, n° 904, *op. cit.*
32. *Libération*, 14 juillet 1995.
33. Le blog d'Amnesty International, 29 juin 2012.
34. *Libération*, 14 juillet 1995.
35. *Ibid.*
36. *Elle*, n° 2669, *op. cit.*
37. Préface du livre *Attachments (Pièces attachées)*, *op. cit.*
38. Éditions du Seuil, 1994.
39. *Le Nouvel Observateur*, 20 juillet 1995.
40. *Ibid.*
41. *Paris Match*, n° 3171, 25 février 2010.
42. *L'Officiel de la Mode*, n° 904, *op. cit.*
43. Éditions du Seuil, 2002.
44. Préface du livre *Attachments (Pièces attachées)*, *op. cit.*
45. *Psychologies Magazine*, n° 264, *op. cit.*
46. *Marie France*, n° 111, mai 2004.
47. *Blah Blah*, février 1996.
48. *Cf.* Gérard Lenne, *Jane Birkin*, *op. cit.*
49. Éditions Bagatelle.
50. *Psychologies Magazine*, n° 264, *op. cit.*
51. *Idol*, n° 31, mars 1997.

La vie buissonnière

1. *L'Express*, 5 juin 2007.
2. Propos recueillis par l'auteur en octobre 2015.
3. *Ibid.*
4. *Dépêche Mode*, n° 129, *op. cit.*
5. Propos recueillis par l'auteur en octobre 2015.

6. Françoise Hardy, *Le Désespoir des singes… et autres bagatelles*, Éditions Robert Laffont, 2008.
7. Propos recueillis par l'auteur en octobre 2015.
8. *Ibid.*
9. *Cf.* Benoît Cachin, *Étienne Daho, Portraits & entretiens*, Éditions de Tournon, 2007.
10. © Satori Song.
11. © Rock'n'Rose Music.
12. © Droits réservés.
13. *Ibid.*
14. *Psychologies Magazine*, n° 264, *op. cit.*
15. Swissinfo.ch, 27 juillet 2002.
16. *Le Parisien*, 8 mars 2002.
17. *Le Parisien*, 7 décembre 2001.
18. *Direct Matin Bordeaux*, 22 octobre 2013.
19. *Le Figaro*, 9 mars 2002.
20. *Platine*, n° 129, mars 2006.
21. 31 octobre 2002.
22. *Platine*, n° 129, *op. cit.*
23. *La Libre Belgique*, 27 octobre 2002.
24. *Ibid.*
25. *Ibid.*

L'affirmation de soi

1. *Marie France*, n° 111, *op. cit.*
2. © Droits réservés.
3. *Libération*, 14 décembre 2013.
4. © Droits réservés / Johnny Christmas Publishing.
5. RFI Musique, 2 avril 2004.
6. © Famous Music Corp (ASCAP) – Copyright control.
7. RFI Musique, 2 avril 2004.
8. *Le Figaro*, 4 avril 2014.
9. *Paris Match*, n° 2865, 15-21 avril 2004.
10. © Id Music.
11. *Le Soir*, 22 mars 2006.
12. *L'Express Styles*, *op. cit.*
13. *Nos tendres et douces années*, n° 3, été 2006.
14. *Platine*, n° 129, mars 2006.
15. Foutraque.com, 14 octobre 2006.
16. *Le Parisien*, 23 mars 2006.
17. *Nos tendres et douces années*, n° 3, *op. cit.*
18. *Le Soir*, 22 mars 2006.

19. *Platine*, n° 129, *op. cit.*
20. RFI Musique, 27 mars 2006.
21. *Platine*, n° 129, *op. cit.*
22. *Libération*, 30 mars 2004.
23. Propos recueillis par l'auteur en octobre 2015.
24. *Modzik*, n° 6, novembre-décembre 2008.
25. *La Voix du Nord*, 13 novembre 2008.
26. *Dépêche Mode*, n° 129, *op. cit.*
27. Elle.fr, 19 juin 2014.
28. *Psychologies Magazine*, n° 264, *op. cit.*
29. Propos recueillis par l'auteur le 6 novembre 2015.
30. Propos recueillis par l'auteur en octobre 2015.
31. « Maison étoilée » © EMI Music France.
32. Site officiel de Jane Birkin.
33. « Je suis au bord de ta fenêtre » © EMI Music France.
34. *La Voix du Nord*, 13 novembre 2008.
35. *Ibid.*
36. « À la grâce de toi » © EMI Music France.
37. « Enfants d'hiver », *op. cit.*
38. *La Voix du Nord*, 13 novembre 2008.
39. *Femmes*, n° 5, novembre 2008.
40. « Prends cette main » © EMI Music France.
41. *La Voix du Nord*, 13 novembre 2008.

L'engagement

1. *Marie Claire*, n° 658, *op. cit.*
2. Le blog d'Amnesty International, 29 juin 2012.
3. *L'Express de Toronto*, 12-18 février 2008.
4. *Frontstage*, le blog pop-rock du *Soir*, 22 janvier 2013.
5. *Le Monde*, 26 mai 2009.
6. *L'Express de Toronto*, *op. cit.*
7. Déclaration de Jane Birkin à l'AFP, 19 mai 2008.
8. Propos recueillis par l'auteur en octobre 2015.
9. *L'Humanité*, 28 décembre 2007.
10. *Platine*, n° 155, novembre 2008.
11. *Le Monde*, 15 septembre 2009.
12. Voir.ca, 14 février 2008.
13. Propos recueillis par l'auteur le 6 novembre 2015.
14. France-Amérique Actualités, 4 février 2010.
15. *Le Monde*, 8 novembre 2013.
16. *Charente Libre*, 15 juillet 2013.
17. *Le Soir*, 23 janvier 2013.
18. *Gala*, n° 1061, 9-15 octobre 2013.

19. Paroles et musique de Serge Gainsbourg © Éditions Enoch.
20. 10 février 2013.
21. Communiqué de l'AFP, 27 mars 2013.
22. Le Printemps de Beyrouth (agenda culturel), 27 mai 2013.
23. *Ibid.*
24. Le Printemps de Beyrouth, *op. cit.*
25. © Barclay / Universal Music France.

Au bord du tableau

1. *Paris Match*, n° 3171, *op. cit.*
2. *Le Parisien*, 25 mai 2009.
3. Rocknfool.net, 9 janvier 2013.
4. *Elle*, n° 3534, 21 août 2015.
5. *Gala*, n° 1061, op. cit.
6. *Le Journal du dimanche*, 7 mai 2012.
7. *Ibid.*
8. *Elle*, n° 3534, *op. cit.*
9. *Le Temps*, 25 septembre 2014.
10. *Le Devoir*, 22 septembre 2015.
11. *Côté Toulouse*, 6 novembre 2013.
12. *La Nouvelle République*, 10 décembre 2013.
13. À Jean-Paul Sportiello, *Le Populaire du Centre*, 9 janvier 2018.
14. *Le Parisien*, 25 octobre 2016.
15. *Post-Scriptum (Le journal intime de Jane Birkin 1982-2013, tome 2)*, Fayard, 2019.
16. *Le Parisien*, 25 octobre 2016.
17. *Ibid.*
18. Radio France, 8 avril 2017.
19. À Benjamin Locoge, *Paris Match*, 27 mars 2017.
20. À Yann Bertrand, Radio France, 24 mars 2017.
21. *Ibid.*
22. Normand Provencher, *Le Soleil*, 8 juillet 2018.
23. Franceinfo Culture, 23 mars 2017.
24. *Télérama*, 13 juin 2016.
25. *Le Populaire du Centre*, *op. cit.*
26. *RocknFool*, 9 janvier 2013.
27. Publication en deux tomes: *Munkey Diaries* (1957-1982) et *Post-Scriptum* (1982-2013), Fayard.
28. *Le Populaire du Centre*, *op. cit.*
29. À Fabio Dell'Anna, Le Matin.ch, janvier 2023.
30. « On tiptoes, I shut the door » *in* « Catch Me If You Can », paroles de Jane Birkin, musique de Jean-Louis Piérot. © Kachalou/Barclay, 2020.
31. À Fabien Randanne, *20 Minutes*, 11 décembre 2020.

32. *20 Minutes*, 18 juin 2020.
33. Citée par Clélia Cohen dans *Libération*, 10 décembre 2020.
34. « Cigarettes ». © Kachalou/Barclay, 2020.
35. À Franck Vergeade, *Les Inrockuptibles*, 3 décembre 2020.
36. À Rebecca Manzoni, « Pop N' Labo », France Inter, 16 janvier 2021.
37. « Max ». © Kachalou/Barclay, 2020.
38. « Oh ! Pardon tu dormais ». © Kachalou/Barclay, 2020.
39. « Pas d'accord ». © Kachalou/Barclay, 2020.
40. « Pop N' Labo », *op. cit.*
41. *Ibid.*
42. À Olivier Nuc, *Le Figaro*, 4 septembre 2020.
43. Francetvinfo.fr, 7 janvier 2022.
44. *RocknFool*, 9 janvier 2013.
45. *Psychanalyse Magazine*, n° 21, mai-juin 2004.
46. *Jane Birkin, So French, op. cit.*

Annexes

Théâtrologie

1964

Carving a Statue (Sculpter une statue)

De Graham Greene / Mise en scène : Peter Wood / Scénographie : Desmond Heeley / Lumière : Joe Davis.

Theatre Royal, Brighton (Royaume-Uni), le 31 août 1964 / Haymarket Theatre, Londres (Royaume-Uni), le 17 septembre 1964.

Avec : Ralph Richardson (Le père), Dennis Waterman (Le fils), Barbara Ferris (La première fille), **Jane Birkin** (La seconde fille), Roland Culver (Dr Parker).

1965

Passion Flower Hotel

Comédie musicale de Wolf Mankowitz, d'après le roman éponyme de Rosalind Erskine (1962) / Mise en scène et costumes : William Chappell / Scénographie : Dacre Punt / Paroles : Trevor Peacock / Musique : John Barry / Lumière : Joe Davis / Chorégraphie : Peter Gordeno.

Palace Theatre, Manchester (Royaume-Uni), le 30 juillet 1965 / Prince of Wales Theatre, Londres, du 24 août 1965 au 1er janvier 1966.

Avec : Susan Hardy (Miss Laxton), Arthur Parry (Mr Cridge), Pauline Collins (Lady Janet), **Jane Birkin** (Mary Rose), Karin Fernald (Sarah), Jean Muir (Virginia), Francesca Annis (Melissa), Nicky Henson (Ellis), Bunny May (Flobson), David Charkham (Thomson), Jeremy Clyde (Colin), Bill Kenwright (Craddock).

1985

La Fausse Suivante

De Marivaux (1724) / Mise en scène : Patrice Chéreau / Scénographie : Richard Peduzzi / Costumes : Jacques Schmidt / Lumière : Jean-Luc Chanonat et Daniel Delannoy.

Théâtre Nanterre-Amandiers (92), du 13 mars au 14 mai 1985 / Théâtre national populaire de Villeurbanne (69), du 21 mai au 7 juin 1985.

Avec : Pierre Vial (Frontin), Michel Piccoli (Trivelin), Laurence Bourdil (Le Chevalier), Bernard Ballet (Arlequin), Didier Sandre (Lélio), **Jane Birkin** (La comtesse).

1988

L'Ex-femme de ma vie

De Josiane Balasko / Scénographie : Philippe Berry et Jean-Luc le Floc'h / Costumes : Sophie Breton / Lumière : Philippe Sazerat / Musique originale : Jacques Delaporte.

Théâtre du Splendid Saint-Martin, Paris (75), à partir du 5 octobre 1988 / Théâtre du Gymnase Marie-Bell, Paris (75), à partir du 8 mars 1989.

Avec : **Jane Birkin** (Frankie), Thierry Lhermitte (Tom), Daniel Berlioux (Jean-François), Cécile Auclert (Aurélie), Valérie Mairesse (Véro, voix off).

1990

Quelque part dans cette vie

D'Israël Horovitz / Mise en scène : Jean-Loup Dabadie / Scénographie : Agostino Pace / Costumes : Catherine Gorne-Achdjian / Lumière : André Diot

Théâtre des Bouffes-Parisiens, Paris (75), à partir du 18 janvier 1990 / Théâtre de Nice (06), du 12 mars au 24 mars 1990.

Avec : Pierre Dux (Jacob Brackish), **Jane Birkin** (Kathleen Hogan), Jean-Pierre Kalfon (voix off).

1993

L'Aide-mémoire

De Jean-Claude Carrière (1968) / Mise en scène : Bernard Murat / Scénographie : Nicolas Sire / Costumes : Florence Desouches / Lumière : Jacques Wenger.

Comédie des Champs-Élysées, Paris (75), du 21 septembre 1993 au 1er janvier 1994.

Avec : **Jane Birkin** (Elle) et Pierre Arditi (Lui).

1995

Les Troyennes

D'Euripide (415 avant J.C.) / Mise en scène : Annie Castledine / Scénographie : Iona McLeish / Musique : Adrian Johnston / Lumière : Nick Beadle.

National Theatre, Londres, à partir du 16 mars 1995.

Avec : Leo Wringer (Poseidon), Robert Pickavance (Athene), Rosemary Harris (Hebuca), Josette Bushell-Mingo (Cassandra), **Jane Birkin** (Andromache), Philip Whitchurch (Talthybius), Peter McEnery (Menelaus), Janie Dee (Helen).

1999
Oh ! Pardon tu dormais...
De Jane Birkin (1992) / Mise en scène : Xavier Durringer / Scénographie : Éric Durringer et Dominique Odic / Costumes : Natacha Diehl / Lumière : Orazio Trotta.
Théâtre de la Gaîté Montparnasse, Paris (75), du 12 janvier au 6 juin 1999.
Avec : **Jane Birkin** et Thierry Fortineau.

2005
Hamlet
De Shakespeare (1601) / Mise en scène : Rupert Goold / Scénographie : Laura Hopkins / Musique : Adam Cork.
Royal Theatre, Northampton (Royaume-Uni), du 17 mars au 3 avril 2005.
Avec : Tobias Menzies (Hamlet), Hilton McRae (Claudius), **Jane Birkin** (Gertrude), David Ganly (Horatio), Paul Shelley (Polonius), Poppy Miller (Ophélie).

2006
Électre
De Sophocle / Mise en scène et scénographie : Philippe Calvario / Texte français : Robert Pignarre / Musique : Éric Neveux / Costumes : Jon Morrell / Lumière : Bertrand Couderc.
Le Quartz, scène nationale de Brest (29), du 7 au 13 novembre 2006 / Théâtre de Privas (07), les 16 et 17 novembre 2006 / Le Manège de Maubeuge (59), les 27 et 28 novembre 2006 / La Halle aux Grains, scène nationale de Blois, les 30 novembre et 1er décembre 2006 / Théâtre Nanterre-Amandiers (92), du 5 janvier au 4 février 2007 / Théâtre de Châteauvallon, Ollioules (83), les 9, 10 et 11 février 2007 / Théâtre du Gymnase, Marseille (13), du 13 au 17 fé-vrier 2007 / Schauspielhaus de Zürich (Suisse), les 22 et 23 février 2007 / La Comédie de Clermont-Ferrand (63), les 27, 28 février et 1er mars 2007/ Théâtre National de Nice (06), du 13 au 17 mars 2007 / CDDB-Théâtre de Lorient (56), du 21 au 23 mars 2007 / La Coursive, scène nationale de La Rochelle, du 27 au 29 mars 2007.
Avec : **Jane Birkin** (Électre), Sophie Tellier (Chrysothémis), Florence Giorgetti (Clytemnestre), Philippe Maymat (Égisthe), Biyouna (Le Coryphée), Frédéric Andrau (Oreste), Jean-Édouard Bodziak (Pylade), Jean-Claude Jay (Le précepteur d'Oreste).

2009
La Sentinelle
Texte et mise en scène : Wajdi Mouawad / Lumière : Éric Champoux / Maquillages, coiffures et costumes : Angelo Barsetti / Production : Au Carré de l'Hypoténuse – France, Abé Carré Cé Carré – Québec, en coproduction avec Le Grand T – Nantes.

Création pour France Culture les 14 et 15 juillet 2009 dans le cadre du Festival d'Avignon / Clermont-Ferrand (Comédie de Clermont-Ferrand, Maison de la Culture, Salle Boris Vian) les 22 et 23 novembre 2009 / French Institute Alliance française, New York (États-Unis), le 21 mai 2010 / Centre national des Arts, Ottawa, Québec (Canada), le 10 février 2012 / Palais Montcalm (Carrefour international de théâtre, Québec (Canada), le 6 juin 2012 / Thermes romains (plein air) dans le cadre du Beirut Spring Festival, Beyrouth (Liban), le 29 mai 2013.

Avec : **Jane Birkin** et Wajdi Mouawad.

2014

Gainsbourg, poète majeur

Lecture à trois voix / Conception artistique : Philippe Lerichomme / Réalisation : Laure Egoroff / Production : Les Visiteurs du Soir / Accompagnement piano : Fred Maggi.

Théâtre Sorano, Toulouse (31), le 7 novembre 2013 / Théâtre Liberté, Toulon (83), le 11 novembre 2014 / Total Bus, Trèves (Allemagne), le 22 novembre 2014 / Théâtre de l'Odéon, Paris (75), les 24 et 25 novembre 2014 / Coopérative de Mai, Clermont-Ferrand (63), le 30 novembre 2014 / L'Octogone, Pully (Suisse), le 6 décembre 2014 / Teatro Cucinelli, Solomeo (Italie), les 28 février et 1er mars 2015 / Ruhrfestpiele 2012, Recklinghausen (Allemagne), les 30 et 31 mai 2015 / Festival d'Anjou, Angers (49), le 20 juin 2015 / Théâtre Silvain, Marseille (13), le 2 juillet 2015 / Festival de Bergerac, le 1er août 2015 / Théâtre Maisonneuve, Montréal (Canada), le 24 septembre 2015 / Salle Albert-Rousseau, Québec (Canada), le 27 septembre 2015 / Théâtre du Rond-Point, Paris (75), le 7 décembre 2015.

Avec : **Jane Birkin**, Michel Piccoli et Hervé Pierre.

Filmographie

1965

The Knack… and How to Get It (Le Knack et comment l'avoir)

Un film de Richard Lester (Royaume-Uni, 1964) / Genre : Comédie / Scénario : Charles Wood et Ann Jellicoe / Musique : John Barry / Photographie : David Walkin / Production : Woodfall Film Productions / Distribution : Les Artistes Associés / Durée : 90 minutes / Sortie : 13 mai 1965 / Sortie France : 7 juillet 1965.

Avec : Rita Tushingham (Nancy Jones), Ray Brooks (Tolen), Michael Crawford (Colin), Donal Donnely (Tom), Charles Dyer (L'homme dans le photomaton), Margot Thomas (La professeure), John Bluthal

(Le père en colère), Helen Lennox (La femme dans le photomaton), **Jane Birkin** (La fille sur la moto) (non créditée).
Palme d'or au Festival de Cannes 1965.

1966
Kaleidoscope (Le Gentleman de Londres)
Un film de Jack Smight (Royaume-Uni, 1966) / Genre: Comédie / Scénario: Robert Carrington et Jane-Howard Carrington / Musique: Stanley Myers / Photographie: Christopher Challis / Production: Winkast Film Productions / Distribution: Warner Bros / Durée: 103 minutes / Sortie: 8 septembre 1966 / Sortie France: 15 mars 1967.
Avec: Warren Beatty (Barney Lincoln), Susannah York (Angel McGinnis), Clive Revill (Inspecteur McGinnis), Éric Porter (Harry Dominion), Murray Melvin (Aimes), George Sewell (Billy), **Jane Birkin** (Chose exquise), John Bennett (Joueur de poker).

Blow-Up
Un film de Michelangelo Antonioni (Royaume-Uni – Italie, 1966) / Genre: Drame / Scénario: Michelangelo Antonioni, Tonino Guerra et Edward Bond, d'après une nouvelle de Julio Cortazar, *Las Babas del diablo (Les Fils de la vierge)* tiré du recueil *Les Armes secrètes* / Musique: Herbie Hancock / Photographie: Carlo Di Palma / Production: MGM – A Carlo Ponti Productions / Distribution: MGM – Théâtre du Temple / Durée: 111 minutes / Sortie: 18 décembre 1966 / Sortie France: 24 mai 1967.
Avec: David Hemmings (Thomas), Vanessa Redgrave (Jane), Peter Bowles (Ron), Sarah Miles (Patricia), **Jane Birkin** (Jeune fille blonde), Gillian Hills (Jeune fille brune), John Castle (Bill le peintre), Harry Hutchinson (L'antiquaire), Veruschka (Elle-même), Susan Brodrick (La propriétaire du magasin d'antiquités).
Palme d'or au Festival de Cannes 1967 / NSFC Award du Meilleur réalisateur (1967) / Ruban d'argent (Syndicat national des journalistes cinématographiques italiens) du Meilleur réalisateur de film étranger (1968) / Prix de la critique (Syndicat français de la critique de cinéma) du Meilleur film étranger (1968).

1968
Wonderwall
Un film de Joe Massot (Royaume-Uni, 1968) / Genre: Drame / Scénario: Gérard Brach et Guillermo Cabrera Infante / Musique: George Harrison / Photographie: Harry Waxman / Production: Compton Films / Distribution: Pilar, Odyssey Video, Rhino Home Video, Compton-Cameo Films / Durée: 92 minutes / Sortie: 12 janvier 1969 / Sortie France: 17 mai 1968 (Festival de Cannes).
Avec: Jack MacGowran (Professeur Oscar Collins), **Jane Birkin** (Penny Lane), Irene Handl (Mrs. Peurofoy), Richard Wattis (Perkins), Iain

Quarrier (Young Man), Beatrix Lehmann (Mère), Brian Walsh (Photographe), Sean Lynch (Riley), Bee Duffell (Mrs. Charmer), Noel Travarthen (Policier), Suki Potier (Une fille à la soirée), Anita Pallenberg (Une fille à la soirée).

1969

La Piscine

Un film de Jacques Deray (France – Italie, 1968) / Genre: Drame, policier / Scénario et dialogues: Jean-Emmanuel Conil, Jacques Deray et Jean-Claude Carrière / Musique: Michel Legrand / Photographie: Jean-Jacques Tarbès / Production: SNC – Filmindustria / Distribution: Unzéro Films / Durée: 120 minutes / Sortie: 31 janvier 1969.

Avec: Alain Delon (Jean-Paul Leroy), Romy Schneider (Marianne), Maurice Ronet (Harry Lannier), **Jane Birkin** (Pénélope Lannier), Paul Crauchet (Inspecteur Lévêque), Steve Eckhardt (Fred), Maddly Bamy (La métisse qui danse), Suzie Jaspard (Émilie).

Slogan

Un film de Pierre Grimblat (France, 1968) / Genre: Drame / Scénario et dialogues: Francis Girod, Melvin Van Peebles et Pierre Grimblat / Musique: Serge Gainsbourg / Photographie: Claude Beausoleil / Production: Orphée Arts et Hamster Productions / Distribution: Cocinor / Durée: 90 minutes / Sortie: 27 juillet 1969.

Avec: Serge Gainsbourg (Serge Faberger), **Jane Birkin** (Évelyne), Juliet Berto (L'assistante de Serge), Daniel Gélin (Le père d'Évelyne), Henri-Jacques Huet (M. Joly), James-X-Mitchell (Hugh Hugh), Andréa Parisy (Françoise), Gilles Millinaire (Dado), Roger Lumont (L'avocat de Serge), Robert Lombard (L'automobiliste), Kate Barry (La fille de Serge).

Les Chemins de Katmandou (Katmandu)

Un film d'André Cayatte (France – Italie, 1969) / Genre: Drame / Scénario et dialogues: André Cayatte et René Barjavel / Musique: Serge Gainsbourg / Photographie: Andréas Winding / Production: Franco London Films, Les Films des Deux Mondes, Mondial Televisione Film, Titanus / Distribution: C.F.D.C. (Compagnie Française de Distribution Cinématographique) / Durée: 100 minutes / Sortie: 26 septembre 1969.

Avec: Renaud Verley (Olivier), **Jane Birkin** (Jane), Elsa Martinelli (Martine, la mère d'Olivier), Serge Gainsbourg (Ted), Pascale Audret (Yvonne), Arlene Dahl (Laureen), Gilberte Géniat (La bouchère), Mike Marshall (Harold), Marc Michel (Marss), David O'Brien (Jacques, le père d'Olivier), Sacha Pitoëff (Le chef de l'organisation humanitaire), Jean-Paul Tribout (Patrick, l'ami d'Olivier en mission humanitaire).

1970

Trop petit mon ami

Un film de Eddy Matalon, assisté d'Alain Lavalle (France, 1969) / Genre: Policier / Scénario et dialogues: Jean-Claude Grumberg et Sady Rebbot, d'après un roman de James Hadley Chase (*The Way the Cookie Crumbles*, 1965) / Musique: William Sheller / Photographie: Claude Burguoin / Production: Les Films Corona / Distribution: MGM / Durée: 90 minutes / Sortie: 15 septembre 1970.

Avec: **Jane Birkin** (Christine Mars/Christine Devone), Michael Dunn (Tiky Edriss), Bernard Fresson (Philippe Algir), Claude Brasseur (L'inspecteur Hess), André Pousse (Inspecteur Terrell), Sady Rebbot (Inspecteur Lepsky), Roger Blin (Boris), Martine Renaud (Patricia Devone), Jean-Claude Michel (Robert Devone).

Sex Power

Un film de Henry Chapier (France, 1969) / Genre: Drame / Scénario et dialogues: Henry Chapier et Pierre Mac Avoy / Musique: Vangelis / Durée: 81 minutes / Sortie: 17 juin 1970.

Avec: **Jane Birkin** (Jane), Juliette Villard (Femme fatale), Bernadette Lafont (Salomé), Elga Andersen (Lorelei), Alain Noury (Alain).

Coquille d'argent au Festival de San Sebastián.

Cannabis (Engel der Gewalt – New York Parigi per una condanna a morte)

Un film de Pierre Koralnik (France – Allemagne – Italie, 1969) / Genre: Thriller, drame / Scénario et dialogues: Pierre Koralnik et Frantz-André Burguet, d'après le roman *Et puis s'en vont* de F.S. Gilbert (1965) / Musique: Serge Gainsbourg et Jean-Claude Vannier / Photographie: Willy Kurant / Production: Capitole Films, EuroFrance Films / Distribution: Oceanic Films / Durée: 95 minutes / Sortie: 2 septembre 1970.

Avec: Serge Gainsbourg (Serge Morgan), **Jane Birkin** (Jane Swenson), Paul Nicholas (Paul), Gabriele Ferzetti (Inspecteur Bardeche), Paul Albert Krumm (Lancan), Yvette Lebon (Maîtresse d'Emery), Curd Jürgens (Henry Emery), Laurence Badie (Mme Carbona).

*May Morning May (*autres titres: *May Morning in Oxford, Delitto a Oxford* ou *Alba Pagana)*

Un film de Ugo Liberatore (Italie, 1970) / Genre: Drame / Scénario et dialogues: Ugo Liberatore, George Crowther et Fulvia Gicca Palli / Musique: Amando Trovajoli / Photographie: Angelo Lotti / Production: Mondial Televisione Film / Distribution: Universal Marion Corporation (UMC) / Durée: 101 minutes / Sortie: 3 août 1970 (jamais sorti en France).

Avec: **Jane Birkin** (Flora Kinlake), Alessio Orano (Valerio Montelli), John Steiner (Roderick Rodney Stanton), Rossella Falk (Mrs. Finley), Micaela Pignatelli (Amanda), Ian Sinclair (Professeur Finlake).

1971

Devetnaest Djevojaka i Jedan Mornar (Le Traître – 19 Filles et un Marin – Ballade à Sarajevo)

Un film de Milutin Kosovac (Yougoslavie, 1971) / Genre : Film de guerre / Scénario et dialogues : Sead Ferahadzic et Luka Pavlovic / Musique : Serge Gainsbourg / Photographie : Miroljub Dikosavljevic / Production : Bosna Film / Distribution : Distribuidores Reunidos, Impex Films / Durée : 75 minutes / Sortie Yougoslavie : 9 juillet 1971 / Sortie France : 13 avril 1988.

Avec : Serge Gainsbourg (Le marin), **Jane Birkin** (Milja), Špela Rozin, Dina Rutić, Suada Kapić, Saša Mandić, Mišo Kandić, Mira Nikolić.

Romance of a Horsethief (Le Roman d'un voleur de chevaux)

Un film d'Abraham Polonsky (États-Unis – France – Italie – Yougoslavie, 1970) / Genre : Aventures, historique / Scénario : David Opatoshu, d'après le roman éponyme de Joseph Opatoshu (1917) / Musique : Serge Gainsbourg et Mort Shuman – Chansons : « La Noyée » (Serge Gainsbourg) et « Estusha's Song » (Mort Shuman) / Photographie : Piero Portalupi / Production : Allied Artists Pictures (États-Unis) – Filmsonor (France) – IFE (Italie) – Jadran Film (Yougoslavie) / Distribution : Allied Artists Pictures / Durée : 101 minutes / Sortie France : 11 août 1971.

Avec : Yul Brynner (Le capitaine Stoloff), Eli Wallach (Kifke), **Jane Birkin** (Naomi), Serge Gainsbourg (Sigmund), David Opatoshu (Schloime Kradnik), Henri Serre (Mendel), Linda Veras (La comtesse Grabowsky), Marilù Tolo (Manka), Mort Shuman (Le pianiste).

Melody Nelson (TV)

Téléfilm de Jean-Christophe Averty (France, 1971) / Genre : Conte musical / Scénario : Serge Gainsbourg, Jean-Claude Vannier et Jean-Christophe Averty / Musique : Serge Gainsbourg et Jean-Claude Vannier / Diffusion : 22 décembre 1971.

Avec : **Jane Birkin** (Melody Nelson), Serge Gainsbourg.

1972

Trop jolies pour être honnêtes (ou *Quatre Souris pour un hold-up)*

Un film de Richard Balducci (France – Italie – Espagne, 1972) / Genre : Comédie / Scénario et dialogues : Richard Balducci, Michel Martens, Guy Grosso, Catherine Varlin et Augusto Caminito, d'après une histoire de Catherine Carone / Musique : Serge Gainsbourg / Photographie : Guy Suzuki / Production : Sofracima – IIF – PEFSA / Distribution : Cocinor / Durée : 92 minutes / Sortie : 29 novembre 1972.

Avec : Bernadette Lafont (Bernadette), Élisabeth Wiener (Frédérique), **Jane Birkin** (Christine), Emma Cohen (Martine), Carlo Giuffrè (Dominini, l'Italien), Henri Virlojeux (Gaëtan, le père de Bernadette), Max Montavon (L'inspecteur), Serge Gainsbourg (Albert).

1973

Don Juan 73 (Si Don Juan était une femme)

Un film de Roger Vadim (France – Italie, 1972) / Genre : Drame / Scénario et dialogues : Jean Cau, Roger Vadim et Jean-Pierre Petrolacci / Musique : Michel Magne / Photographie : Henri Decae et Andréas Winding / Production : Filmel / Distribution : Cocinor / Durée : 90 minutes / Sortie France : 22 février 1973.

Avec : Brigitte Bardot (Jeanne), **Jane Birkin** (Clara), Maurice Ronet (Pierre), Mathieu Carrière (Paul), Robert Hossein (Prévost), Michèle Sand (Léporella), Robert Walker Jr (Le guitariste), Dominique Zardi (Un pilier de bar), Jenny Arasse (Étudiante).

Projection privée

Un film de François Leterrier (France, 1973) / Genre : Drame / Scénario et dialogues François Leterrier, Madeleine Chapsal et Bernard Revon / Musique : Serge Gainsbourg et Jean-Claude Vannier / Photographie : Jean Badal / Production et distribution : Albina Productions / Durée : 95 minutes / Sortie : 8 octobre 1973.

Avec : Françoise Fabian (Marthe/Eva), Jean-Luc Bideau (Denis Mallet), **Jane Birkin** (Kate/Hélène), Bulle Ogier (Camille), Jacques Weber (Philippe), Barbara Laage (Madeleine), Jean-François Gobbi (Samy), Sabine Glaser (Sonia), Élisabeth Huppert (La femme d'Éric), Albert Simono (Le voyageur).

La Morte negli occhi del gatto (Les Diablesses)

Un film d'Antonio Margheriti (Allemagne – France – Italie, 1973) / Genre : Policier / Scénario et dialogues : Antonio Margheriti et Giovanni Simonelli, d'après un roman de Peter Bryan / Musique : Riz Ortolani / Photographie : Carlo Carlini / Production : Roxy Film GmbH & Co (Allemagne), Capitole Films (France), Falcon International Film (Italie) / Distribution : Planfilm / Durée : 93 minutes / Sortie Italie : 12 avril 1973 / Sortie Allemagne : 7 décembre 1973 / Sortie France : 23 janvier 1974.

Avec : **Jane Birkin** (Corringa), Hiram Keller (Lord James MacGrieff), Françoise Christophe (Lady Mary MacGrieff), Venantino Venantini (Le Père Robertson), Serge Gainsbourg (L'inspecteur de police), Anton Diffring (Le docteur Franz), Doris Kunstmann (Suzanne), Konrad Georg (Campbell).

Dark Places (Le Manoir des fantasmes)

Un film de Don Sharp (Royaume-Uni, 1972) / Genre : Fantastique / Scénario : Ed Brennan et Joseph Van Winkle / Musique : Wilfried Josephs / Photographie : Ernest Steward / Production : Cinerama Productions Corporation / Distribution : Columbia Broadcasting System (CBS), Embassy Home Entertainement, Cinerama

Releasing Corporation, Sultan Video / Durée : 91 minutes / Sortie UK : 1973 / Sortie France : 31 octobre 1979.
Avec : Christopher Lee (Dr Ian Mandeville), Joan Collins (Sarah Mandeville), Herbert Lom (Prescott), **Jane Birkin** (Alta), Robert Hardy (Edward/Andrew).

1974

Bons Baisers de Tarzan (TV)
Un téléfilm en trois épisodes de Pierre Desfons (France, 1974) / Genre : Comédie / Scénario : Gérard Jourd'hui / Diffusion : 4 décembre 1974.
Avec : **Jane Birkin** (Jeanne), Luis Rego (Tarzan/Louis Greystock), Gérard Jourd'hui (Stanley), Yona Friedman (Le sociologue), Francis Lacassin (Le spécialiste), Serge Gainsbourg (Le lieutenant d'Arnot), Michel Berger (Le chanteur).

Le Mouton enragé
Un film de Michel Deville (France – Italie, 1973) / Genre : Comédie dramatique / Scénario : Christopher Frank, d'après le roman éponyme de Roger Blondel / Musique : Camille Saint-Saëns / Photographie : Claude Lecomte / Production : Viaduc Productions / Distribution : Prodis / Durée : 105 minutes / Sortie : 13 mars 1974.
Avec : Jean-Louis Trintignant (Nicolas Mallet), Romy Schneider (Roberte Groult), Jean-Pierre Cassel (Claude Fabre), **Jane Birkin** (Marie-Paule Allard), Florinda Bolkan (Flora Danieli), Georges Wilson (Julien Lourceuil), Henri Garcin (Le député Berthoud), Michel Vitold (Georges Groult), Christine Boisson (La jeune fille chez Flora Danieli), Dominique Constanza (Sabine, nièce de Lourceuil).

Comment réussir dans la vie quand on est con et pleurnichard
Un film de Michel Audiard (France, 1973) / Genre : Comédie / Scénario : Michel Audiard et Jean-Marie Poiré, d'après une idée de Fred Kassak / Musique : Eddie Vartan / Photographie : Maurice Fellous / Production : Les Films du Jeudi / Distribution : Gaumont Distribution / Durée : 90 minutes / Sortie : 19 juin 1974.
Avec : Jean Carmet (Antoine Robinaud), Jean-Pierre Marielle (Gérard Malempin), Stéphane Audran (Cécile Malempin), **Jane Birkin** (Jane), Évelyne Buyle (Marie-Josée Mulot), Jean Rochefort (Foisnard), Daniel Prévost (Carducci), Michel Audiard (Un infirmier).

La moutarde me monte au nez !
Un film de Claude Zidi (France, 1974) / Genre : Comédie / Scénario : Claude Zidi et Michel Fabre / Musique : Vladimir Cosma / Photographie : Henri Decae / Production : Les Films Christian Fechner, Renn Productions, Les Films 7 / Distribution : AMLF / Durée : 90 minutes / Sortie : 8 octobre 1974.

Avec : Pierre Richard (Pierre Durois), **Jane Birkin** (Jackie Logan), Claude Piéplu (Docteur Hubert Durois), Jean Martin (Le proviseur), Danielle Minazzoli (Danielle), Julien Guiomar (Albert Renaudin), Henri Guybet (Patrick, le neveu d'Albert Renaudin).

1975

Sérieux comme le plaisir

Un film de Robert Benayoun (France, 1974) / Genre : Comédie dramatique / Scénario : Robert Benayoun et Jean-Claude Carrière / Musique : Michel Berger / Photographie : Jean Badal / Production : Dovidis, ORTF, Paris-Cannes / Distribution : Lugo Films, Artédis / Durée : 100 minutes / Sortie : 15 janvier 1975.

Avec : **Jane Birkin** (Ariane), Richard Leduc (Bruno), Georges Mansart (Patrick), Michael Lonsdale (Inspecteur Fournier), Jean-Luc Bideau (Le désespéré), Jacques Spiesser (L'homme au km 103), Andréa Ferréol (La dame en blanc), Jean-Claude Carrière (Le chef d'étage), Serge Gainsbourg (L'inconnu du parc).

La Course à l'échalote

Un film de Claude Zidi (France, 1975) / Genre : Comédie / Scénario et adaptation : Claude Zidi, Michel Fabre et Jean-Luc Voulfow / Musique : Vladimir Cosma / Photographie : Henri Decae / Production : Les Films Christian Fechner, Renn Productions, Hermes Synchron GmbH / Distribution : AMLF / Durée : 110 minutes / Sortie : 8 octobre 1975.

Avec : Pierre Richard (Pierre Vidal), **Jane Birkin** (Janet), Michel Aumont (Commissaire Brunet), Marc Doelsnitz (Marc), Amadeus August (Gunther), Henri Déus (Mike), Luis Rego (Frantz), Catherine Allégret (Nicole), André Bézu (André), Gérard Majax (Lui-même), Jean Bouchaud (Adjoint de Brunet).

Catherine & Cie

Un film de Michel Boisrond (France – Italie, 1975), d'après l'œuvre de Édouard de Segonzac (1963) / Genre : Comédie / Scénario : Catherine Breillat et Léo L. Fuchs / Musique : Vladimir Cosma / Photographie : Richard Suzuki / Production : Léo L. Fuchs / Distribution : Produzione Intercontinentale Cinematografica, Viaduc Productions / Durée : 100 minutes / Sortie : 22 octobre 1975.

Avec : **Jane Birkin** (Catherine), Patrick Dewaere (François), Jean-Claude Brialy (Guillaume), Mehdi El Glaoui (Thomas), Henri Garcin (Robert Grandin), Jean-Pierre Aumont (Le marquis de Puisargue), Jacques Legras (Un monsieur), Dora Doll (La mère de Catherine), Vittorio Caprioli (Moretti), Jean Barney (Bernard).

7 Morts sur ordonnance

Un film de Jacques Rouffio (France – Espagne – Allemagne, 1975) / Genre : Drame / Scénario : Georges Conchon / Musique : Philippe

Sarde / Photographie : Andréas Winding / Production : Belstar Productions, Films 669, Jet Films, TIT Film Produktion / Distribution : AMLF / Durée : 106 minutes / Sortie : 3 décembre 1975.

Avec : Michel Piccoli (Le docteur Losseray), Gérard Depardieu (Le docteur Jean-Pierre Berg), **Jane Birkin** (Mme Jane Berg), Pascal et Patricia Pellen (Les enfants du docteur et Mme Berg), Marina Vlady (Mme Losseray), Charles Vanel (Le professeur Brézé), Michel Auclair (Le docteur Mathy), Coline Serreau (Sonia, associée de Mme Losseray).

1976

Je t'aime moi non plus

Un film de Serge Gainsbourg (France, 1976) / Genre : Drame / Scénario : Serge Gainsbourg / Musique : Serge Gainsbourg / Photographie : Willy Kurant / Production : Président Films, Renn Productions / Distribution : AMLF / Durée : 83 minutes / Sortie : 10 mars 1976.

Avec : **Jane Birkin** (Johnny), Joe Dallesandro (Krassky), Hugues Quester (Padovan), Reinhard Kolldehoff (Boris), Gérard Depardieu (Le paysan), Jimmy Davis (Moïse), Michel Blanc (Un ouvrier).

Césars de la Meilleure musique écrite pour un film pour Serge Gainsbourg et du Meilleur son pour Antoine Bonfanti (1977).

Le Diable au cœur

Un film de Bernard Queysanne (France, 1975) / Genre : Drame / Scénario : Bernard Queysanne et Pierre-Jean Rémy / Musique : Laurent Petitgirard / Photographie : Bernard Zitzermann / Production : Dovidis, Société Nouvelle de Distribution / Distribution : Columbia Pictures, Warner Bros. Pictures / Durée : 105 minutes / Sortie : 28 mai 1976.

Avec : **Jane Birkin** (Linda), Jacques Spiesser (Éric), Philippe Lemaire (Monsieur Bouvier), Emmanuelle Riva (Madame Bouvier).

Bruciati da cocente passione (L'amour c'est quoi au juste ?)

Un film de Giorgio Capitani (Italie, 1976) / Genre : Comédie / Scénario : Nicola Badalucco et Luciano Vincenzoni / Musique : Piero Umiliani / Photographie : Roberto Gerardi / Production : Rizzoli Film / Distribution : Group 3 Distribution / Durée : 100 minutes / Sortie Italie : 12 août 1976.

Avec : **Jane Birkin** (Virginia Vismara), Aldo Maccione (Michele Vismara), Catherine Spaak (Milena Banotti), Cochi Pongoni (Casimirio Banotti).

1977

L'Animal

Un film de Claude Zidi (France, 1977) / Genre : Comédie / Scénario : Claude Zidi, Michel Audiard et Dominique Fabre / Musique : Vladimir Cosma / Photographie : Claude Renoir / Production : Cerito Films, Les Films Christian Fechner / Distribution : AMLF / Durée : 100 minutes / Sortie : 5 octobre 1977.

Avec : Jean-Paul Belmondo (Michel Gauché/Bruno Ferrari), Raquel Welch (Jane Gardner), Charles Gérard (Hyacinthe), Julien Guiomar (Fechner), Aldo Maccione (Sergio Campanese), Dany Saval (Doris), Raymond Gérôme (Le comte de Saint-Prix), Henri Génès (Camille, le patron du bistrot), **Jane Birkin** (La vedette féminine), Johnny Hallyday (La vedette masculine).

1978

Death on the Nile (Mort sur le Nil)

Un film de John Guillermin (Royaume-Uni, 1977) / Genre : Policier / Scénario : Anthony Shaffer, d'après le roman éponyme d'Agatha Christie (1937) / Musique : Nino Rota / Photographie : Jack Cardiff / Production : Mersham Productions / Distribution : EMI Films, Paramount Pictures, Parafrance / Durée : 140 minutes / Sortie États-Unis : 29 septembre 1978 / Sortie Royaume-Uni : 24 octobre 1978 / Sortie France : 27 octobre 1978.

Avec : Peter Ustinov (Hercule Poirot), David Niven (Colonel John Race), **Jane Birkin** (Louise Bourget), Lois Chiles (Linnet Ridgeway), Bette Davis (Madame Van Schuyler), Mia Farrow (Jacqueline de Bellefort), Jon Finch (Monsieur Jim Ferguson), Olivia Hussey (Rosalie Otterbourne), Angela Lansbury (Madame Salome Otterbourne), Maggie Smith (Miss Bowers).

1979

Au bout du bout du banc

Un film de Peter Kassovitz (France, 1978) / Genre : Comédie dramatique / Scénario : Peter Kassovitz et Elie Pressmann / Musique : Georges Moustaki / Photographie : Étienne Szabo / Production : Les Films de la Drouette, Les Films de la Tour / Distribution : PlanFilm / Durée : 105 minutes / Sortie : 6 juin 1979.

Avec : Victor Lanoux (Ben Oppenheim), **Jane Birkin** (Peggy), Georges Wilson (Elie Oppenheim), Mathieu Kassovitz (Mathias Oppenheim), Henri Crémieux (Isaac Oppenheim), Patrick Chesnais (Billy), Max Vialle (Alex), Yvonne Clech (Irène Boyer), Georges Staquet (M. Boyer), Florence Giorgetti (Brigitte), Odette Laure (L'employée de la poste), Stéphanie Lanoux (La fillette).

Melancholy Baby

Un film de Clarisse Gabus (France – Belgique – Suisse, 1979) / Genre : Romance / Scénario et dialogues : Clarisse Gabus, Daniel Jouanisson et André Puig / Musique : Serge Gainsbourg / Photographie : Charlie Van Damme / Production : Dimage, Luna Films, Cinévog Films, SSR-RTSI / Distribution : CFDC, UGC / Durée : 96 minutes / Sortie : 29 août 1979.

Avec : **Jane Birkin** (Olga), Jean-Louis Trintignant (Pierre), Jean-Luc Bideau (Claude), François Beukelaers (Laurent), Florence Giorgetti (Claire, l'amie d'Olga), Tom Gres (Antoine, le garçon de café).

La Miel

Un film de Pedro Masó (Espagne, 1979) / Genre: Drame / Scénario: Rafael Azcona et Pedro Masó / Musique: Juan Carlos Calderón / Photographie: Hans Burman / Production: Pedro Masó PC et Impala SA / Durée: 103 minutes / Sortie Espagne: 30 août 1979.

Avec: **Jane Birkin** (Inès), Agustin Gonzalez (Tenant), José Luis Lopez Vazquez (Don Agustin), Guillermo Marin (Don Jaime), Jorge Sanz (Paco), Amelia de la Torre (Amelia).

1981

La Fille prodigue

Un film de Jacques Doillon (France, 1980) / Genre: Drame / Scénario: Jacques Doillon / Photographie: Pierre Lhomme / Production: Les Productions de la Guéville / Distribution: Gaumont Distribution / Durée: 95 minutes / Sortie: 25 mars 1981.

Avec: **Jane Birkin** (Anne), Michel Piccoli (Le père), Natasha Parry (La mère), Eva Renzi (La fiancée), René Féret (Le mari), Audrey Matson (La sœur).

Rends-moi la clé!

Un film de Gérard Pirès (France 1980) / Genre: Comédie / Scénario: Nicole de Buron et Mathilde Péan / Musique: Patrick Juvet / Photographie: Gerry Fisher / Production: Polimaj, Selta Films / Distribution: Polimaj / Durée: 90 minutes / Sortie: 8 avril 1981.

Avec: **Jane Birkin** (Catherine), Jacques Dutronc (Nicolas Kervellec), Guy Marchand (Charlie), Roland Bertin (Bob), Nathalie Nell (Victoria Kervellec).

Egon Schiele Excess and Punishment (Egon Schiele, Enfer et passion)

Un film de Herbert Vesely (France – Autriche – Allemagne, 1980) / Genre: Drame / Scénario: Leo Tichat et Herbert Vesely / Musique: Brian Eno, Anton von Webern et Felix Mendelssohn Bartholdy / Photographie: Rudolf Blahacek / Production: Dieter Geissler et Robert Russ / Distribution: Cine Vox (RFA) / Durée: 95 minutes / Sortie Allemagne: 27 mai 1981.

Avec: Mathieu Carrière (Egon Schiele), **Jane Birkin** (Wally), Christine Kaufmann (Edith Harms-Schiele), Kristina van Eyck (Adele Harms), Nina Fallenstein (Tatjana), Marcel Ophüls (Dr Stovel), Robert Dietl (Benesch).

1982

Scarface (TV)

Un court-métrage de Serge Gainsbourg (France, 1982) / Genre: Drame / Scénario: Serge Gainsbourg, d'après le roman éponyme d'Armitage Trail (1929) / Musique: Serge Gainsbourg / Photographie: Bruno De Keyzer / Durée: 10 minutes / Diffusion: mars 1982 (FR3).

Avec : **Jane Birkin** (Cesca), Daniel Duval (Tony le balafré).
Réalisé dans le cadre de l'émission « Ciné Parade » de Claude Villiers et Patrick Godeau.

Nestor Burma, détective de choc
Un film de Jean-Luc Miesch (France, 1981) / Genre : Policier / Scénario et dialogues : Boris Bergman, Pierre Fabre, Jean-Luc Miesch, d'après le roman de Léo Malet *M'as-tu vu en cadavre ?* (1956) / Musique : Alain Bashung et Boris Bergman / Photographie : Jean-Claude Rivière / Production : Zénith Production, FR3 / Distribution : Prodis / Durée : 90 minutes / Sortie : 14 avril 1982.
Avec : Michel Serrault (Nestor Burma), **Jane Birkin** (Hélène Chatelain, la secrétaire de Nestor), Guy Marchand (Marc Covet), Alain Bashung (Bo Craddock), Pierre Arditi (Lecuyer), Elizabeth Bourgine (Gin), Michel Robin (Le commissaire Florimond Faroux), Léo Malet (Le vendeur de journaux).

Evil Under the Sun (Meurtre au soleil)
Un film de Guy Hamilton (Royaume-Uni, 1981) / Genre : Policier / Scénario : Anthony Shaffer, d'après le roman *Les Vacances d'Hercule Poirot* d'Agatha Christie (1941) / Musique : Cole Porter / Photographie : Christopher Challis / Production : EMI Films, Titan Productions et Mersham Productions Ltd. / Distribution : AMLF / Durée : 117 minutes / Sortie UK : 12 février 1982 / Sortie France : 21 avril 1982.
Avec : Peter Ustinov (Hercule Poirot), **Jane Birkin** (Christine Redfern), Colin Blakely (Sir Horace Blatt), Nicholas Clay (Patrick Redfern/Felix Ruber), James Mason (Octave Gardener), Roddy McDowall (Rex Brewster), Sylvia Miles (Myriam Gardener), Denis Quilley (Capitaine Kenneth Marshall), Diana Rigg (Arlena Stuart Marshall).

1983
L'Ami de Vincent
Un film de Pierre Granier-Deferre (France, 1983) / Genre : Drame / Scénario : Christopher Frank, Pierre Granier-Deferre et Jean-Marc Roberts, d'après le roman éponyme de ce dernier (1982) / Musique : Philippe Sarde / Photographie : Étienne Becker / Production : Films A2, Sara Films et T. Films / Distribution : AMLF / Durée : 93 minutes / Sortie : 28 septembre 1983.
Avec : Philippe Noiret (Albert Palm), Jean Rochefort (Vincent Lamar), Françoise Fabian (Dominique, la femme d'Albert), Fanny Cottençon (Nathalie), Marie Dubois (Marion Schuster), Marie-France Pisier (Milena, la femme de Spencer), Anna Karina (Éléonore), **Jane Birkin** (Marie-Pierre), Pierre Vernier (Gérard André, remplaçant de Vincent).

Circulez, y'a rien à voir!

Un film de Patrice Leconte (France, 1982) / Genre: Comédie / Scénario: Patrice Leconte et Martin Veyron / Musique: Jean-Philippe Goude et Ramon Pipin / Photographie: Robert Fraisse / Production: Les Films A2, Les Films Christian Fechner / Distribution: AMLF / Durée: 84 minutes / Sortie: 20 avril 1983.

Avec: Michel Blanc (L'inspecteur Leroux), **Jane Birkin** (Hélène Duvernet), Jacques Villeret (L'inspecteur Pelissier), Michel Robbe (Marc), Gaëlle Legrand (Martine, la petite amie de Leroux), Martin Lamotte (Le cuisinier blagueur), Luis Rego (Reska), Ticky Holgado (Le planton).

1984

Le Garde du corps

Un film de François Leterrier (France, 1984) / Genre: Comédie / Scénario: Didier Kaminka et François Leterrier / Musique: Jean-Pierre Sabar / Photographie: Jean-Paul Meurisse et Eduardo Serra / Production: Top n° 1, UGC, Uranium Films / Distribution: UGC / Durée: 100 minutes / Sortie: 15 février 1984.

Avec: **Jane Birkin** (Barbara Penning), Gérard Jugnot (Paul Domec), Sami Frey (Julien Duchemin), Didier Kaminka (André), Nicole Jamet (Claudine), Évelyne Didi (Jocelyne), Daniel Langlet (François), Élisa Servier (Catherine), Jacqueline Doyen (Yvette Domec, la mère de Paul), François Siener (Martial), Flore Fitzgerald (Sara), Simone Rocher (Huguette), Jacques Mahou (Le gardien du parc), Dorothée Picard (La vieille fille), Daniel Vérité (Le chef cuisinier).

La Pirate

Un film de Jacques Doillon (France, 1984) / Genre: Drame / Scénario: Jacques Doillon / Musique: Philippe Sarde / Photographie: Bruno Nuytten / Production: F.L.F., Lola Films et Tango Film / Distribution: AMLF / Durée: 88 minutes / Sortie: 23 mai 1984.

Avec: **Jane Birkin** (Alma), Maruschka Detmers (Carole), Philippe Léotard (N° 5), Andrew Birkin (Andrew, le mari), Michael Stevens (Concierge de l'hôtel), Laure Marsac (L'enfant), Didier Chambragne (Le coursier), Arsène Altmeyer (Le taxi).

L'Amour par terre

Un film de Jacques Rivette (France, 1984) / Genre: Comédie dramatique / Scénario: Pascal Bonitzer, Marilù Parolini, Jacques Rivette et Suzanne Schiffman / Photographie: William Lubtchansky / Production: La Cécilia / Distribution: Gaumont / Durée: 125 minutes, 170 minutes (DVD, 2002) / Sortie: 17 octobre 1984.

Avec: **Jane Birkin** (Emily), Geraldine Chaplin (Charlotte), André Dussollier (Paul), Jean-Pierre Kalfon (Clément Roquemaure), Facundo Bo (Silvano), Laszlo Szabo (Virgil), Isabelle Linnartz (Béatrice), Sandra Montaigu (Éléonore), Eva Roelens (Adriana/Justine).

1985

Dust

Un film de Marion Hänsel (France – Belgique, 1984) / Genre : Drame / Scénario : Marion Hänsel, d'après le roman de J.M. Coetzee *In the Heart of the Country* (1976) / Musique : Martin St. Pierre / Photographie : Walther van den Ende / Production : Daska Films, Flach Films, FR3 Cinéma, Man's Films / Distribution : 20th Century Fox Corporation / Durée : 87 minutes / Sortie : 11 septembre 1985.

Avec : **Jane Birkin** (Magda), Trevor Howard (Le père), John Matshikiza (Hendrick), Nadine Uwampa (Anna jeune), Lourdes Christina Sayo (Anna adulte), René Diaz (Jacob), Tom Vrebus (Piet).

Lion d'Argent de la Révélation, 42e Mostra de Venise, pour Marion Hänsel / Prix Joseph-Plateau (Belgique) pour Walther van den Ende.

Beethoven's Nephew (Le Neveu de Beethoven)

Un film de Paul Morrissey (France – Allemagne, 1985) / Genre : Drame / Scénario : Mathieu Carrière et Paul Morrissey / Musique : Ludwig van Beethoven / Photographie : Hanus Polak / Production : Orfilm / Distribution : New World Pictures / Durée : 103 minutes / Sortie : 18 septembre 1985.

Avec : Wolfgang Reichmann (Ludwig Van Beethoven), Dietmar Prinz (Karl), **Jane Birkin** (Johanna), Nathalie Baye (Leonore), Mathieu Carrière (Archiduc Rodolphe), Ulrich Berr (Schindler), Erna Korhel (Marie), Pieter Daniel (Holz), Yelena Rostropovich (Comtesse Erdody).

Leave All Fair (Souvenirs secrets)

Un film de John Reid (Nouvelle-Zélande – France, 1984) / Genre : Drame / Scénario : Jean Betts, Stanley Harper, Maurice Pons et John Reid / Musique : Stephen McCurdy / Photographie : Bernard Lutic / Production : Pacific Films / Distribution : CDA / Durée : 90 minutes / Sortie États-Unis : octobre 1985 / Sortie France : 4 juin 1986.

Avec John Gielgud (John Middleton Murry), **Jane Birkin** (Marie Taylor/ Katherine Mansfield), Feodor Atkine (André de Sarry), Simon Ward (John jeune), Louba Guertchikoff (Lisa), Maurice Chevit (Alain), Mireille Alcantara (Violetta), Léonard Pezzino (Alfredo).

1986

La Femme de ma vie

Un film de Régis Wargnier (France, 1986) / Genre : Drame / Scénario et dialogues : Régis Wargnier, Catherine Cohen et Alain Le Henry / Musique : Romano Musumarra / Photographie : François Catonné / Production : Odessa Films, TF1 Films Production / Distribution : UGC / Durée : 102 minutes / Sortie : 8 octobre 1986.

Avec : Christophe Malavoy (Simon), **Jane Birkin** (Laura), Jean-Louis Trintignant (Pierre), Béatrice Agenin (Marion), Andrzej Seweryn (Bernard), Didier Sandre (Xavier), Dominique Blanc (Sylvia), Jacques

Mercier (Jacques, chef d'orchestre), Elsa Lunghini (Eloïse), Florent Pagny (Serge), Nada Strancar (Nathalie), Jeremy Paris (Étienne), Grégory Bismuth (Benoît).
César de la Meilleure première œuvre pour Régis Wargnier (1987).

1987
Comédie!
Un film de Jacques Doillon (France, 1987) / Genre: Drame / Scénario: Jacques Doillon, Denis Ferraris et Jean-François Goyet / Musique: Philippe Sarde (la chanson « Comédie » est interprétée en duo par Jane Birkin et Alain Souchon) / Photographie: William Lubtchansky / Production: Sara Films / Distribution: CDF Films, Sara Films / Durée: 82 minutes / Sortie: 23 septembre 1987.
Avec: **Jane Birkin** (Elle), Alain Souchon (Lui).

Soigne ta droite
Un film de Jean-Luc Godard (France, 1987) / Genre: Drame / Scénario: Jean-Luc Godard / Musique: Rita Mitsouko / Photographie: Caroline Champetier / Production: JLG Films, French Productions, Xanadu Film AG, RTS / Distribution: Gaumont / Durée: 82 minutes / Sortie: 30 décembre 1987.
Avec: **Jane Birkin** (La cigale), Dominique Lavanant (La femme de l'amiral), Pauline Lafont (La golfeuse), Eva Darlan (La passagère), Isabelle Sadoyan (La grand-mère), Jacques Villeret (L'individu), François Périer (L'homme), Michel Galabru (L'amiral), Jean-Luc Godard (L'idiot et le prince).
Prix Louis-Delluc 1987.

1988
Jane B. par Agnès V.
Un film d'Agnès Varda (Français, 1987) / Genre: Biographie, documentaire / Scénario: Agnès Varda / Musique: Serge Gainsbourg, Harry Manfredini et Frédéric Chopin / Photographie: Nurit Aviv et Pierre-Laurent Chénieux / Production: Ciné Tamaris, La Sept Cinéma / Distribution: Capital Cinéma / Durée: 105 minutes / Sortie: 2 mars 1988.
Avec: **Jane Birkin** (Calamity Jane/Claude Jade/Jeanne d'Arc), Jean-Pierre Léaud (L'amoureux colérique), Philippe Léotard (Le peintre/meurtrier), Farid Chopel (Le colonial), Alain Souchon (Le lecteur de Verlaine), Serge Gainsbourg (Lui-même), Laura Betty (Lardy), Charlotte Gainsbourg (La fille de J.), Mathieu Demy (Le fils de A.), Agnès Varda (Elle-même).

Kung-fu Master
Un film d'Agnès Varda (France, 1987) / Genre: Drame / Scénario: Agnès Varda, d'après un récit de Jane Birkin / Musique: Joanna Bruzdowicz et

Rita Mitsouko / Photographie : Pierre-Laurent Chenieux / Production : Ciné Tamaris, La Sept Cinéma / Distribution : Capital Cinéma / Durée : 78 minutes / Sortie : 9 mars 1988.
Avec : **Jane Birkin** (Mary-Jane), Mathieu Demy (Julien), Charlotte Gainsbourg (Lucy), Lou Doillon (Lou).

Mer de Chine : Le Pays pour mémoire (série « Médecins des hommes ») (TV)
Un téléfilm de Jacques Perrin (France, 1988) / Genre : Drame / Scénario : Pierre Dumayet et Jacques Perrin / Durée : 90 minutes / Diffusion : 8 septembre 1988.
Avec : **Jane Birkin** (Joy), Jacques Perrin (Julien), Jean-François Balmer (Marc), Samuel Fuller (Le capitaine américain), Thang-Long (Kan).

1990
Daddy Nostalgie
Un film de Bertrand Tavernier (France, 1989) / Genre : Drame, Fiction / Scénario : Colo Tavernier et Bertrand Tavernier / Musique : Antoine Duhamel / Photographie : Denis Lenoir / Production : Cléa Productions, Little Bear, Solyfic, Eurisma / Distribution : UGC / Durée : 105 minutes / Sortie : 5 septembre 1990.
Avec : **Jane Birkin** (Caroline), Dirk Bogarde (Daddy), Odette Laure (Miche), Emmanuelle Bataille (Juliette), Charlotte Kady (Barbara), Michèle Minns (Caroline enfant), Sophie Dalezio (Infirmière), Sylvie Segalas (Infirmière), Hélène Lefumat (Patiente).
Prix du Meilleur acteur pour Dirk Bogarde au Festival de Valladolid.

1991
La Belle Noiseuse
Un film de Jacques Rivette (France, 1990) / Genre : Drame / Scénario : Pascal Bonitzer, Christine Laurent et Jacques Rivette, inspiré du roman *Le Chef-d'œuvre inconnu* d'Honoré de Balzac (1831) / Musique : Igor Stravinski / Photographie : William Lubtchansky / Production et distribution : Pierre Grise Productions / Durée : 240 minutes / Sortie : 4 septembre 1991.
Avec : Michel Piccoli (Édouard Frenhofer), **Jane Birkin** (Liz), Emmanuelle Béart (Marianne), Marianne Denicourt (Julienne), David Bursztein (Nicolas), Gilles Arbona (Porbus), Marie Belluc (Magali), Marie-Claude Roger (Françoise), Leïla Remili (La servante), Bernard Dufou (La main du peintre).
Grand Prix du jury du Festival de Cannes 1991 / Grand Prix 1991 de l'UPCB/ UBFP (Union de la presse cinématographique belge).

Red Fox (TV)
Mini-série télévisée de Ian Toynton (Royaume-Uni, 1991), diffusée aux États-Unis sous le titre *The Harrison Affair* / Genre : Policier / Scénario :

James McManus et Gerald Seymour, d'après le roman éponyme de Gerald Seymour (1979) / Photographie : Ray Parslow / Production : Celtic Films / Durée : 150 minutes (version film).

Avec : **Jane Birkin** (Violet Harrison), John Hurt (Archie Carpenter), Didier Flamand (Paul De Vigny), François Négret (Louis), Brian Cox (Geoffrey Harrison), David Savile (Anatole), Michael Thomas (Sir David Adams), Corinne Touzet (Justine).

1995

Les Cent et Une Nuits de Simon Cinéma

Un film d'Agnès Varda (France – Royaume-Uni, 1994) / Genre : Comédie / Scénario : Agnès Varda / Musique : Gérard Presgurvic / Photographie : Éric Gautier / Production : France 3 Cinéma, Ciné Tamaris, Recorded Picture Company / Distribution : 20th Century Fox Corporation / Durée : 101 minutes / Sortie : 25 janvier 1995.

Avec : Michel Piccoli (Simon Cinéma), Marcello Mastroianni (L'ami italien), Henri Garcin (Firmin, le majordome), Julie Gayet (Camille Miralis), Mathieu Demy (Camille, dit Mica), Jean-Paul Belmondo (Professeur Bébel), Alain Delon (Lui-même), Catherine Deneuve (La star-fantasme), Robert De Niro (Le mari de la star-fantasme en croisière), Harrison Ford (Lui-même), **Jane Birkin** (Celle qui dit : « radin »).

Noir comme le souvenir

Un film de Jean-Pierre Mocky (France, 1994) / Genre : Policier / Scénario : Jean-Pierre Mocky et André Ruellan / Musique : Gabriel Yared / Photographie : Edmond Richard / Production : Odessa Films, France 2 Cinéma, M6 Films, Les Productions JMH, Bioskop Film GmbH, Koala Films / Distribution : Eurozoom, Odessa Films / Durée : 92 minutes / Sortie : 9 août 1995.

Avec : **Jane Birkin** (Caroline), Sabine Azéma (Lucy), Jean-François Stévenin (Commissaire Vasseur), Benoît Régent (Dr David Wahl) (décédé à la fin du tournage), Matthias Habich (Chris Corday), Vanessa Larré (Tina), Alain Fourès (Guillaume).

Li (Between the Devil and the Deep Blue Sea)

Un film de Marion Hänsel (Belgique – France – Royaume-Uni, 1994) / Genre : Drame / Scénario : Marion Hänsel, Nikos Kavvadias et Louis Gropierre / Musique : Wim Mertens / Photographie : Bertrand Lutic / Production : BRTN Fictie, Flanders Film Fund, Fonds Eurimages du Conseil de l'Europe, Loterie Nationale de Belgique, Man's Films, Mark Fostater Productions Ltd, Ministère de la Communauté Française de Belgique, Ministère de la Culture, RTBF, StudioCanal, Tchin Tchin Productions / Distribution : Caro-Line / Durée : 92 minutes. Sortie : 21 janvier 1996 (présenté au Festival de Cannes en mai 1995).

Avec: Stephen Rea (Nikos), Ling Chu (Li), Adrian Brine (Le capitaine), Maka Kotto (Le marin africain), Mischa Aznavour (Le jeune marin), Koon-Lan Law (La maman de Li), **Jane Birkin** (L'ex-amie de Nikos (voix)).

1997

On connaît la chanson

Un film d'Alain Resnais (France, 1997) / Genre: Comédie dramatique / Scénario: Agnès Jaoui et Jean-Pierre Bacri / Musique: Bruno Fontaine / Photographie: Renato Berta / Production: Arena Films, Camera One, France 2 Cinéma, Greenpoint Films, Vega Films / Distribution: Alia Films / Durée: 120 minutes / Sortie: 12 novembre 1997.

Avec: André Dussolier (Simon), Sabine Azéma (Odile Lalande), Agnès Jaoui (Camille), Jean-Pierre Bacri (Nicolas), Lambert Wilson (Marc Duveyrier), Pierre Arditi (Claude Lalande), **Jane Birkin** (Jane, la femme de Nicolas), Jean-Paul Roussillon (Le père d'Odile et de Camille), Jean-Chrétien Sibertin-Blanc (Le grand-père renversé).

Césars 1998: Meilleur film, Meilleur scénario original, Meilleur acteur dans un second rôle (Jean-Pierre Bacri), Meilleure actrice dans un second rôle (Agnès Jaoui), Meilleur son (Pierre Lenoir, Jean-Pierre Laforce et Michel Klochendler), Meilleur montage (Hervé de Luze).

Quand le chat sourit (TV)

Un téléfilm de Sabine Azéma (France, 1997) / Genre: Documentaire / Scénario: Sabine Azéma, en référence à l'univers original de Lewis Carroll / Photographie: Alain Choquart / Durée: 60 minutes / Diffusion: 30 décembre 1997 (dans le cadre de la soirée thématique «Alice au pays des merveilles», Arte).

Avec: Sabine Azéma, Pierre Arditi, **Jane Birkin**, André Dussollier, Alain Resnais, Lambert Wilson, Claudie-Andrée Deshayes, Bertrand Tavernier, Marie Mercie.

1998

A Soldier's Daughter Never Cries (La fille d'un soldat ne pleure jamais)

Un film de James Ivory (Royaume-Uni – France – États-Unis, 1997) / Genre: Drame / Scénario: James Ivory et Ruth Prawer Jhabvala, d'après le roman éponyme de Kaylie Jones (1990) / Musique: Richard Robbins / Photographie: Jean-Marc Fabre / Production: Merchant Ivory Productions, October Films, Capitol Films, British Screen Productions / Distribution: October Films, UGC-Fox Distribution, City Screen / Durée: 125 minutes / Sortie: 13 septembre 1998 (présenté au Festival de Deauville).

Avec: Kris Kristofferson (Bill Willis), Barbara Hershey (Marcella Willis), Leelee Sobieski (Charlotte Anne «Channe» Willis jeune), **Jane Birkin**

(Mrs Fortescue), Dominique Blanc (Candida), Isaac De Bankolé (Mamadou), Macha Méril (Madame Beauvier), Nathalie Richard (Mademoiselle Fournier), Michelle Fairley (Miss O'Shaunessy).

1999

The Last September

Un film de Deborah Warner (Royaume-Uni – Irlande – France, 1998) / Genre : Drame / Scénario : John Banville, d'après le roman éponyme d'Elizabeth Bowen (1929) / Musique : Zbigniew Preisner / Photographie : Slawomir Idziak / Production : BSkyB, British Screen Productions, Bord Scannanna hEireann, IMA Productions, Le Studio Canal +, Matrix Films, RTE / Distribution : Trimark Pictures, UGC DA International / Durée : 100 minutes / Sortie : 23 août 2000 (présenté le 16 mai 1999 au Festival de Cannes).

Avec : Michael Gambon (Sir Richard Naylor), Tim Hickey (O'Brien), Keeley Hawes (Lois Farquar), David Tennant (Capitaine Gerald Colthurst), Richard Roxburgh (Capitaine Daventry), Maggie Smith (Lady Myra Naylor), Lambert Wilson (Hugo Montmorency), **Jane Birkin** (Francie Montmorency), Gary Lydon (Peter Connolly), Fiona Shaw (Marda Norton), Emily Nagle (Livvy Connolly).

2001

Ceci est mon corps

Un film de Rodolphe Marconi (France, 2000) / Genre : Drame / Scénario : Rodolphe Marconi et Gilles Taurand / Musique : Niko Bikialo / Photographie : Carlo Varini / Production : Gémini Films / Distribution : Gémini Films / Durée : 87 minutes / Sortie : 29 août 2001.

Avec : Louis Garrel (Antoine), **Jane Birkin** (Louise Vernet), Élisabeth Depardieu (Christiane), Mélanie Laurent (Clara), Didier Flamand (Gabriel), Annie Girardot (Mamie), Cédric Delsaux (Frédéric), Didier Bezace (Joël), Lila Salet (Valentine), Renaud Chabrier (Le danseur).

Reines d'un jour

Un film de Marion Vernoux (France, 2000) / Genre : Comédie dramatique / Scénario : Nathalie Kristy et Marion Vernoux / Musique : Alexandre Desplat / Photographie : Dominique Colin / Production : ADR Productions / Distribution : Pyramide Distribution / Durée : 96 minutes / Sortie : 24 octobre 2001.

Avec : Karin Viard (Hortense Lassalle), Hélène Fillières (Marie Larue), Victor Lanoux (Maurice Degombert), **Jane Birkin** (Jane), Sergi Lopez (Luis Del Sol), Clémentine Célarié (Michèle), Gilbert Melki (Shermann), Melvil Poupaud (Ben), Évelyne Buyle (Évelyne).

Cinderella (Cendrillon Rhapsodie) (TV)

Téléfilm de Beeban Kidron (Royaume-Uni, 2000) / Genre: Romance / Scénario: Nick Dear / Musique: Jaz Coleman / Photographie: Aleksei Rodionov / Durée: 90 minutes / Diffusion Royaume-Uni: 1er janvier 2000.

Avec: Kathleen Turner (Claudette), Katrin Cartlidge (Goneril), David Warner (Martin), **Jane Birkin** (Mab), Lucy Punch (Regan), Leslie Phillips (Felim), Sharon Maughan (La reine Seraphina), Gideon Turner (Le prince Valiant), Marcella Plunkett (Cendrillon).

2002

Merci... Docteur Rey!

Un film d'Andrew Litvack (France – États-Unis, 2001) / Genre: Comédie / Scénario: Andrew Litvack / Musique: Geoffrey Alexander / Photographie: Laurent Machuel / Production: Merchant Ivory Productions, Eat Your Soup Productions / Distribution: Pan-Européenne / Durée: 90 minutes / Sortie: 3 décembre 2003 (présenté le 13 octobre 2002 au Mill Valley Film Festival, le 31 mars 2003 au Festival Paris Cinéma et le 17 mai 2003 au Festival de Cannes).

Avec: Stanislas Merhar (Thomas Beaumont), Dianne Wiest (Élisabeth Beaumont), **Jane Birkin** (Pénélope), Bulle Ogier (Claude Sabrié), Didier Flamand (Le détective), Roschdy Zem (Le chauffeur de taxi), Vanessa Redgrave (Elle-même).

2003

Mariées mais pas trop

Un film de Catherine Corsini (France – Belgique, 2002) / Genre: Comédie / Scénario: Philippe Blasband, Christophe Morand et Catherine Corsini / Musique: Krishna Levy / Photographie: Jeanne Lapoirie / Production: Les Films Pelléas / Distribution: Mars Distribution / Durée: 105 minutes / Sortie: 9 juillet 2003.

Avec: **Jane Birkin** (Renée), Émilie Dequenne (Laurence Milcaux), Pierre Richard (Alexis Dervin), Clovis Cornillac (Alexis Dervin), Jérémie Elkaïm (Thomas), Laurent Grévil (Jean-Daniel), Amira Casar (Claudia), Jean-Luc Gaget (Monsieur Granget).

2006

Les Aventuriers des mers du Sud (TV)

Un téléfilm en deux parties de Daniel Vigne (France, 2006) / Genre: Aventure, drame / Scénario et dialogues: Jean-Claude Baillon, Jean-François Goyet, Michel Le Bris et Daniel Vigne / Musique: Michel Portal / Durée: 96 minutes + 101 minutes / Diffusion: 14 avril 2006.

Avec: Stéphane Freiss (Robert Louis Stevenson), **Jane Birkin** (Fanny Stevenson), Geraldine Chaplin (Maggie), Karine Belly (Lady Jersey),

Stéphane Medez ((Lloyd), John Potini (Lafaele), Maria Teresa Carrasco (Belle), Emmanuel Galvan (Austin), Pabblo Guevera (Joe), Jim Viviere (Mataada), Roger Fuaaletoelau (Tamasese).

2007

Boxes (Les Boîtes)

Un film de **Jane Birkin** (France, 2006) / Genre : Drame / Scénario : Jane Birkin / Musique : Frank Eulry / Photographie : François Catonné / Production : Les Films de la Croisade / Distribution : Pyramide Distribution / Durée : 95 minutes / Sortie : 6 juin 2007.

Avec : Geraldine Chaplin (Maman), Michel Piccoli (Papa), **Jane Birkin** (Anna), Natacha Régnier (Fanny), Lou Doillon (Camille), Adèle Exarchopoulos (Lilli), John Hurt (Le père de Fanny), Tchéky Karyo (Jean), Annie Girardot (Joséphine).

La Tête de maman

Un film de Carine Tardieu (France, 2006) / Genre : Comédie dramatique / Scénario : Michel Leclerc et Carine Tardieu / Musique : Éric Neveux / Photographie : Aurélien Devaux / Production : Nord-Ouest Films / Distribution : UGC / Durée : 95 minutes / Sortie : 28 mars 2007.

Avec : Karin Viard (Juliette “Juju” Gotchac), Chloé Coulloud (Lucille “Lulu” Gotchac), Kad Merad (Jacques Charlot), Pascal Elbé (Antoine Gotchac), **Jane Birkin** (Jane), Sarah Cohen-Hadria (Clara), Suzy Falk (Mamie), Jérôme Kircher (Frédéric “Fred” Pénéard).

2008

Bunker

Un court-métrage de Manuel Schapira (France, 2008) / Genre : Drame / Scénario : Manuel Schapira, Louis Compoint et Noémie de Lapparent / Musique : Martin Rappeneau / Photographie : Antoine Monod / Production : Les Films au Long Cours / Distribution : La Mer à Boire Productions / Durée : 22 minutes.

Avec : Jacky Ido (Bunker), Arly Jover, **Jane Birkin**, Candide Sanchez.

Prix d’interprétation masculine pour Jacky Ido, Festival de Clermont-Ferrand, 2009.

Les Plages d’Agnès

Un film d’Agnès Varda (France, 2008) / Genre : film biographique, documentaire / Scénario : Agnès Varda / Musique : Joanna Bruzdowicz, Stéphane Vilar, Paul Cornet / Photographie : Agnès Varda, Hélène Louvart, Alain Sakot, Arlene Nelson, Julia Fabry, Jean-Baptiste Morin / Production : Ciné-Tamaris (France), Arte France Cinéma / Distribution : Les Films du Losange / Durée : 110 minutes / Sortie : 17 décembre 2008 (présenté le 3 septembre 2008 à la Mostra de Venise et le 10 septembre 2008 au Festival international du film de Toronto).

Avec (dans leurs propres rôles) : Agnès Varda, Jacques Demy (images d'archives), Mathieu Demy, Rosalie Varda, **Jane Birkin** (Elle-même / La croupière), Yolande Moreau, Andrée Vilar, Christophe Vilar, Stéphane Vilar, Patricia Knop (Elle-même).

Prix Méliès 2008 : prix de la critique du Meilleur film français à Agnès Varda / César du Meilleur film documentaire 2009 / Étoiles d'or du documentaire français à Agnès Varda (2009) / Los Angeles Film Critics Association Awards 2009 : prix du Film documentaire de non-fiction / Chlotrudis Award du Meilleur film documentaire (2009) / National Society of Film Critics Awards 2009 : prix du Meilleur film documentaire.

2009

36 vues du pic Saint-Loup

Un film de Jacques Rivette (France – Italie, 2008) / Genre : Comédie dramatique / Scénario : Jacques Rivette, Pascal Bonitzer, Christine Laurent et Sergio Castellitto / Musique : Pierre Allio / Photographie : Irina Lubtchansky / Production : Pierre Grise Productions, France 2 Cinéma, RAI Cinema, Alien Produzioni / Distribution : Les Films du Losange / Durée : 84 minutes / Sortie : 9 septembre 2009.

Avec : **Jane Birkin** (Kate), Sergio Castellitto (Vittorio), André Marcon (Alexandre), Jacques Bonnaffé (Marlo), Julie-Marie Parmentier (Clémence), Hélène de Vallombreuse (Margot), Tintin Orsoni (Wilfrid), Vimala Pons (Barbara), Mikaël Gaspar (Tom), Stéphane Laisné (Stéphane).

2010

Thelma, Louise et Chantal

Un film de Benoît Pétré (France, 2009) / Genre : Comédie / Scénario : Benoît Pétré / Musique : Keren Ann / Photographie : Stephan Massis / Production : La Fabrique 2 / Distribution : La Fabrique de films / Durée : 90 minutes / Sortie : 3 mars 2010 (présenté au Festival International du Film de Comédie de L'Alpe-d'Huez le 20 janvier 2010).

Avec : **Jane Birkin** (Nelly), Caroline Cellier (Gabrielle), Catherine Jacob (Chantal), Thierry Lhermitte (Philippe), Arié Elmaleh (Nicolas), Michèle Bernier (Jocelyne), Alysson Paradis (Élisa), Sébastien Huberdeau (Mathieu), Micheline Presle (Huguette), Benoît Pétré (Hugo), Joséphine de Meaux (Sophie), Stéphane Metzger (Bruno).

2011

Si tu meurs, je te tue

Un film de Hiner Saleem (France, 2010) / Genre : Comédie dramatique / Scénario : Hiner Saleem / Musique : Bruno Bertoli / Photographie : Manuel Teran / Production : Mact Productions / Distribution : Océan Films, Roissy Films / Durée : 90 minutes / Sortie : 23 mars 2011.

Avec : Jonathan Zaccaï (Philippe), Golshifteh Farahani (Siba), Mylène Demongeot (Geneviève), Özz Nüjen (Mihyedin), Maurice Bénichou

(L'employé municipal), **Jane Birkin** (Louise), Xavier Laurent (Un homme de main au bar).
« Coup de cœur » du Festival du film de Cabourg 2011.

Hiver rouge (TV)
Un téléfilm de Xavier Durringer (France, 2011) / Genre : Policier / Scénario : Gianguido Spinelli et Gilda Piersanti, d'après le polar de Gilda Piersanti *Rouge Abattoir* (2003) / Musique : Siegfried / Photographie : Manuel Téran / Production : France 2, Astharté et Compagnie, TV5 Monde / Distribution : France 2 / Durée : 90 minutes / Diffusion sur France 2 : 6 janvier 2012.
Avec : Patrick Chesnais (Le commissaire Rousseau), Camille Panonacle (Mariella De Luca), **Jane Birkin** (Lili Rousseau), Brigitte Catillon (Françoise Berthier), Grégory Fitoussi (Fabrice Berthier), Gérald Laroche (Roubaix), Thomas Coumlans (David Fauvet), Michel Bompoil (Le procureur François Montalembert), Christiane Millet (Delphine Fauvet), Vincent Jouan (Cortez).
Prix de la Meilleure musique au Festival de la fiction TV de La Rochelle 2011.

2012
Venuto al mondo (Venir au monde)
Un film de Sergio Castellitto (Italie – Espagne, 2011) / Genre : Drame / Scénario : Sergio Castellitto et Margaret Mazzantini, d'après le roman époonyme de cette dernière (2008) / Musique : Eduardo Cruz / Photographie : Gianfilippo Corticelli / Production : Medusa Film, Picomedia, Alien Produzioni, Telecinco Cinema, Mod Producciones et Ziva Produkcija / Distribution : Medusa Film / Durée : 127 minutes / Sortie Canada : 13 septembre 2012 / Sortie France : 20 mai 2013 (DVD – inédit en salles en France).
Avec : Emile Hirsch (Diego), Penélope Cruz (Gemma), Pietro Castellitto (Pietro), Mira Furlan (Velida), **Jane Birkin** (La psychologue), Sergio Castellitto (Giuliano).

Bleu catacombes (TV)
Un téléfilm de Charlotte Brandstrom (France, 2013) / Genre : Thriller / Scénario : Gianguido Spinelli et Gilda Piersanti, d'après l'œuvre éponyme de Gilda Piersanti (2007) / Musique : Frans Bak / Photographie : Pascal Gennesseaux / Production : France 2, Astharté et Compagnie, TV5 Monde / Distribution : France 2 / Durée : 96 minutes / Diffusion sur France 2 : 31 janvier 2014.
Avec : Patrick Chesnais (Le commissaire Rousseau), Camille Panonacle (Mariella De Luca), **Jane Birkin** (Lili Rousseau), Ludmila Mikaël (Lydia Müller), Ruth Vega Fernandez (Cathy Grosjean), Michel Bompoil (Le procureur François Montalembert), Gaëlle Bona (Eva Lebouc).

2013

Nugu-ui ttal-do anin Hae-won (Haewon et les hommes)

Un film de Sang-soo Hong (Corée du Sud, 2013) / Genre: Drame / Scénario: Sang-soo Hong / Musique: Yong-jin Jeong / Photographie: Hyung-kuy Kim et Hong-yeol Park / Production: Jeonwonsa Film Co. / Distribution: Les Acacias / Durée: 90 minutes / Sortie: 16 octobre 2013.

Avec: Jeong Eun-Chae (Haewon), Sun-kyun Lee (Seongjun), Joon-sang Yoo (Jungshik), **Jane Birkin** (Elle-même).

Quai d'Orsay

Un film de Bertrand Tavernier (France, 2012) / Genre: Politique-fiction / Scénario: Bertrand Tavernier, Antonin Baudry et Christophe Blain, adapté de la bande dessinée homonyme de Christophe Blain et Abel Lanzac (2013) / Musique: Philippe Sarde / Photographie: Jérôme Alméras / Production: Little Bear, Pathé, France 2 Cinéma, CN2 Productions, Alvy Développement / Distribution: Pathé Distribution / Durée: 114 minutes / Sortie: 6 novembre 2013.

Avec: Thierry Lhermitte (Alexandre Taillard de Worms), Raphaël Personnaz (Arthur Vlaminck), Niels Arestrup (Claude Maupas), Bruno Raffaelli (Stéphane Cahut), Julie Gayet (Valérie Dumontheil), Anaïs Demoustier (Marina), Thierry Frémont (Guillaume Van Effentem), **Jane Birkin** (Molly Hutchinson), François Perrot (Antoine).

Prix spécial du jury pour le Meilleur scénario décerné à Bertrand Tavernier, Christophe Blain et Antonin Baudry au Festival de Saint-Sébastien 2013 / Prix de la Meilleure adaptation au Festival Jacques Prévert du Scénario 2014 / César 2014 du Meilleur acteur dans un second rôle pour Niels Arestrup / Meilleur espoir masculin pour Raphaël Personnaz (Prix Lumières 2014).

2016

La Femme et le TGV

Un court-métrage de Timo von Gunten (Suisse, 2015), basé sur l'histoire véridique de Sonja Schmid / Genre: Drame / Scénario: Timo von Gunten / Photographie: Nausheen Dadabhoy / Production: Arbel GmbH / Distribution: Innovative EYE / Durée: 18 minutes / Sortie: Printemps 2016.

Avec: **Jane Birkin** (Elise Lafontaine), Julie Dray (Le professeur de danse), Lucien Guignard (Jacques), Manuela Biedermann (Charlotte), Dorin Dragos (Peddler), Mathieu Bisson (Pierre), Gilles Tschudi (Bruno), Viola von Scarpatetti (Dustlady).

2020

Jane par Charlotte

Un film de Charlotte Gainsbourg (France, 2020) / Genre: documentaire / Photographie: Adrien Bertolle / Production: Nolita Cinéma,

Deadly Valentine, Jour2Fête / Distribution : Jour2Fête / Durée : 90 minutes / Sortie : 12 janvier 2022.
Avec : Jane Birkin (elle-même), Charlotte Gainsbourg (elle-même), Jo Attal (elle-même).

Discographie (France)

1968
45 tours de Serge Gainsbourg, *L'Anamour*, Philips Série Parade B 370 751 F
Sur la face B : « 69 année érotique » (avec Serge Gainsbourg) (Serge Gainsbourg).

1969
(Janvier) 45 tours Jane Birkin et Serge Gainsbourg, Fontana 260 196/ Disc'AZ SG 113
« Je t'aime… moi non plus » (avec Serge Gainsbourg) / « Jane B. » (d'après un prélude de Frédéric Chopin).
Paroles et musique : Serge Gainsbourg.

45 tours Jane Birkin et Serge Gainsbourg, Fontana MF 260 241
« Je t'aime… moi non plus » / « 69 année érotique ».
Paroles et musique : Serge Gainsbourg.
NB : Il existe deux pochettes différentes de ce single *en France.*

(Février) 33 tours *Jane Birkin – Serge Gainsbourg*, Fontana 885 545 MY
« Je t'aime… moi non plus » (avec Serge Gainsbourg) / « L'Anamour » / « Orang-outan » / « 18-39 » / « 69 année érotique » (avec Serge Gainsbourg) / « Jane B. » (d'après un prélude de Frédéric Chopin) / « Le canari est sur le balcon » + 5 chansons interprétées par Serge Gainsbourg.
Paroles et musique : Serge Gainsbourg.
N.B : Sur un autre pressage de cet album (Fontana 885 563 MY et Fontana 6399 012), « La Chanson de Slogan » remplace « Je t'aime… moi non plus ».

(Juin) 45 tours *Bande originale du film* Slogan, Philips B 336 217 F
« La Chanson de Slogan » (avec Serge Gainsbourg) / « Évelyne » (instrumental).
Paroles et musique : Serge Gainsbourg.
NB : Il existe trois pochettes différentes de ce single.

45 tours, Fontana 336 249
« La Chanson de Slogan » (avec Serge Gainsbourg) / « Orang-outan ».
Paroles et musique : Serge Gainsbourg.

(Septembre) 45 tours, Fontana 260 244
« Orang-outan » / « 18-39 ».
Paroles et musique : Serge Gainsbourg.

1970
(Mai) 33 tours *Bande originale du film Cannabis*, Philips 6311 060
On entend la voix de Jane Birkin sur le thème « Jane dans la nuit » (Serge Gainsbourg).

1971
(Mars) 33 tours *Serge Gainbourg, Histoire de Melody Nelson*, Philips 6397 020 (1re édition) / 6325 071 (2e édition)
Jane Birkin intervient sur le thème « Ballade de Melody Nelson » (Serge Gainsbourg / Jean-Claude Vannier).

45 tours, Philips 6118 014
« Ballade de Melody Nelson » (Serge Gainsbourg / Jean-Claude Vannier) + une chanson interprétée par Serge Gainsbourg.
(Décembre) 45 tours, Fontana 6010 054
« La Décadanse » (avec Serge Gainsbourg) (Serge Gainsbourg) / « Les Langues de chat » (Serge Gainsbourg / Jean-Claude Vannier).

45 tours, Fontana 6837 050 (SP promotionnel)
« La Décadanse » (version courte) / « La Décadanse ».

1972
45 tours *Bande originale du film Sex-shop*, Fontana 6010 073
Sur la face B : « La Décadanse » (avec Serge Gainsbourg) (Serge Gainsbourg).

45 tours *Serge et Jane, Pour Caron*, Publicis PPN 4507-380 (SP monoface)
« Pour un homme » (Serge Gainsbourg).
NB : On retrouve ce duo sur la compilation CD Inédits. Les Archives (1958-1981), *Philips 548 439-2, publiée en 2001.*

1973
(Février) 33 tours *Di Doo Dah*, Fontana 6325 305
« Di Doo Dah » / « Help camionneur ! » / « Encore lui » (musique de Jean-Claude Vannier) / « Les Capotes anglaises » / « Leur plaisir sans moi » (musique de Jean-Claude Vannier) / « Mon amour baiser » / « Banana Boat » / « Kawasaki » / « La Cible qui bouge » (musique de Jean-Claude Vannier) / « La Baigneuse de Brighton » / « C'est la vie qui veut ça » (musique de Jean-Claude Vannier).
Paroles et musique : Serge Gainsbourg, sauf mention contraire.
NB : « La Décadanse » et « Les Langues de chat » seront ajoutées en bonus à la version CD éditée en 1998.

(Février) 45 tours, Fontana hors commerce (offert par Calberson)
« Help camionneur » / « Di Doo Dah ».

(Mars) 45 tours, Fontana 6010 084
« Mon amour baiser » / « Di Doo Dah ».

45 tours, Fontana 6837 125
« Mon amour baiser » / « C'est la vie qui veut ça ».

1974
(Mai) 45 tours, Fontana 6010 102
« My chérie Jane » (Serge Gainsbourg / André Popp) / « Bébé gai » (Serge Gainsbourg).

1975
(Septembre) 33 tours *Lolita Go Home*, Fontana 6325 342
« Lolita Go Home » (Philippe Labro – Serge Gainsbourg / Serge Gainsbourg) / « What Is This Thing Called Love ? » (Cole Porter) / « Bébé Song » (Philippe Labro / Serge Gainsbourg) / « Where Or When » (Lorenz Hart / Richard Rodgers) / « Si ça peut te consoler » (Philippe Labro / Serge Gainsbourg) / « Love For Sale » (Cole Porter) / « Just Me And You » (Philippe Labro / Serge Gainsbourg) / « La Fille aux claquettes » (Serge Gainsbourg) / « Rien pour rien » (Philippe Labro / Serge Gainsbourg) / « French Graffiti » (Lorenz Hart / Richard Rodgers).

45 tours, Fontana 6010 110
« Lolita Go Home » / « Si ça peut te consoler ».

1976
(Mars) 45 tours, Fontana 6010 114
« Rien pour rien » / « La Fille aux claquettes ».

(Octobre) 45 tours, Fontana 6010 118
« Ballade de Johnny Jane » / « Raccrochez c'est une horreur ».
Paroles et musique : Serge Gainsbourg.

1977
(Mai) 33 tours *Bande originale du film de Just Jaeckin, Madame Claude*, Philips 9101 144
Jane Birkin interprète la chanson du générique : « Yesterday Yes A Day » (Jane Birkin / Serge Gainsbourg).

45 tours *Extrait de la bande originale du film de Just Jaeckin, Madame Claude*, Philips 6172 009
« Yesterday Yes A Day » / « Dusty Lane » (instrumental).

1978

(Janvier) 33 tours *Ex-fan des sixties*, Fontana 6325 353

« Ex-fan des sixties » / « Apocalypstick » / « Exercice en forme de Z » / « Mélodie interdite » / « L'Aquoiboniste » / « Vie, mort et résurrection d'un amour passion » / « Nicotine » / « Rocking-chair » / « Dépressive » / « Le Velours des vierges » / « Classée X » / « Mélo mélo ».

Paroles et musique : Serge Gainsbourg.

45 tours, Fontana 6172 761

« Ex-fan des sixties » / « Mélo mélo ».

(Juin) 45 tours, Fontana 6172 762

« Nicotine (il est parti chercher des cigarettes) » / « Apocalypstick ».

1979

(Janvier) Double 33 tours *Succès 2 disques Je t'aime moi non plus* (compilation), Philips 6680 005 et 9198 051 (réédition en 1988 : Philips 826 568-1)

Disque 1 : « Je t'aime... moi non plus » (avec Serge Gainsbourg) / « Mon amour baiser » / « Leur plaisir sans moi » / « Orang-outan » / « C'est la vie qui veut ça » / « Encore lui » / « 69 année érotique » (avec Serge Gainsbourg) / « Ex-fan des sixties » / « Raccrochez c'est une horreur » / « Yesterday Yes A Day » / « Bébé song » / « La Fille aux claquettes » / « Si ça peut te consoler ».

Disque 2 : « Di Doo Dah » / « Jane B. » / « Le canari est sur le balcon » / « Love For Sale » / « La Décadanse » (avec Serge Gainsbourg) / « Ballade de Johnny Jane » / « Lolita Go Home » / « Exercice en forme de Z » / « What Is This Thing Called Love ? » / « L'Aquoiboniste » / « Vie, mort et résurrection d'un amour passion ».

1980

45 tours *Black... White*, Desk & Field – B & W

« Black... White » (version française) (Pierre Bachelet) / « Black... White » (version anglaise) (Pierre Bachelet).

NB : Il s'agit d'un disque publicitaire offert par le scotch whisky Black & White.

1983

(Octobre) 33 tours *Baby Alone In Babylone*, Philips 814 524-1

« Baby Lou » (Serge Gainsbourg / Michel Pelay – Alain Chamfort) / « Fuir le bonheur de peur qu'il ne se sauve » / « Partie perdue » / « Norma Jean Baker » / « Haine pour aime » / « Overseas Telegram » / « Con c'est con ces conséquences » / « En rire de peur d'être obligée d'en pleurer » / « Rupture au miroir » / « Les Dessous chics » / « Baby Alone In Babylone » (Serge Gainsbourg / Johannes Brahms).

Paroles et musique : Serge Gainsbourg, sauf mention contraire.

45 tours, Philips 814 599-7
« Baby Alone In Babylone » / « Con c'est con ces conséquences ».

45 tours *Pour oublier le passé, le futur* (collectif), Pop Club Ltd. 200
Participation avec Serge Gainsbourg – générique de l'émission « Pop Club » de José Artur (France Inter), disque tiré à 200 exemplaires.

1984
(Février) 45 tours, Philips 818 689-7
« Fuir le bonheur de peur qu'il ne se sauve » / « Baby Lou ».

(Mai) Maxi 45 tours, Philips 818 689-1
« Fuir le bonheur de peur qu'il ne se sauve » (version longue) / « Baby Lou » / « Baby Alone In Babylone ».

1985
(Mars) 45 tours, Philips 880 652-7
« Les Dessous chics » / « Partie perdue ».

(Novembre) 45 tours, Philips 884 292-7
« Quoi » (Serge Gainsbourg / Guido et Maurizio de Angelis – Cesare de Natale) / « Come un gabbiano » (Guido et Maurizio de Angelis / Cesare de Natale).

(Décembre) Maxi 45 tours *La Chanson de la vie* (collectif), Polydor 883 625-1
Participation au titre « La Chanson de la vie » (Claude Lemesle / Alice Dona).

1986
(Février) 33 tours / CD *Quoi* (compilation), Philips 826 759-1
« Je t'aime... moi non plus » (avec Serge Gainsbourg) / « Di Doo Dah » / « Leur plaisir sans moi » / « Jane B. » / « 69 année érotique » (avec Serge Gainsbourg) / « Yesterday Yes A Day » / « Ballade de Johnny Jane » / « Ex-fan des sixties » / « L'Aquoi -boniste » / « Exercice en forme de Z » / « Baby Alone In Babylone » / « Les Dessous chics » / « Rocking-chair » / « Norma Jean Baker » / « Fuir le bonheur de peur qu'il ne se sauve » / « Quoi ».

1987
(Février) 33 tours / CD *Lost Song*, Philips 830 894-1
« Être ou ne pas naître » / « C'est la vie qui veut ça » (Serge Gainsbourg / Jean-Claude Vannier) / « Le Couteau dans le Play » / « L'Amour de moi » (Serge Gains bourg / Traditionnel) / « Une chose entre autres » / « Lost Song » (d'après Grieg, *Peer Gynt*, suite n° 2, op. 55 / Serge Gainsbourg) / « Physique et

sans issue » / « Leur plaisir sans moi » (Serge Gainsbourg / Jean-Claude Vannier) / « Le Moi et le Je ».
Paroles et musique : Serge Gainsbourg, sauf mention contraire.

45 tours, Philips 888 342-7
« Lost Song » / « Leur plaisir sans moi ».

Maxi 45 tours, Philips 888 342-1
« Lost Song » / « Leur plaisir sans moi ».

(Septembre) 45 tours, Philips 888 776-7
« Le Couteau dans le Play » / « Physique et sans issue ».
NB : Il existe deux versions de ce single, *l'une avec une version remixée de « Le Couteau dans le Play ».*

Maxi 45 tours *Dernier matin d'Asie* (collectif), Versailles / CBS VRS 651 271-7
Participation au titre « Dernier matin d'Asie » (Jan Linhart / Frédérick Rousseau / Bernard de Choisy).

(Décembre) Double 33 tours / CD *Au Bataclan*, Philips 834 037-2
« Jane B. » / « Di Doo Dah » / « Norma Jean Baker » / « Love For Sale » / « Ballade de Johnny Jane » / « Ex-fan des sixties » / « Les Dessous chics » / « Physique et sans issue » / « Baby Alone In Babylone » / « Avec le temps » (Léo Ferré) / « Le Moi et le Je » / « Nicotine » / « L'Amour de moi » / « Quoi » / « Yesterday Yes A Day » / « Lost Song » / « Baby Lou » / « Rocking-chair » / « Fuir le bonheur de peur qu'il ne se sauve » / « Le Couteau dans le Play ».

45 tours *Live au Bataclan*, Philips 870 107-7
« Avec le temps » / « Le Moi et le Je ».

1988
(Juin) 33 tours *Alain Souchon, Ultra Moderne Solitude*, Virgin 30631
Inclut le duo Jane Birkin-Alain Souchon : « Comédie ».

Compilation « Master Série » – volume 1, PolyGram 832 231-2
« Quoi » / « La Décadanse » / « Mon amour baiser » / « Fuir le bonheur de peur qu'il ne se sauve » / « Yesterday Yes A Day » / « 69 année érotique » / « Ex-fan des sixties » / « Jane B. » / « Je t'aime... moi non plus » / « Baby Alone In Babylone » / « Raccrochez c'est une horreur » / « Lolita Go Home » / « Ballade de Johnny Jane » / « En rire de peur d'être obligée d'en pleurer » / « Di Doo Dah » / « Baby Lou ».
NB : Existe en quatre versions différentes (deux publiées en 1988, une autre en 1999 dans la collection « Les Talents du Siècle », la dernière en 2003).

1989

(Janvier) Maxi 45 tours *Pour toi Arménie* (collectif), Tréma / Pathé-Marconi 410 459

Participation au titre « Pour toi Arménie » (Charles Aznavour / Georges Garvarentz).

1990

(Septembre) 33 tours, *Bande originale du film Daddy Nostalgie*, Columbia 5099746713423

Inclut le duo Jane Birkin-Jimmy Rowles : « These Foolish Things » (Éric Maschwitz / Jack Strachey).

(Septembre) 33 tours / CD *Amours des feintes*, Philips 846 521-2

« Et quand bien même » / « Des ils et des elles » / « Litanie en Lituanie » / « L'Impression du déjà-vu » / « Asphalte » / « Tombée des nues » / « Un amour peut en cacher un autre » / « 32 Fahrenheit » / « Love Fifteen » / « Amours des feintes ».

Paroles et musique : Serge Gainsbourg.

45 tours, Philips 878 026-7

« Amours des feintes » / « Asphalte ».

1991

(Février) 45 tours, Philips 878 976-7

« Et quand bien même » / « Un amour peut en cacher un autre ».

(Septembre) 45 tours, Philips 868 746-7

« Love Fifteen » / « Tombée des nues ».

45 tours *L'Enfant de demain* (collectif), Carrère / Spartacus 15 143

Participation au titre « L'Enfant de demain » (Sawa Fitzgerald / Jean-Pierre Castelain).

1992

(Février) Double 33 tours / Double CD *Je suis venue te dire que je m'en vais... (Concert intégral au Casino de Paris)*, Philips 510 972-2/4

CD 1 – « L'Aquoiboniste » / « Et quand bien même » / « Tombée des nues » / « Ex-fan des sixties » / « Les Dessous chics » / « Litanie en Lituanie » / « L'Impression du déjà-vu » / « Baby Alone In Babylone » / « Des ils et des elles » / « La Chanson de Prévert » (Serge Gainsbourg) / « Ballade de Johnny Jane » / « Le Moi et le Je » / « Asphalte » / « Sous le soleil exactement » (Serge Gainsbourg) / « Manon » (Serge Gainsbourg).

CD 2 – « 32 Fahrenheit » / « Love Fifteen » / « As Time Goes By » / *Présentation des musiciens* / « Quoi » / « Valse de Melody » / « Marilou sous la neige » (Serge Gainsbourg) / « Fuir le bonheur de peur qu'il ne se sauve » / « Nicotine » /

« Amours des feintes » / « Di Doo Dah » / « Je suis venue te dire que je m'en vais » (Serge Gainsbourg).

45 tours / CD *single*, *En concert au Casino de Paris*, Philips 866 420-7
« Je suis venue te dire que je m'en vais » / « Ex-fan des sixties ».

Maxi CD *single*, *En concert au Casino de Paris*, Philips 866 421-1
« Je suis venue te dire que je m'en vais » / « Ex-fan des sixties » / « Fuir le bonheur de peur qu'il ne se sauve ».

45 tours/CD *single*, *En concert au Casino de Paris*, Philips 866 860-7
« La Chanson de Prévert » / « Sous le soleil exactement ».

(Avril) CD *Urgence : 27 artistes contre le sida*, Virgin PM 633 34 013
Jane Birkin interprète « Les Goémons » (Serge Gainsbourg).

4 CD *Intégrale Jane B.*, Philips 514 121-2
Je t'aime... moi non plus – Di doo dah – Vol. 1 : « Je t'aime... moi non plus » (avec Serge Gainsbourg) / « Orang-outan » / « 18-39 » / « Jane B. » / « Le canari est sur le balcon » / « La Chanson de Slogan » / « Les Langues de chat » / « La Décadanse » (avec Serge Gainsbourg) / « Di Doo Dah » / « Help camionneur ! » / « Encore lui » / « Puisque je te le dis » / « Les Capotes anglaises » / « Leur plaisir sans moi » / « Mon amour baiser » / « Banana Boat » / « Kawasaki » / « La Cible qui bouge » / « La Baigneuse de Brighton » / « C'est la vie qui veut ça »
Ballade de Johnny Jane – Lolita Go Home – Vol. 2 : « My chérie Jane » / « Bébé gai » / « Lolita Go Home » / « What Is This Thing Called Love ? » / « Bébé Song » / « Where Or When » / « Si ça peut te consoler » / « Love For Sale » / « Just Me And You » / « La Fille aux claquettes » / « Rien pour rien » / « French Graffiti » / « There's a Small Hotel » / « Ballade de Johnny Jane » / « Raccrochez c'est une horreur » / « Yesterday Yes A Day » / « Mister Iceberg » (version anglaise) / « Ex-fan des sixties » (version anglaise).
Ex-fan des sixties – Baby Alone In Babylone – Vol. 3 : « Ex-fan des sixties » / « Apocalyp-stick » / « Exercice en forme de Z » / « Mélodie interdite » / « L'Aquoiboniste » / « Vie, mort et résurrection d'un amour passion » / « Nicotine » / « Rocking-chair » / « Dépressive » / « Le Velours des vierges » / « Classée X » / « Mélo mélo » / « Baby Lou » / « Fuir le bonheur de peur qu'il ne se sauve » / « Partie perdue » / « Norma Jean Baker » / « Haine pour aime » / « Overseas Telegram » / « Con c'est con ces conséquences » / « En rire de peur d'être obligée d'en pleurer » / « Rupture au miroir » / « Les Dessous chics » / « Baby Alone In Babylone » / « Quoi » / « Come un gabbiano ».
Amours des feintes – Lost Song – Vol. 4 : « These Foolish Things » / « Être ou ne pas naître » / « C'est la vie qui veut ça » / « Le Couteau dans

le play » / « L'Amour de moi » / « Une chose entre autres » / « Lost Song » / « Physique et sans issue » / « Leur plaisir sans moi » / « Le Moi et le Je » / « Et quand bien même » / « Des ils et des elles » / « Litanie en Lituanie » / « L'Impression du déjà-vu » / « Asphalte » / « Tombée des nues » / « Un amour peut en cacher un autre » / « 32 Fahrenheit » / « Love Fifteen » / « Amours des feintes ».

1993

CD n° 9 *Intégrale Julien Clerc Si on chantait 68/93*, Virgin 39269-2

Inclut le duo Jane Birkin-Julien Clerc : « Ma préférence » (Jean-Loup Dabadie / Julien Clerc).

1994

CD Les Enfoirés, *Les Enfoirés au Grand Rex*, WEA Music 4509-98296-2

Inclut le duo Jane Birkin-Charlotte Gainsbourg : « Di Doo Dah ».

Compilation « Master Série » – volume 2, PolyGram 518 952-2

« Orang Outang » / « Le canari est sur le balcon » / « Les Capotes anglaises » / « Bébé Song » / « Si ça peut te consoler » / « La Fille aux claquettes » / « Apocalypstick » / « Exercice en forme de Z » / « L'Aquo iboniste » / « Rocking Chair » / « Overseas Telegram » / « Les Dessous chics » / « Être ou ne pas naître » / « C'est la vie qui veut ça » / « Le Couteau dans le Play » / « Amours des feintes ».

NB : Existe en trois versions différentes (deux publiées en 1994, l'autre en 1998).

(Décembre) 2 livres-disques compacts *Raconte-moi la vie* : 9 contes inédits / Walt Disney Records (WDR)

Jane Birkin lit un texte de Tahar Ben Jelloun.

1995

CD *Duos Taratata*, Barclay 529 509-2

Inclut le duo Jane Birkin-Patrick Bruel : « La Chanson de Prévert ».

(Avril) CD *Entre sourire et larmes*, Squatt Records SQT 478 611-2

Jane Birkin interprète « D'un geste ordinaire » et, avec Brett Anderson, « Les Yeux fermés » (Lionel Florence / Guy Delacroix).

1996

(Janvier) CD *Versions Jane*, Mercury / Philips 532 140-2

« Ces petits riens » / « La Gadoue » / « Dépression au-dessus du jardin » / « Ce mortel ennui » / « Sorry Angel » / « Élisa » / « Exercice en forme de Z » / « L'Anamour » / « Elaeudanla Téïtéia » / « Aux enfants de la chance » / « Le Mal intérieur » / « Ford Mustang » / « Couleur café » / « Comment te dire adieu » / « Physique et sans issue ».

Paroles et musique : Serge Gainsbourg.
NB : Trois singles *promo seront extraits de cet album : « La Gadoue », « Sorry Angel » et « Ford Mustang ».*

CD *single*, Mercury / Philips 852 930-2
« La Gadoue » / « Physique et sans issue ».

(Octobre) CD *Duos Taratata Vol. 2*, Virgin France S.A. 7243 8 42478 2 9
Inclut le duo Jane Birkin-Bruno Maman : « L'Anamour ».

(Décembre) Double CD *Jane – Concert intégral à L'Olympia*, Mercury / Philips 534 463-2
CD 1 – *Intro* / « Ces petits riens » / « Di Doo Dah » / « Fuir le bonheur de peur qu'il ne se sauve » / « Le Moi et le Je » / « Ex-fan des sixties » / « Baby Lou » / « Leur plaisir sans moi » / « Être ou ne pas naître » / « Ford Mustang » / « Baby Alone In Babylone » / « Con c'est con ces conséquences » / « Une chose entre autres » / « Ballade de Johnny Jane ».
CD 2 – « Les Dessous chics » / « Élisa » / « Physique et sans issue » / « L'Anamour » / « Amours des feintes » / « Des ils et des elles » / « Quoi » / « La Gadoue » / « Dépression au-dessus du jardin » / « Et quand bien même » / « Comment te dire adieu » / « La Javanaise » (Serge Gainsbourg).
NB : Ce double CD a été réédité en 2011 dans la série « Les Concerts mythiques de L'Olympia », sous le label Mercury (Réf. 275 582-3).

CD *The Best Of*, Mercury / Philips 534 691-2
« Je t'aime… moi non plus » / « Ex-fan des sixties » / « Ford Mustang » / « Ballade de Johnny Jane » / « La Gadoue » / « Yesterday Yes A Day » / « Di Doo Dah » / « Fuir le bonheur de peur qu'il ne se sauve » / « Baby Alone In Babylone » / « Les Dessous chics » / « Con c'est con ces conséquences » / « Quoi » / « These Foolish Things » /« Avec le temps » / « Et quand bien même » / « Baby Lou » / « Les Yeux fermés » (avec Brett Anderson) / « Je suis venue te dire que je m'en vais » / « La Javanaise ».

1998
CD *À la légère*, Mercury / Philips 538 045-2
« Les Clés du paradis » (Jacques Duvall / Alain Chamfort – Jean-Noël Chaléat) / « Les Avalanches » (Miossec / Richard Mortier) / « À la légère » (Alain Souchon / Laurent Voulzy) / « Plus loin de ta rue » (Nilda Fernandez) / « Trouble » (D. de Martynoff / Michel Cywie) / « La Bulle » (Patrice Guirao / Art Mengo) / « Love Slow Motion » (avec les voix de Sinclair et Jehro) (MC Solaar / Zackman) / « Si tout était faux » (Gérard Manset) / « L'Autre moi » (Étienne Daho) / « La Pleine Lune » (Françoise Hardy / Alain Lubrano) / « Simple en français » (Marc Lavoine / Alain

Lanty) / « C'est comme ça » (Zazie) – BONUS sur l'édition de 1999 : « Voyage au bout de la nuit » (Gérard Manset).

NB : Deux singles *promo seront extraits de cet album : « À la légère » et « Les Clés du paradis ».*

2000

2 CD *Jane en concert au Japon*, Mercury UICM 9001/2

« Ford Mustang » / « Baby Alone In Babylone » / « Di Doo Dah » / « L'Aquoiboniste » / « Les Dessous chics » / « Baby Lou » / « Ces petits riens » / « Ex-fan des sixties » / « Norma Jean Baker » / « Couleur café » / « Je suis venue te dire que je m'en vais » / « Et quand bien même » / « L'Homme imparfait » (Jane Birkin / Akira Senju) / « Con c'est con ces conséquences » / « Jane B. » / « À la légère » / « Ballade de Johnny Jane » / « Yesterday Yes A Day » / « Nicotine » / *Présentation des musiciens* / « Quoi » / « Amours des feintes » / « Comment te dire adieu » / « C'est comme ça » / « Le Couteau dans le play » / « La Javanaise » / « Fuir le bonheur de peur qu'il ne se sauve ».

2001

CD *Ma chanson d'enfance* (collectif), Universal Music 016 607-2

Jane Birkin chante « My Bonnie » (Traditionnel).

CD *Gainsbourg – Inédits, Les Archives 1958-1981*, Mafia Records (5)

Inclut deux publicités (« Pour un homme de Caron » et « On The Sea n° 3 » – Martini) et un générique radiophonique (« Pop Club »), avec Jane Birkin.

2002

CD *Arabesque*, Capitol Music 7243-5427642-2

« Élisa » / « Et quand bien même » / « L'Amour de moi » / « Couleur café » / « Anno "Close To The River" » (Intégral) (Anno Birkin) / « Dépression au-dessus d'un jardin » / « Valse de Melody » / « Haine pour Aime » / « Amours des feintes » / « She Left Home » (instrumental) / « Les Dessous chics » / « Les Clés du paradis » / « Fuir le bonheur de peur qu'il ne se sauve » / « Comment te dire adieu » / « Baby Alone In Babylone » / « La Javanaise ».

NB : Un single promo sera extrait de cet album : « Élisa ».

CD Arno, *Charles Ernest*, Delabel 7243-8119592-5

Inclut le duo Jane Birkin-Arno : « Élisa ».

(Novembre) 3CD (longbox) *Dans la peau de Daho (1981-2002)*, Virgin 7243-8-1316-3-2

Inclut le duo Jane Birkin-Étienne Daho : « Mon amour baiser ».

CD *Akapela* (Kelly / Beacco) (collectif), Polydor 018 094-2
Jane Birkin chante *a cappella* « Ex-fan des sixties ».

CD *Autour de Serge Reggiani* (collectif), Trema 710 833
Jane Birkin chante « L'Absence » (Jean-Loup Dabadie / Serge Reggiani).

2003
Longbox 3 CD *Jane Birkin*, Mercury France 980 898-1
CD 1 – « Je t'aime… moi non plus » / « Jane B. » / « 69 année érotique » / « La Chanson de Slogan » / « Les Langues de chat » / « La Décadanse » / « Di Doo Dah » / « Mon amour baiser » / « La Cible qui bouge » / « C'est la vie qui veut ça » / « Lolita Go Home » / « Si ça peut te consoler » / « Love For Sale » / « Rien pour rien » / « Ballade de Johnny Jane » / « Yesterday Yes A Day » / « Mister Iceberg » / « Ex-fan des sixties » / « Apocalypsitck » / « Exercice en forme de Z » / « L'Aquoiboniste » / « Rocking Chair » / « Le Velours des vierges » / « Classée X ».
CD 2 – « Baby Lou » / « Fuir le bonheur de peur qu'il ne se sauve » / « Norma Jean Baker » / « Haine pour Aime » / « Overseas Telegram » / « Con c'est con ces conséquences » / « En rire de peur d'être obligée d'en pleurer » / « Les Dessous chics » / « Baby Alone In Babylone » / « Quoi » / « These Foolish Things » / « Être ou ne pas naître » / « Le Couteau dans le Play » / « L'Amour de moi » / « Une chose entre autres » / « Lost Song » / « Le Moi et le Je » / « Physique et sans issue » / « Et quand bien même » / « L'Impression du déjà-vu » / « Asphalte ».
CD 3 – « Amours des feintes » / « Love Fifteen » / « Tombée des nues » / « Des ils et des elles » / « Ces petits riens » / « La Gadoue » / « Dépression au-dessus du jardin » / « Élisa » / « L'Anamour » / « Le Mal intérieur » / « Couleur café » / « Comment te dire adieu » / « La Javanaise » / « Les Clés du paradis » / « Les Avalanches » / « À la légère » / « Voyage au bout de la nuit » / « Si tout était faux » / « L'Autre moi » / « La Pleine Lune » / « Simple en français » / « C'est comme ça ».

CD Hector Zazou, *Strong Currents*, Taktic Music PIC 6
Avec la voix de Jane Birkin sur le titre « Beauty » (Hector Zazou).

2004
CD *Rendez-vous*, Capitol Records 7243-5-98759-2-7
« Je m'appelle Jane » – avec Mickey 3D (Michaël Furnon) / « T'as pas le droit d'avoir moins mal que moi » – avec Alain Chamfort (Jacques Duvall / Jean-Noël Chaléat) / « In Every Dream Home A Heartache » – avec Bryan Ferry (Bryan Ferry) / « Palais-Royal » – avec Alain Souchon (Jay Alanski / Jean-Noël Chaléat – Alain Chamfort) / « La Grippe » – avec Étienne Daho (Brigitte Fontaine / Jacques Higelin) / « Strange Melody » – avec Beth Gibbons (Beth Gibbons) / « O Leaozinho » – avec Caetano Veloso (Caetano Veloso) / « Pour un flirt avec toi » – avec

Miossec (Michel Delpech / Roland Vincent) / « The Simple Story » – avec Feist (Feist / Gonzales) / « Te souviens-tu ? » – avec Manu Chao (Manu Chao) / « Smile » – avec Brian Molko (Brian Molko / Rachel Borkett) / « Surannée » – avec Françoise Hardy (Benjamin Biolay/Keren Ann – Zeidel – Benjamin Biolay) / « Canary Canary » – avec Yosui Inoue (Yosui Inoue) / « Chiamami adesso » – avec Paolo Conte (Paolo Conte) – BONUS : Port-Bail (Alain Souchon) / « Canary Canary » (version Tokyo) – avec Yosui Inoue.

NB : Deux singles *promo seront extraits de cet album : « Je m'appelle Jane » et « Pour un flirt avec toi ».*

(Octobre) CD The Soundtrack of Our Lives, *Origin Vol. 1*, Telegram Records Stockholm 5050467-1491-2-0

Avec la voix de Jane Birkin sur le titre « Midnight Children » (The Soundtrack of Our Lives).

2005

(Mai) CD Yann Tiersen, *Les Retrouvailles*, Labels 09463114650

Jane Birkin chante « Plus d'hiver » (Yann Tiersen).

2006

CD *Fictions*, Capitol Records 0946-3-57581-2-2

« Home » (The Divine Comedy) / « Alice » (Tom Waits / Kathleen Brennan) / « Living In Limbo » (Gonzales) / « Waterloo Station » (Rufus Wainwright) / « My Secret » (Beth Gibbons) / « Où est la ville ? » (Dominique A) / « Steal Me A Dream » (The Magic Numbers) / « Sans toi » (Cali) / « Harvest Moon » (Neil Young) / « La Reine sans royaume » (Arthur H.) / « Mother Stands For Comfort » (Kate Bush) / « Image fantôme – Pavane pour une infante défunte » (texte d'Hervé Guibert, sur une musique de Maurice Ravel).

NB : Deux singles *promo seront extraits de cet album : « Home » et « Sans toi ».*

(Mai) CD Feist, *Open Season – Remixes And Collabs*, Polydor 0602498392102

Inclut le duo Feist-Jane Birkin : « The Simple Story ».

CD *Collectif – Monsieur Gainsbourg Revisited*, Barclay 983 710-9

Inclut le duo Jane Birkin-Franz Ferdinand : « A Song For Sorry Angel » (Sorry Angel) (Serge Gainsbourg / Franz Ferdinand).

2007

(Octobre) 3 CD *Les 50 plus belles chansons*, Universal France 984 981-5

CD 1 – « La Gadoue » / « Love Fifteen » / « Et quand bien même » / « Lost Song » / « Le Couteau dans le Play » / « Quoi » / « Fuir le bonheur de peur qu'il ne se sauve » / « Baby Alone In Babylone » / « Les Dessous chics » / « Apocalyp-stick » / « Nicotine » / « Ex-fan des sixties » / « Yesterday Yes A Day » / « Ballade de Johnny Jane » / « Raccrochez c'est une horreur » / « Di Doo Dah » / « Mon amour baiser ».

CD 2 – « Jane B. » / « Le canari est sur le balcon » / « Encore lui » / « Leur plaisir sans moi » / « Banana Boat » / « C'est la vie qui veut ça » / « Si ça peut te consoler » / « Rien pour rien » / « L'Aquoiboniste » / « Vie, mort et résurrection d'un amour passion » / « Dépressive » / « Le Velours des vierges » / « Baby Lou » / « L'Amour de moi » / « Physique et sans issue » / « Amours des feintes » / « Je t'aime… moi non plus ».

CD 3 – « La Chanson de Prévert » (Casino de Paris 92) / « Je suis venue te dire que je m'en vais » (Casino de Paris 92) / « Les Avalanches » / « Être ou ne pas naître » / « Love For Sale » / « L'Anamour » / « Dépression au-dessus du jardin » / « Le Moi et le Je » / « La Javanaise » / « As Time Goes By » (Casino De Paris 92) / « 32 Fahrenheit » / « Norma Jean Baker » / « Une chose entre autres » / « Mélodie interdite » / « Ces petits riens » / « Avec le temps » (Bataclan 87).

2008

(Novembre) CD *Enfants d'hiver*, Capitol Music 5099923750500

« Prends cette main » (Jane Birkin / Phil Baron) / « Période bleue » (Jane Birkin / Alain Souchon – Pierre Souchon) / « À la grâce de toi » (Jane Birkin / Pierre-Michel Sivadier) / « Madame » (Jane Birkin / Frank Eulry) / « Oh, comment ça va ? » (Jane Birkin / Bertrand Louis Perrin) / « Maison étoilée » (Jane Birkin / Nicolas Richard) / « 14 février » (Jane Birkin / Annika Grill – Édith Fambuena) / « Enfants d'hiver » (Jane Birkin / Hawksley Workman) / « Il fait nuit » (Jane Birkin / Pascal Rodde) / « Pourquoi » (Jane Birkin / Alain Lanty) / « Aung San Suu Kyi » (Jane Birkin / Frank Eulry) / « Je suis au bord de ta fenêtre » (Jane Birkin / Nicolas Richard).

NB : Un single *promo sera extrait de cet album : « Période bleue ».*

CD Rodolphe Burger & Meteor Band – *Hommage à Serge Gainsbourg*, Dernière Bande

Voix samplée de Jane Birkin sur « Dépression au-dessus du jardin ».

2009

(Septembre) CD *Au Palace*, Capitol Music 509993062782-6

« L'Anamour » / « Prends cette main » / « Ex-fan des sixties » / « Sous le soleil exactement » / « Enfants d'hiver » / « Exercice en forme de Z » / « À la grâce de toi » / « Aung San Suu Kyi » / « Amours des feintes » / « Ford Mustang » / « 14 février » / « Période bleue » / « Yesterday Yes A Day » / « Pauvre Lola » (Serge Gainsbourg) / « Madame » / « Je suis venue te dire que je m'en vais » / « Les P'tits Papiers » (Serge Gainsbourg) / « Pourquoi » / « L'Eau à la bouche » (Serge Gainsbourg) / « Fuir le bonheur de peur qu'il ne se sauve ».

NB : Un single *promo sera extrait de cet album : « Les P'tits Papiers ».*

(Juin) 2 CD Boris Vian By Various, *À Boris Vian "On n'est pas là pour se faire engueuler!"*, AZ 531 929-1

Jane Birkin chante « Bientôt » et avec divers artistes « On n'est pas là pour se faire engueuler ».

(Août) CD Régine, *Régine's Duets*, AZ 531 574-9

Inclut deux duos Jane Birkin-Régine : « Les P'tits Papiers » et « The Little Papers ».

2013

(Mars) 2 CD *Jane Birkin Sings Serge Gainsbourg via Japan*, Capitol Music

CD 1 – « Requiem pour un con » (Serge Gainsbourg) / « Tombée des nues » / « Di Doo Dah » / « En rire de peur d'être obligée d'en pleurer » / « Marilou sous la neige » / « Amours des feintes » / « Le Couteau dans le Play » / « Ballade de Johnny Jane » / « Con c'est con ces conséquences » / « Classée X » / « Ces petits riens » / « Une chose entre autres » / « Comic Strip ».

CD 2 – « Les Amours perdues » / « Jane B. » / « Mon amour baiser » / « Ah Melody ! » (Serge Gainsbourg) / « Haine pour Aime » / « Fuir le bonheur de peur qu'il ne se sauve » / « Les Dessous chics » / « La Chanson de Préve rt » / « L'Aquoibonis-te » / « La Gadoue ».

2017

(24 mars) 2xLP/CD *Birkin/Gainsbourg : le symphonique*, Parlophone 0190295851910/0190295791384

« Lost Song » / « Dépression au-dessus du jardin » / « Baby Alone In Babylone » / « Physique et sans issue » / « Ces petits riens » / « L'Aquo iboniste » / « Valse de Melody » / « Fuir le bonheur de peur qu'il ne se sauve » / « Requiem pour un con » / « Une chose entre autres » / « Amour des feintes » / « Exercice en forme de Z » / « Manon » / « La Chanson de Prévert » / « Les Dessous chics » / « L'Amour de moi » / « Pull Marine » (Isabelle Adjani/Serge Gainsbourg) / « La Gadoue » / « Jane B. » / « L'Anamour » / « La Javanaise ».

2020

(16 octobre) 3CD *The Best Of Jane Birkin*, Mercury/Universal Music France 539 268-0

« Je t'aime… moi non plus » / « Jane B. » / « 69 année érotique » / « La Décadanse » / « Di Doo Dah » / « Mon amour baiser » / « C'est la vie qui veut ça » / « Lolita Go Home » / « Si ça peut te consoler » / « Love For Sale » / « Rien pour rien » / « Ballade de Johnny Jane » / « Yesterday Yes A Day » / « Ex-fan des sixties » / « Exercice en forme de Z » / « L'Aquoibonis te » / « Rocking Chair » / « Baby Lou » / « Fuir le bonheur de peur qu'il ne se sauve » / « Norma Jean Baker » / « Haine pour Aime » / « Con c'est con ces conséquences » / « En rire de peur d'être obligée d'en pleurer » / « Les Dessous chics » / « Baby Alone In Babylone » / « Quoi ? » / « Être ou ne pas naître » / « Le Couteau dans le play » / « L'Amour de moi » / « Une chose entre autres » / « Le Moi et le je » / « Physique et sans issue » / « Et quand bien même » / « Amour des feintes » / « Love Fifteen » / « Des ils et des elles » / « Ces petits riens » / « La Gadoue » / « Dépression au-dessus du jardin » / « Élisa » / « L'Anamour » / « Le Mal intérieur » / « Couleur café » / « Comment te dire adieu » / « Les Clés du paradis » / « Si tout était faux » / « L'Autre moi » / « La Pleine Lune » / « C'est comme ça » / « À la légère » / « Je m'appelle Jane » (avec Mickey 3D) / « Palais Royal » (avec Alain Souchon) / « La Grippe » (avec Étienne Daho) / « Pour un flirt avec toi » (avec Miossec) / « Home » / « Alice » / « Sans toi » / « Harvest Moon » / « Période bleue » / « Madame » / « Pourquoi » / « Lost Song » / « La Javanaise » / « Requiem pour un con » / « Pull marine » / « La Chanson de Prévert ».

(11 décembre) LP/CD *Oh! Pardon tu dormais…*, Kachalou/Barclay/ Universal Music France 350 473-1-0

« Oh ! Pardon tu dormais… » (avec Étienne Daho) (Jane Birkin/Étienne Daho-Jean-Louis Piérot) / « Ces murs épais » (Étienne Daho-Jane Birkin/Étienne Daho-Jean-Louis Piérot) / « Cigarettes » (Étienne Daho-Jane Birkin/Jean-Louis Piérot) / « Max » (Jane Birkin/Étienne Daho-Jean-Louis Piérot) / « Ghosts » (Jane Birkin/Étienne Daho-Jean-Louis Piérot) / « Les Jeux interdits » (Étienne Daho-Jane Birkin/Étienne Daho-Jean-Louis Piérot) / « F.R.U.I.T. » (Étienne Daho/Jane Birkin) /« À marée haute » (Étienne Daho-Jane Birkin/Jean-Louis Piérot) / « Pas d'accord » (Étienne Daho-Jane Birkin/Étienne Daho-Jean-Louis Piérot) / « Ta sentinelle » (Jane Birkin/Étienne Daho-Jean-Louis Piérot) / « Telle est ma maladie envers toi » (Jane Birkin/Jean-Louis Piérot) / « Je voulais être une telle perfection pour toi ! » (Jane Birkin/ Étienne Daho) / « Catch Me If You Can » (Jane Birkin/Jean-Louis Piérot).

NB : L'édition CD Deluxe contient 5 titres bonus : « À marée haute » (alternate) / « Ces murs épais » (piano et orchestre) / « Ta sentinelle » (alte rnate) / « L'Autostoppeuse » (avec Étienne Daho) (Jane Birkin/Étienne Daho-Jean-Louis Piérot) / « Catch Me If You Can » (piano et orchestre).

2022

(15 septembre) *1969-2022 Coffret*, intégrale des chansons de Jane Birkin, comprenant 18 disques pour 292 chansons (15 albums originaux et 41 titres bonus), un DVD et un livret illustré de 48 pages / Universal Music France.

(16 septembre) *Oh! Pardon tu dormais… Le concert* (Live au Beffroi de Montrouge / 9 mars 2022), Kachalou (disponible en streaming).

« Jane B. » / « Ces murs épais » / « Ta sentinelle » / « À marée haute » / « Et quand bien même » / « Une chose entre autres » / « Fuir le bonheur de peur qu'il ne se sauve » / « La Ballade de Melody Nelson » / « Valse de Melody » / « Ah Melody » / « L'Hôtel particulier » / « Cigarettes » / « Ghosts » / « Ballade de Johnny Jane » / « Les Dessous chics » / « Oh ! Pardon tu dormais » (avec Étienne Daho) / « Baby Alone In Babylone » / « Ex-fan des sixties » / « Di Doo Dah » / « Quoi ? » / « Les Jeux interdits » / « Je voulais être une telle perfection pour toi ! » / « Catch Me If You Can » / « Pourquoi ? »

Vidéographie

1987

Jane Birkin au Bataclan, VHS + DVD.

1991

Intégral Casino de Paris, VHS + DVD.

2002

Arabesque et *Jane Birkin, le voyage d'Arabesque*, DVD.

2005

Rendez-vous avec Jane, DVD.

« In Every Dream A Heartache » (avec Marianne Faithfull) / « Palais-Royal » (avec Alain Souchon) / « Plus d'hiver » (avec Yann Tiersen) / « Revenir au monde » (avec Dominique A) / « La Grippe » (avec Étienne Daho) / « Chiamanti Adesso » (avec Paolo Conte) / « Pour un flirt » (avec Miossec) / « A Day Like Any Other » (avec Beth Gibbons) / « T'as pas le droit d'avoir moins mal que moi » (avec Alain Chamfort) / « Mes amis » (avec Daniel Darc) / « Pour Jane » (Cali, en solo) / « Je m'appelle Jane » (avec Mickey 3D) / Participation de Sabine Azéma et Alain Bashung.

Distinctions

1985

Nomination pour le César de la Meilleure actrice pour *La Pirate.*

1987

Nomination pour le César de la Meilleure actrice pour *La Femme de ma vie.*

1991

Nomination pour le Molière de la Comédienne pour *Quelque part dans cette vie.*

1992

Artiste interprète féminine de l'année aux Victoires de la Musique.

Nomination pour le César du Meilleur second rôle féminin pour *La Belle Noiseuse.*

2001

Officier de l'Empire britannique – médaille décernée par la reine Élizabeth II.

2004

Chevalier de l'Ordre national du Mérite – médaille décernée par le ministre français des Affaires étrangères.

2021

Victoire d'honneur pour l'ensemble de sa carrière – Victoires de la Musique.

Sources bibliographiques

Jane Birkin, Munkey Diaries – *Journal 1957-1982*, Fayard, 2018/Le Livre de poche, 2020.

Jane Birkin, *Post-scriptum : le journal intime de Jane Birkin* (1982--2013), Fayard, 2019/Le Livre de poche, 2021.

Gabrielle Crawford & Jane Birkin, *Attachments*, La Martinière, 2014.

Andrew Birkin – Alison Castle, *Jane & Serge. A Family Album*, Éditions Taschen, 2013.

Loïc Picaud - Gilles Verlant, *L'Intégrale Gainsbourg – L'histoire de toutes ses chansons*, Fetjaine, 2011.

Pierre Mikaïloff, *Jane Birkin : « Citizen Jane »*, Alphée, 2010.

Gabrielle Crawford, *Jane Birkin*, Flammarion, 2004.

Gilles Verlant, *Gainsbourg*, Albin Michel, 2000.

Lucien Rioux, *Jane Birkin*, Seghers, coll. « Le Club des stars », 1988.

Gérard Lenne, *Jane Birkin*, Éditions Henri Veyrier, 1985.

Jean-Philippe Thomann, *Jane Birkin*, Éditions Pac, coll. « Têtes d'affiche », 1979.

Site internet officiel : www.janebirkin.net/fr

Autre site de référence : www.exfandebirkin.com

NB : Les autres sources, livres et documents divers, sont signalés dans les Notes (p. 219).

Table

DU MÊME AUTEUR (SUITE)

Sophie Marceau, la belle échappée, Didier Carpentier, 2010 / édition augmentée 2015.

Les Années 60, rêves et révolutions, Didier Carpentier, 2009.

Édith Piaf, le temps d'illuminer, Didier Carpentier, 2008.

Sylvie Vartan, jour après jour, Didier Carpentier, 2008.

Sheila, biographie d'une idole, Tournon, 2007.

Johnny Hallyday, l'éphéméride, Tournon, 2006.

Romans

Chemin d'enfance, La Libre Édition, 2023.

Carol Eden n'existe pas, La Libre Édition, 2023.

Le Chemin d'enfance (Retour en Cévennes), GabriAndre, 2009, Prix Vallée-Livres.

Remerciements

Je remercie chaleureusement toutes les personnes qui m'ont aidé dans la réalisation de cet ouvrage, en particulier :

François Catonné, Frank Eulry, Tony Frank, Michel Guillou, Just Jaeckin, Willy Kurant, Philippe Labro, Eddy Matalon, Rolland Savidan et Jacques-Éric Strauss pour leurs précieux témoignages.

Merci à Rolland Savidan pour tous les documents fournis (coupures de presse, DVD) concernant l'histoire du réseau d'évasion « Shelburne », auquel fut rattaché David Birkin.

Merci à Jean-Claude Hannequin pour sa fidélité exemplaire.

Merci à Alain Poulanges pour nos discussions parfois éclairantes.

Une pensée pour Patricia Hérin.

Merci à ma famille et à mes amis.

Merci enfin à mon éditeur pour sa confiance renouvelée, ainsi qu'à Pauline Lépinay et à toute l'équipe de l'Archipel.

Cet ouvrage a été composé
par Soft Office à Eybens (Isère)

Impression réalisée par

Normandie Roto Impression s.a.s.
à Lonrai (Orne)

en septembre 2023
pour le compte des éditions de l'Archipel,
département éditorial
de la S.A.S. Écriture-Communication

Pour plus d'information :

#lisez! engagé

www.lisez.com

Imprimé sur du papier issu de forêts gérées durablement.

Imprimé en France

N° d'impression : 2304259

Dépôt légal : octobre 2023